CÓNCLAVE
La Iglesia después de Francisco

ERIC FRATTINI

CÓNCLAVE

LA IGLESIA DESPUÉS DE FRANCISCO

ESPASA

© Eric Frattini, 2025
© Editorial Planeta, S. A., 2025
Espasa es un sello de Editorial Planeta, S. A.
Avda. Diagonal, 662-664
08034 Barcelona
www.planetadelibros.com
www.espasa.es

Diseño de cubierta: Planeta Arte & Diseño
Ilustración de la cubierta: © Vatican Pool/Getty Images
Fotografía del autor (solapa): © Jorge Puente

Preimpresión: MT Color & Diseño, S. L.

ISBN: 978-84-670-7796-4
Depósito legal: B. 9.716-2025

Printed in Spain / Impreso en España
Impresión: Unigraf, S. L.

ÍNDICE

Introducción

En 1979, casi un año después de que el polaco Karol Wojtyla llegara al Trono de Pedro con el nombre de Juan Pablo II, una novela titulada *The Vicar of Christ* («El vicario de Cristo») se mantuvo trece semanas seguidas en la lista de *best sellers* del *The New York Times*. El autor, Walther F. Murphy, un experto en jurisprudencia de la Universidad de Princeton, presentaba a un candidato papal poco «papable» llamado Declan Walsh, un héroe de la guerra de Corea, juez del Tribunal Supremo de Estados Unidos, quien, tras la prematura muerte de su esposa, decide abandonarlo todo e iniciar la vida en el sacerdocio. Un día recibe una llamada desesperada desde el Vaticano, tras un cónclave estancado, y es elegido sumo pontífice. Walsh adopta el nombre de Francisco y comienza a utilizar el Trono de Pedro como plataforma para lanzar una cruzada mundial contra el hambre integrada por jóvenes católicos y financiada con la venta de importantes tesoros del Estado Vaticano. El Francisco de ficción interviene repetidamente en conflictos mundiales, volando incluso hasta Tel Aviv para detener una campaña de bombardeos por parte de varios países árabes contra el Estado de Israel. También hace planes para revertir gradualmente las enseñanzas de la Iglesia sobre la anticoncepción y el celibato clerical, y destierra a todos los cardenales conservadores a la vida monástica cuando conspiran contra él. El papa de la novela coquetea con la herejía arriana, que dudaba de la plena divinidad de Jesús, y adopta el pacifismo religioso al estilo cuáquero, argumentando que la teoría de la «guerra justa» ha quedado obsoleta en una era de armas nucleares y guerra total. Este último movimiento hace que un gobierno decida asesinarlo, pues lo considera una importante traba para sus intereses bélicos. El libro de Murphy esta hoy completamente descatalogado, pero su gancho, la idea de un «papa Francisco» progresista que se propone un cambio radical en el catolicismo, perduró en el imaginario popular[1].

En otra novela, titulada *White Smoke* («Fumata blanca»), del sacerdote y novelista Andrew M. Greeley, el cónclave termina con la elección de un cardenal liberal español, Luis Menéndez, cuyos opositores conservadores se ven derrotados por los cardenales estadounidenses que apoyan al nuevo papa en su tarea de modernizar la Iglesia[2].

Tampoco debemos olvidar al papa Cirilo I de la novela de Morris West *The Shoes of the Fisherman* (*Las sandalias del pescador*). Mientras se desarrolla el cónclave para la elección del nuevo pontífice, el mundo está al borde de una guerra nuclear a causa de una disputa entre la Unión Soviética y China con motivo de un embargo comercial al país asiático por parte de Estados Unidos. Dicho embargo ha provocado una hambruna en China y el presidente Peng amenaza con atacar a Estados Unidos, a sus aliados y a la Unión Soviética, al que acusa de connivencia con Washington. El día de su coronación, el papa Cirilo I, frente a la multitud reunida en la plaza de San Pedro, se quita la tiara papal en señal de humildad y anuncia al mun-

---

[1] Walther F. Murphy, *The Vicar of Christ*, Quid Pro Books, Nueva York, 2015.

[2] Andrew M. Greeley, *White Smoke: A Novel of papal Election*, Forge Books, Nueva York, 1997.

do la enajenación de todos los bienes materiales de la Iglesia con el fin de paliar la hambruna del pueblo chino. Su decisión es aclamada en todo el mundo.

Estos tres papas de ficción, Francisco, Menéndez y Cirilo I, ayudaron a creer que algún día el Trono de Pedro podría ser ocupado por un pontífice moderado y menos ortodoxo en una época de conservadurismo y alejamiento de los preceptos del Concilio Vaticano II por parte de Pablo VI, Juan Pablo II y Benedicto XVI. Lo que muchos católicos —y no católicos— ignoraban es que llegaría un lluvioso día de marzo de 2013.

La posibilidad del nombramiento de un papa «revolucionario» no era algo que la mayoría de los observadores del Vaticano se hubieran tomado demasiado en serio. Tampoco yo, y es que parecía poco probable que los miembros de un Colegio Cardenalicio designados por los conservadores Juan Pablo II y Benedicto XVI elevasen a un verdadero liberal al Trono de Pedro. Sin embargo, en 2013, esa escasa probabilidad se hizo realidad con la designación de Francisco, y muchos de los elementos de la visión de los escritores Murphy, Greeley y West se han cumplido. O eso parece. Desde 2013 se produjeron notables rupturas con el protocolo papal, intervenciones en la política global, importantes reaperturas de cuestiones morales, así como una combinación de humildad pública y explotación hábil del mensaje, junto a la destitución de sus oponentes sin que al pontífice le haya temblado el pulso lo más mínimo.

En octubre de 2012, con motivo de la aparición de mi libro *Los cuervos del Vaticano*, en pleno tsunami mediático por la polémica revelación de los documentos secretos que dieron lugar al «caso Vatileaks», diversos medios de comunicación de diferentes países del mundo me consideraron un «clarividente» cuando predije —cuatro meses antes de que sucediera— que el papa Benedicto XVI renunciaría a la Cátedra de Pedro. Ya lo expliqué en su momento: no soy un brujo, no veo el futuro ni soy adivino; lo que hice fue interpretar las señales de una serie de acontecimientos para llegar a una conclusión. Y con Francisco ha sucedido lo mismo.

El 13 de marzo de 2015, casi dos años después de ser nombrado papa, Francisco alegaba que su pontificado sería breve y agregó que «él era de la idea de Benedicto XVI», que renunció el 28 de febrero de 2013 tras ocho años en el cargo. Francisco hizo estas declaraciones a la cadena de televisión mexicana Televisa con motivo de la celebración de sus dos años en la Cátedra de Pedro: «Yo tengo la sensación de que mi pontificado va a ser breve. Cuatro o cinco años. No sé, o dos, tres. Bueno, dos ya pasaron. Es como una sensación un poco vaga. No sé qué es. Pero tengo la sensación de que el Señor me pone para una cosa breve, no más», afirmó. Sobre la renuncia de Benedicto XVI, el papa afirmó en esa misma entrevista que «abrió una puerta y no hay que considerarlo una excepción, sino como una institución». El primer papa jesuita y latinoamericano de la historia abría en el Vaticano —por segunda vez en dos años— el melón de la renuncia. Dicen que Benedicto XVI, con el más puro «humor alemán», llegó a comentar al inicio de su papado a su entonces secretario de Estado, el cardenal Angelo Sodano, y a su secretario privado, Georg Gänswein, que «bueno, en 1978 tuvimos tres papas», en referencia a Pablo VI, Juan Pablo I y Juan Pablo II.

Lo cierto es que sería difícil elegir una sola frase o un gesto que definiera por sí solo al papa Francisco, que dijo llegar desde «el fin del mundo» cuando apareció por vez primera en el balcón de San Pedro tras su elección en el cónclave de marzo de 2013. Quizá la discreta cruz de plata que exhibió, los zapatos gastados y aquel sencillo «buenas tardes» dirigido a todos los fieles que se amontonaban en la plaza alrededor de la columnata de Bernini y a los millones de fieles que observaban su elección a través de un aparato de televisión desde los más recónditos puntos del planeta. «¡Cómo desearía una Iglesia pobre y para los pobres!» o «¿Quién soy yo para juzgar a los gais?» fueron algunas de las frases del nuevo papa que provocaron cierta incomodidad entre los sectores más conservadores de la curia. Francisco hablaba de forma sencilla, sin preocuparse por lo políticamente correcto, y ha hecho lo que ha hecho a pesar de que sus tres grandes decisiones de puertas para adentro —reforma de la curia, limpieza de las finanzas vaticanas y lucha frontal contra la pederastia— le granjearon la enemistad de importantes sectores dentro de los muros vaticanos.

Bergoglio estaba decidido a limpiar la Iglesia, a suprimir la mastodóntica burocracia vaticana, a desmontar los «reinos de taifas» y a apartar a todos aquellos que quisieran mantener sus privilegios. Lo primero que hizo fue enterrar la «amenaza del fuego eterno» y sustituirla por «la esperanza del perdón». Lo segundo, recordar ante sus cardenales que «Cristo expulsó a los fariseos del templo, acarició al leproso y se hizo amigo de María Magdalena, sin preocuparse por el qué dirán». El mensaje iba dirigido a un sector de la curia que aún defendía los privilegios eternos. También intentó, aunque sin éxito, acabar con la corrupción económica dentro de la Santa Sede[3].

Una semana después de ser elegido, Francisco visitó a Benedicto XVI, quien le entregó en mano un «informe secreto» de 73 páginas en el que se detallaban las guerras entre las distintas facciones de la curia que acabaron con su pontificado. El nuevo papa nunca desveló el contenido de aquel informe, pero en alguna ocasión dejó caer que «no solo sabe quiénes son los lobos que atacaron a Benedicto, sino que estaba dispuesto a combatirlos hasta el final». La verdad es que en los años que estuvo al frente de la Santa Sede no lo consiguió.

Los rumores sobre la renuncia acompañaron a Francisco desde que fue elegido. En 2021, tras sufrir una intervención

---

[3] John Cornwell, *Church, Interrupted: Havoc & Hope: The Tender Revolt of Pope Francis*, Chronicle Prism, Nueva York, 2021.

de colon, se hicieron incesantes y volvieron a aflorar a principios de mayo de 2022, cuando se vio obligado a asistir en silla de ruedas al funeral del todopoderoso cardenal Angelo Sodano, secretario de Estado del Vaticano entre 1991 y 2006. Y en diciembre de 2023 se volvió a hablar sobre su final e incluso de su entierro.

En 2022, a sus 85 años, el papa atravesó un frágil momento. Los fuertes dolores en su rodilla derecha le impedían caminar, y si no era en silla de ruedas, debía desplazarse con la ayuda de un bastón. «Está muy bien de mente, muy lúcido y con muchas ganas de hacer lo que tiene pendiente. Pero es obvio que para él es una gran traba estar en estas condiciones», explicaba el secretario de Estado Pietro Parolin, número dos del Vaticano y estrecho amigo del papa argentino.

En mayo de 2022, en los pasillos de la Santa Sede todo el mundo daba por hecho que, después de más de nueve años al frente de la Iglesia, el pontificado de Francisco se encontraba en su fase final. El anuncio de una nueva ampliación del Colegio Cardenalicio despertó gran interés. El 27 de agosto de 2022 el papa nombró a 20 nuevos purpurados, 16 electores y cuatro no electores, con lo que el número de miembros del Colegio ascendió a 229, de los cuales 132 tenían menos de 80 años y, por tanto, estaban capacitados para elegir al 267.º papa de la Iglesia[4].

Francisco tenía claro que deseaba moldear el Colegio Cardenalicio a su imagen y semejanza. Aunque él no pudiera entrar en el siguiente cónclave, estaba decidido a dejar al mayor número posible de cardenales electores que siguieran su línea, como el arzobispo británico Arthur Roche, que sustituyó al conservador Robert Sarah al frente de la Congregación del Cul-

---

[4] Estaba previsto que Lucas Van Looy, arzobispo emérito de Gante, fuera ascendido a la púrpura cardenalicia en el consistorio del 27 de agosto de 2022, pero el propio arzobispo emérito rechazó el nombramiento pocas semanas antes.

to Divino; el obispo surcoreano Lazzaro You Heung, nombrado en 2021 responsable de la Congregación para el Clero, o el español Fernando Vérgez Alzaga, hombre de la máxima confianza de Francisco, que gobierna la Ciudad del Vaticano. Este último era el primer purpurado de los Legionarios de Cristo, lo que su nombramiento supuso un reconocimiento por parte del papa a la renovación de esa congregación tras el escándalo por los abusos sexuales de su fundador, Marcial Maciel.

Los nombres elegidos por Francisco mostraban su voluntad de que el cónclave reflejase «la diversidad de una Iglesia periférica que florecía en Asia y África». Con el paso de los años, Bergoglio nombró a personas de los lugares más recónditos del planeta, como el arzobispo de Dili (Timor Oriental), el arzobispo de Goa y Damao (India), el obispo de Wa (Ghana), el arzobispo de Singapur, o el prefecto apostólico en Ulán Bator (Mongolia), Giorgio Marengo, un misionero italiano que se convirtió en el miembro más joven del Colegio Cardenalicio con tan solo 48 años.

«La próxima cumbre [cónclave] en la Capilla Sixtina no obedecerá a las lógicas de poder tradicionales diseñado durante siglos por los italianos», confesó un analista vaticano. «Cuando un papa convoca un consistorio, siempre está pensando en el siguiente cónclave, porque el primer deber del Colegio Cardenalicio es elegir al pontífice, y siempre debe tener en cuenta la posibilidad de que el papa pueda renunciar, morir o ser asesinado», señalaba Austen Ivereigh, autor de la célebre biografía *The Great Reformer: Francis and the Making of a Radical Pope* («El gran reformador: Francisco y la construcción de un papa radical») y exasesor del cardenal británico Cormac Murphy-O'Connor, uno de los grandes apoyos de Francisco en el cónclave de 2005. «La voluntad del pontífice es clara. [Francisco] quiere un Colegio Cardenalicio donde pueda haber un discernimiento auténtico sobre los temas que preocupan a los países pobres y no una batalla entre bandos ideológicos, algo típicamente de la Iglesia en los países occidentales», destacaba

Ivereigh[5]. El consistorio anunciado por Francisco para agosto de 2022 —el octavo de su pontificado— tuvo un perfil parecido a los siete anteriores; el papa jesuita eligió a los príncipes de la Iglesia en base a sus propias preocupaciones: la atención a las minorías, la necesidad de potenciar el diálogo interreligioso, la persecución de los cristianos y la cercanía a los pobres. «Pastores con olor a oveja», los definió el propio Francisco. Es algo que ya hizo al elegir viajar a países como República Democrática del Congo o Sudán del Sur, y al aplazar visitas a Francia o España, tradicionales en otros papas.

El 27 de agosto de 2022, con 132 cardenales menores de 80 años, el papa Francisco rebasó el umbral tradicional de los 120 cardenales electores. Esto indicaba que debería pasar cierto tiempo hasta que se celebrara un nuevo consistorio, seguramente no antes del segundo trimestre de 2023, cuando el italiano Angelo Comastri cumpliría 80 años y, por tanto, el número de electores descendería. La gran mayoría de ellos, 83, fueron nombrados por Francisco, mientras que 38 recibieron el birrete cardenalicio de Benedicto XVI y solo 11 de Juan Pablo II. Si el Vaticano fuera una democracia tradicional, el «partido» del papa Bergoglio tendría la mayoría absoluta —el 62 % de los votos—, de manera que muchos esperarían que su sucesor continuase el camino de las reformas. Pero en la monarquía absoluta vaticana las cosas no funcionan así. Los cónclaves suelen traer sorpresas, inmensas sorpresas... Así sucedió en los cónclaves de los que salieron elegidos Juan XXIII, Juan Pablo I y, sobre todo, Francisco, un *outsider* que estaba fuera de los «papables» frente a otros con más posibilidades, como el cardenal italiano Angelo Scola, el canadiense Marc Ouellet, el brasileño Odilo Pedro Scherer o el estadounidense Seán Patrick O'Malley. Si Ratzinger fue promocionado por un grupo de la

---

[5] Austen Ivereigh, *The Great Reformer: Francis and the Making of a Radical Pope*, Atlantic Books, Nueva York, 2015.

curia, Bergoglio salió adelante como el favorito de los cardenales que querían un cambio radical después de los escándalos producidos por el «caso Vatileaks».

Aun así, los «elegidos» por Francisco no formaban ni mucho menos un grupo homogéneo, aunque la palabra «homogéneo» se aleja bastante de la realidad vaticana. Muchos de los nuevos cardenales ni siquiera se conocían entre sí, por lo que difícilmente habría un pre-conclavista «grupo bergogliano», como temía la conservadora oposición, en su mayoría formada por cardenales italianos.

Después del consistorio de agosto de 2022, Francisco convocó una reunión de dos días de todo el Colegio Cardenalicio (electores y no electores) para estudiar la nueva constitución apostólica que reformaría definitivamente la tan cacareada y necesaria reorganización de la curia.

«La lista final de cardenales es compleja, por lo que es difícil hacer quinielas de "papables", aunque yo espero que el próximo papa refleje sustancialmente la visión de Francisco. No será una fotocopia, pero me sorprendería que fuera de otra manera», explicaba el periodista Gerard O'Connell, autor de *The Election of Pope Francis* («La elección del papa Francisco»), una detallada radiografía de lo que fue el cónclave del 2013.

Al día siguiente del consistorio en el que el papa elevó a 20 nuevos cardenales —16 de ellos electores—, Francisco viajó a L'Aquila, la ciudad de los Abruzos devastada por un terremoto en 2009, para la celebración de la llamada fiesta de la Perdonanza Celestiniana. Visitó también la basílica de Santa María de Collemaggio, que alberga la tumba de Celestino V, el papa ermitaño que en 1294 renunció después de cinco meses sentado en la Cátedra de Pedro. Lo más curioso es que Benedicto XVI también visitó esa tumba en 2009, dejando atrás su palio en lo que algunos comentaristas y vaticanistas analizaron como un simbólico gesto antes de su propia renuncia, que se produjo en 2013, exactamente cuatro años después. Las visitas de Benedicto XVI, el 28 de abril de 2009, y de Francisco, el 28 de agosto de 2022, provocaron que los analistas vaticanos comenzaran a hablar del «síndrome Celestino».

«Es muy extraño tener un consistorio en agosto, no hay razón por la que necesite convocar este [evento] con tres meses de anticipación y luego ir a L›Aquila en medio», aseguró Robert Mickens, editor de la edición inglesa del diario católico *La Croix*. Una semana después del consistorio de agosto de 2022, el pontífice se reunió con los cardenales para informarles de sus reformas a la administración central del Vaticano, entre las que se incluía imponer límites de mandato a los jefes de las oficinas de la Santa Sede, principalmente dicasterios, consejos, comisiones y demás departamentos de la curia, y permitir que las mujeres pudiesen ocupar dichos cargos. Lo cierto es que dentro del Vaticano y fuera de sus muros, solo había espacio para las conjeturas. «Es demasiado pronto. El papa no renunciará mientras viva Benedicto XVI. Si tenemos tantos líos con un emérito, imagínate con dos», señalaba una fuente vaticana al diario *La Repubblica*.

Ross Douthat, en su artículo «Will Pope Francis Break the Church?» («¿Romperá el papa Francisco la Iglesia?») para la revista *The Atlantic*, aseguraba que la Iglesia aún no estaba en las garras de una revolución:

> Los límites teológicos y prácticos del poder papal siguen presentes, y el que fue Jorge Mario Bergoglio no ha hecho nada que los ponga explícitamente a prueba. Pero sus movimientos y elecciones (y la cobertura mediática de los mismos) han creado una atmósfera revolucionaria en torno al catolicismo. Por el momento, al menos, existe la sensación de que ha llegado una nueva primavera para los progresistas de la Iglesia. Y entre algunos católicos conservadores existe un sentimiento de incertidumbre, ausente desde las secuelas, a menudo caóticas, del Concilio Vaticano II, en las décadas de 1960 y 1970[6].

---

[6] Ross Douthat, «Will Pope Francis Break the Church?», *The Atlantic*, marzo de 2015.

*

Existe una clara negación por parte del sector conservador de la curia a aceptar que algo haya cambiado desde que el excardenal y arzobispo de Buenos Aires se convirtiera en sumo pontífice. La primera sorpresa llegó con su «¿Quién soy yo para juzgar?», en respuesta a la pregunta de un periodista sobre los sacerdotes homosexuales. El grupo más conservador tampoco ha dejado de criticar a cierto sector de la prensa acreditada en el Vaticano interesada en ver lo que quiere ver en el nuevo papa. Sacando sus comentarios y gestos de contexto, lo cierto es que muchos vaticanistas están más interesados en ver a Declan Walsh o a Cirilo I que a un papa real que intenta cada día imponer su criterio, político y de fe, aunque para ello sea necesario cortar alguna cabeza que otra. Ross Douthat, en el mencionado artículo para *The Atlantic*, lanzaba una potente crítica contra esa prensa que se ha plegado para ofrecer una imagen «izquierdista» del sumo pontífice:

> Algunos de los gestos de Francisco reflejan movimientos que sus predecesores hicieron con menos fanfarria o aclamación. Algunas de sus incursiones en los asuntos mundiales, como la apertura a Cuba, se basan en los esfuerzos diplomáticos del Vaticano que comenzaron antes de su papado. Algunas de sus declaraciones públicas de inclinación hacia la izquierda como las críticas al capitalismo global, el énfasis en la administración ambiental, están en sintonía con la plena retórica de Juan Pablo II o Benedicto XVI. Algunos de sus comentarios que acapararon titulares sobre la compatibilidad de la doctrina católica y la teoría de la evolución, por ejemplo, llaman la atención solo porque ciertos periodistas no tienen una idea real de lo que enseña el catolicismo; otros, como su supuesta promesa de que las mascotas irían al cielo, los periodistas se la creyeron porque quieren creer cualquier historia que se ajuste a la narrativa del papa «inconformista»[7].

---

[7] *Ibid.*

Lo cierto es que los mensajes de Francisco no siempre eran fáciles de interpretar. En mi opinión, Francisco era el rey de la ambigüedad. Cuando alguien me pregunta sobre él, yo siempre decía que era «demasiado argentino»: sabía manejar muy bien sus tiempos y sus mensajes, así como la forma de lanzarlos.

Las estupendas biografías que he utilizado para conocer mejor al sacerdote, arzobispo y cardenal Jorge Mario Bergoglio —no tanto al papa Francisco— ofrecen una imagen muy variopinta del personaje. Por ejemplo, la biografía escrita por Elizabetta Piqué, titulada *Francisco. Vida y revolución*, es un retrato íntimo, que evita cualquier polémica, basado principalmente en los testimonios de personajes argentinos que conocieron a Bergoglio antes de ser elegido sumo pontífice; la ya mencionada de Austen Ivereigh, titulada *The Great Reformer: Francis and the Making of a Radical Pope*, ofrece un retrato del personaje a través de la historia de Argentina; la del escritor católico Paul Vallely, *Pope Francis: Untying the Knots* («El papa Francisco: desatando los nudos»), lo describe de manera muy distinta, lo que sucede también con la biografía de Henry Sire (bajo el pseudónimo de Marcantonio Colonna), titulada *The Dictator Pope: The Inside Story of the Francis papacy* («El papa dictador: la historia oculta del papado de Francisco»), en la que se ofrece una imagen muy alejada de la que la prensa internacional ha dado hasta ahora de él.

Austen Ivereigh describe a un líder católico que se encontró con difíciles equilibrios de poder entre izquierda y derecha, entre Iglesia y Estado, y que chocó frontalmente con los jesuitas de influencia marxista. Pero en Argentina los marxistas no dirigían el Estado, como sí ocurría en la Polonia de Juan Pablo II o en la extinta República Democrática Alemana de Benedicto XVI. Además, el hecho de que la Iglesia católica se viera comprometida en la «guerra sucia»[8] argentina tuvo im-

---

[8] La «guerra sucia» en Argentina fue un período de terrorismo de Estado llevado a cabo en el país que culminó con la última dictadura cívico-

portantes implicaciones teológicas para Bergoglio, ya que su liderazgo como provincial de los jesuitas, tras la retirada de Ricardo O'Farrell, coincidió con el golpe de Estado de los militares en el país sudamericano.

Numerosos sacerdotes radicales sintieron que «su revolución» había sido traicionada, e incluso un importante grupo de académicos jesuitas se molestaron cuando vieron que el programa de Bergoglio restauraba elementos tradicionales «abandonados» hasta aquel momento. La «guerra sucia» argentina, en la que los jesuitas de izquierda fueron objetivo de los escuadrones de la muerte, manchó la imagen del futuro sumo pontífice, que fue acusado de complicidad en la detención y tortura de dos sacerdotes, Francisco Jalics y Orlando Yorio, ambos miembros del llamado Movimiento de Sacerdotes para el Tercer Mundo. Ivereigh y Piqué consideran infundada esta acusación, mientras que otros biógrafos afirman que, cuando Bergoglio retiró la protección a Jalics y Yorio, estaba dando luz verde a los escuadrones de la muerte para que los dos jesuitas fueran detenidos y trasladados a la Escuela de Mecánica de la Armada, la temible ESMA, uno de los mayores centros de tortura en Argentina durante la dictadura militar. Los dos religiosos fueron torturados durante cinco meses hasta que un día aparecieron vivos y totalmente desnudos en mitad de un descampado.

El escritor Anthony McCarten, autor del famoso *The Two Popes* («Los dos papas»)[9], afirma que Yorio no solo perdonó a Bergoglio, sino que llegó a dar una misa junto a él. El caso de Jalics es distinto, ya que nunca olvidó que Bergoglio no le pro-

---

militar denominada «Proceso de Reorganización Nacional» que gobernó el país desde el 24 de marzo de 1976 hasta la restauración de la democracia en 1983.

[9] Este libro fue adaptado al cine en el año 2019 por la productora Netflix, de la mano del director Fernando Meirelles, con Jonathan Price como Bergoglio/Francisco y Anthony Hopkins como Benedicto XVI.

tegió del ataque de los militares. Sea como fuere, los casos de los dos jesuitas fueron utilizados durante semanas por la prensa de izquierdas de toda Europa para atacar al nuevo papa cuando fue elegido en marzo de 2013.

Lo cierto es que, en 1979, una vez finalizado el mandato de Bergoglio como provincial, sus políticas cambiaron e incluso se revirtieron. Poco más de una década después, tras un periodo en el que los jesuitas argentinos se dividieron en dos bandos —a favor y en contra de Bergoglio—, este fue enviado a una residencia jesuita en la ciudad argentina de Córdoba. El exilio duró casi dos años y finalizó cuando el entonces arzobispo de Buenos Aires, el cardenal Antonio Quarracino, nombrado por Juan Pablo II, eligió a Bergoglio como uno de sus auxiliares. El futuro papa definió su particular exilio como «un momento de purificación interior y como una noche con alguna oscuridad interior»[10]. Lo cierto es que los principales biógrafos de Francisco coinciden en afirmar que el rescate de Quarracino constituyó el pistoletazo de salida de la carrera de Jorge Mario Bergoglio hacia el Trono de Pedro. Según Ivereigh aquel nombramiento marcó el inicio de una acérrima enemistad entre Bergoglio y la orden jesuita durante los siguientes 20 años. El caso es que Bergoglio no volvió a poner un pie en la sede de los jesuitas, ni en Buenos Aires, ni en Roma[11].

Para muchos de sus biógrafos, la historia del ascenso, caída y renacer de Francisco fue la de la formación de un futuro papa conservador. De hecho, varios eruditos católicos conservadores recibieron la elección de Bergoglio con optimismo y exaltación. Pero, después de estos doce años de pontificado, parece justo decir que su interpretación estaba equivocada. ¿Cómo era posible que aquel provincial de los jesuitas de los

[10] Javier Cámara y Sebastián Pfaffen, *Aquel Francisco*, Raíz de Dos, Buenos Aires, 2014.

[11] Austen Ivereigh, *The Great Reformer: Francis and the Making of a Radical Pope*, ob. cit.

años setenta que luchó contra sus hermanos jesuitas izquierdistas, militantes del Movimiento de Sacerdotes para el Tercer Mundo, del Movimiento de Curas Villeros o de la Teología de la Liberación, pasara a ser en la década de 2010 el «papa del progresismo»?

En la magnífica *Pope Francis: The Struggle for the Soul of Catholicism* («El papa Francisco: la lucha por el alma del catolicismo»), Paul Vallely afirma que Francisco era esencialmente un tradicionalista antes del Concilio Vaticano II, pero que luego, tras el exilio en Córdoba, experimentó una especie de conversión teológica y política hacia el progresismo. Por el contrario, Austen Ivereigh afirma que esa dicotomía nunca existió: el joven Bergoglio jamás fue un verdadero tradicionalista, y mucho menos un enemigo de la renovación y la reforma.

Francisco se convirtió en candidato papal en el cónclave de 2005 y fue elegido sumo pontífice ocho años después gracias a los esfuerzos realizados por los *kingmakers*, un pequeño pero influyente grupo de cardenales europeos liderados por Godfried Danneels (Bélgica), Walter Kasper (Alemania), Cormac Murphy-O'Connor (Inglaterra) y el difunto Carlo Maria Martini, también jesuita y exarzobispo de Milán, y uno de los más firmes candidatos en el cónclave de 1978 y bautizado desde entonces como «el papa que no fue». En la era de Juan Pablo II, estos cuatro cardenales estaban entre los más liberales, y se aferraron a Bergoglio como candidato porque lo vieron, desde un punto de vista teológico, más cerca del centro del cónclave y más confiable que cualquier otro de su grupo. Pero los apoyos en el cónclave de 2013 fueron mucho más allá de la facción liberal. De hecho, entre los hombres que posiblemente más hicieron para que Bergoglio fuera nombrado papa se encontraban los cardenales que más se habían opuesto a los dos pontífices anteriores. En el artículo «Will Pope Francis Break the Church?», Douthat lo explica con bastante claridad:

Bergoglio tuvo una experiencia de globalización muy diferente a la de Karol Wojtyla y Joseph Ratzinger en Europa. Su experiencia fue moldeada por las decepciones particulares de su Argentina natal. Durante la mayor parte de su vida, Argentina fue un perdedor económico, asolado por la corrupción. Durante la década de 1980, la desigualdad y la tasa de pobreza aumentaron de forma astronómica. A finales de los años noventa y principios de la década de 2000, mientras Bergoglio era arzobispo, Argentina atravesaba una dura recesión y una fuerte depresión económica. Para Juan Pablo II y Benedicto XVI, el escepticismo sobre el capitalismo y el consumismo era un asunto intelectual y teórico, pero para Bergoglio la crítica al capitalismo y al consumismo se convirtió en algo mucho más visceral y personal[12].

Todos estos elementos ayudaron a definir la agenda de Francisco para la siguiente década, una agenda basada en una reorientación del liderazgo de la propia Iglesia hacia el sur. Sus proyectos respondieron a su experiencia en las villas miseria de Buenos Aires, y se manifestaron en reprimendas públicas al clero mundano y arribista, y en una visión —¿izquierdista?— de una Iglesia de las «periferias» (África, América Latina y Asia).

Garry Wills, un duro crítico con el papado, en su libro *The Future of the Catholic Church with Pope Francis* («El futuro de la Iglesia católica con el papa Francisco»)[13] ofrece una interesante visión del porvenir católico. En su opinión, la forma que la Iglesia tiene de entender la ley natural, su oposición al aborto e incluso el sacramento de la confesión tienen el mismo destino que la misa en latín; es decir, la desaparición. Para Wills, las doctrinas van y vienen según el capricho de la historia y de los papas que gobiernen, y ninguna idea o institución es nece-

---

[12] Ross Douthat, «Will Pope Francis Break the Church?», ob. cit.

[13] Garry Wills, *The Future of the Catholic Church with Pope Francis*, Penguin Books, Nueva York, 2015.

sariamente esencial. Si la Iglesia enseña una cosa en una época puede enseñar la contraria en la siguiente, porque puede cambiar la fe como mejor le parezca para adaptarse a un mundo cambiante. A fin de cuentas, ya pasó con el Concilio Vaticano II... Sin embargo, la mayor parte de los «progresistas» pro-Bergoglio comparten la idea de que la «resistencia conservadora» en cualquier tema doctrinal puede superarse y que el catolicismo siempre será catolicismo, sin importar cuántas cosas se discutan, se modifiquen o se abandonen.

El estilo de vida sencillo de Francisco también ha contribuido a crear la imagen de papa humilde. Bergoglio vivía en un pequeño apartamento en vez de la residencia palaciega episcopal bonaerense, renunció a su limusina y a su chófer en favor del transporte público y cocinaba a diario su propia comida. Disfrutaba de la ópera italiana, era socio del San Lorenzo de Almagro y devoraba las obras de Fiódor Dostoievski y de Jorge Luis Borges. También tenía tendencia a criticar retrospectivamente la toma de decisiones demasiado apresuradas o autoritarias. Pero, más allá de gustos e imágenes, lo cierto es que Francisco estuvo dispuesto a usar todos sus poderes como obispo de Roma, vicario de Cristo, sucesor del príncipe de los apóstoles, sumo pontífice de la Iglesia Universal, primado de Italia, arzobispo y metropolitano de la provincia romana, soberano del Estado de la Ciudad del Vaticano y siervo de los siervos de Dios para imponer sus deseos y sus reformas, gusten o no a los sectores más conservadores de la curia vaticana.

1
EL ESPÍRITU SANTO Y ALGO DE POLÍTICA

El jueves 28 de febrero de 2013, a las ocho de la tarde, se iniciaba el *interregno* o «sede vacante» —tal y como recoge la Oficina de las Celebraciones Litúrgicas del sumo pontífice— tras la renuncia del papa Benedicto XVI anunciada durante el consistorio ordinario para la canonización de beatos celebrado el día anterior. Por vez primera se aplicaba una norma que desde siempre había formado parte del corpus jurídico de la Iglesia. El Código de 1983, en el párrafo segundo del canon 332, dice así: «Si el Romano pontífice renunciase a su oficio, se requiere para la validez que la renuncia sea libre y se manifieste formalmente, pero no que sea aceptada por nadie». En efecto, Benedicto XVI obedeció este precepto en su discurso a los obispos:

> Muy consciente de la gravedad de este acto, con total libertad, declaro que renuncio al ministerio de obispo de Roma, sucesor de San Pedro, confiado a mí por los cardenales el 19 de abril de 2005, de modo que, desde el 28 de febrero de 2013, a las 20:00 horas, la sede de Roma, la sede de san Pedro quedará vacante.

De ese modo Joseph Ratzinger se convertía en el primer papa emérito de la historia. Los únicos que conocían su decisión eran el secretario de Estado de la Santa Sede, Tarcisio Bertone; su secretario, Georg Gänswein; el cardenal decano Angelo Sodano; el cardenal Gianfranco Ravasi y el cardenal Marc Ouellet, prefecto de la Congregación para los Obispos[1]. Benedicto XVI explicó así su decisión:

> En estos últimos meses he notado que mis fuerzas han disminuido y he pedido a Dios con insistencia, en la oración, que me ilumine con su luz para tomar la decisión más adecuada, no por mi bien, sino por el bien de la Iglesia. He dado este paso con plena conciencia de su importancia y de su novedad, pero con una profunda serenidad de ánimo. Amar a la Iglesia significa tener el valor de hacer elecciones difíciles, sufridas, pero teniendo siempre delante el bien de la Iglesia y no el de uno mismo.

«Soy simplemente un peregrino que comienza la última etapa de su peregrinación en esta tierra», anunció el ya papa emérito desde el balcón central del palacio apostólico de Castel Gandolfo[2]. El gobierno del Estado Vaticano quedaba así en manos del cardenal camarlengo Tarcisio Bertone, mientras que el liderazgo espiritual de la Iglesia recaía sobre el Colegio Cardenalicio, formado por todos los purpurados liderados por el veterano Angelo Sodano.

Los cardenales comenzarían a reunirse después del viernes 1 de marzo de 2013 a fin de decidir la fecha exacta de comienzo del cónclave del que debería salir el papa 266.º de la Iglesia católica. Desde entonces, las «quinielas» y la política comenzaron a funcionar a partes iguales para elegir a los *preferiti* o

---

[1] John Cornwell, *Church, Interrupted: Havoc & Hope: The Tender Revolt of Pope Francis*, Chronicle Prism, Nueva York, 2021.

[2] Saverio Gaeta, *The Life and Challenges of Pope Francis*, St. Paul's, Londres, 2013.

«papables». El bloque italiano, compuesto por 28 cardenales, deseaba establecer rápidamente una fecha para que las posibilidades de sus candidatos no se diluyeran con el paso de los días; sin embargo, el resto de los cardenales, liderados por estadounidenses, brasileños y alemanes, preferían esperar: «congregaciones más largas, cónclave más corto», llegó a afirmar el cardenal Christoph Schönborn, arzobispo de Viena. Aun así, el Colegio Cardenalicio al completo era consciente de la necesidad de actuar rápidamente para elegir al nuevo pontífice y cumplir el famoso refrán romano que dice «muerto un papa, se hace otro».

El lunes 4 de marzo, las congregaciones generales —en total, se celebraron diez— estaban en pleno apogeo, pues es en ellas cuando y donde los electores pueden hacer su particular «campaña electoral». Los cardenales brasileños y estadounidenses exigían conocer «la verdad» sobre el «caso Vatileaks» antes de entrar en el cónclave. Así, en la primera congregación preparatoria, en la que participaron 142 de los 207 cardenales que conformaban el Colegio Cardenalicio, Raymundo Damasceno, presidente de la poderosa Conferencia Episcopal Brasileña, preguntó abiertamente: «¿Por qué los cardenales, que somos los consejeros más próximos al papa, no podemos tener acceso a dichos documentos? Creo que es justo y necesario que los cardenales tengamos esa información antes de elegir al sucesor de Benedicto XVI». Damasceno no era el único en plantear esta petición. El cardenal Geraldo Majella Agnelo, arzobispo de São Salvador de Bahia, preguntó: «¿Por qué no se nos ha entregado aún ese documento secreto? Yo quiero conocer su contenido. Todos los cardenales lo quieren»[3].

Pese a que los purpurados tienen la obligación de jurar ante Dios, con la mano en la Biblia, que mantendrán en secre-

---

[3] Eric Frattini, *Los cuervos del Vaticano. Francisco en la encrucijada*, Espasa, Madrid, 2013.

to todo lo tratado en las congregaciones generales, los estadounidenses —el *Dream Team*, se les llama en Roma— comenzaron a mostrarse contrarios al deseo de los italianos de acelerar la fecha de cónclave. «No estamos listos. No es un problema de reglas, aunque todos los cardenales electores estuvieran en Roma, yo no querría entrar al cónclave ahora por una razón muy simple, todavía no estamos listos», aseguró el cardenal Francis George, arzobispo de Chicago, quien, además, describió abiertamente la línea de las discusiones:

> Todo avanza según los planes, en el sentido de que no hay ninguno establecido. Las discusiones son libres. Las congregaciones generales tienen reglas precisas y por ello los verdaderos contactos se dan al margen. Un colega se acerca y te pregunta qué piensas sobre un potencial candidato: pretende decir que él lo apoya con todo el grupo al que pertenece. Después tú reflexionas sobre el nombre sabiendo que cuenta con un poco de consenso. Mejor tener una discusión larga antes y un cónclave breve después y no al contrario. Nunca he creído que comenzáramos antes del 10 de marzo.

Por su parte, el 6 de marzo, el cardenal Seán Patrick O'Malley, arzobispo de Boston, declaró lo siguiente:

> Todavía hay muchas cuestiones que discutir y hay todavía muchas personas a las que tenemos que conocer. Es pronto para entrar en el cónclave. Es cierto que para Pascua queremos estar en nuestras diócesis, pero estamos tomando una decisión histórica y tenemos que tomarnos todo el tiempo necesario. No digo que «Vatileaks» sea determinante, pero espero conocer todos los aspectos pertinentes con el trabajo que estamos haciendo.

«Pedimos la información necesaria para una buena decisión. ¿Qué sucedió, qué provocó esta ruptura en la confianza del gobierno de la Santa Sede? Es una preocupación sobre la que no hemos recibido un informe formal», se quejó el cardenal Francis George. Estas palabras despertaron la alerta en el sector italiano, liderado por el cardenal Giovanni Battista Re, que también había exigido que las deliberaciones adoptadas en las congregaciones generales se mantuvieran en secreto. Pero las reprimendas de Re no surtieron efecto y el *Dream Team* continuó con su «campaña electoral» tanto en los medios de comunicación como en diversas charlas y conferencias.

Al día siguiente, 7 de marzo, los miembros del Colegio Cardenalicio protestaron abiertamente por la conducta de los estadounidenses, lo que llevó al cardenal Timothy Dolan a suspender la conferencia de prensa prevista para ese día[4]. El portavoz del Vaticano, Federico Lombardi, apareció en la sala de prensa para afirmar: «Está en curso un camino que lleva a cabo el Colegio Cardenalicio para llegar a la elección del nuevo papa en absoluta consciencia, y hay una tradición de reserva para defender la libertad e independencia de todos». El mensaje iba dirigido al *Dream Team* y era claro: debían guardar silencio y no hacer conferencias de prensa paralelas en su cuartel general en el North American College, en el Gianicolo romano. Incluso el cardenal camarlengo Tarcisio Bertone ordenó a los electores que dejasen de escribir mensajes en las redes sociales —en especial en sus cuentas de Twitter, una magnífica fuente de información para los periodistas que cubrimos el Vaticano— sobre las diez congregaciones generales que se celebraron antes del cónclave.

Thomas Reese, enviado especial del *National Catholic Reporter*, aseguró que «la llamada al orden [por parte de Lombardi] al grupo estadounidense» fue una «bofetada a los purpurados». En la tarde del 6 de marzo ya estaba claro que los miembros del Colegio Cardenalicio no tenían ninguna prisa por encontrar una fecha de inicio del cónclave. Tarcisio Berto-

---

[4] Gerard O'Connell, *The Election of Pope Francis*, Orbis Books, Nueva York, 2020.

ne había llamado al orden a la delegación estadounidense, pero no sabía que algunos de «sus» italianos también estaban siendo indiscretos al filtrar información interesada a algunos vaticanistas de la prensa italiana, estadounidense y británica.

Tanto los cardenales como los periodistas que nos encargamos de cubrir las congregaciones generales de 2013 teníamos claro eso de que «cuantas más congregaciones, menos fumatas» y sabíamos que, de no ser por lo excepcional de la dimisión de Ratzinger, el cónclave se habría ajustado al ritual recogido en la constitución apostólica *Universi Dominici Gregis*, promulgada en 1996 por Juan Pablo II. Por supuesto, faltaría toda la fase previa, es decir, las exequias al papa difunto, ya que en este caso no había a nadie a quien enterrar. Tampoco se verían los cuatro días de desfiles multitudinarios de fieles para ver el cadáver del pontífice expuesto en la basílica de San Pedro, ni los solemnes *Novendiales* —nueve días de luto, con sus correspondientes misas—, ni el enterramiento del papa difunto en la cripta vaticana ante el silencio de los príncipes de la Iglesia y la solemnidad de la Guardia Suiza en uniforme de gala[5].

Entre el lunes 4 de marzo a las nueve y media de la mañana y el lunes 11 de marzo a la una menos veinte del mediodía se celebraron las mencionadas diez congregaciones generales, y eso sin contar los contactos secretos que hubo entre los cardenales electores en cuatro famosos restaurantes de Roma: el Venerina, en Borgo Pío 38, muy visitado por Tarcisio Bertone, Angelo Sodano y su grupo de italianos; el Al Pasetto di Borgo, en Borgo Pío 60-62, frecuentado por Benedicto XVI y el grupo alemán; La Taverna dei Fori Imperiali, en via della Madonna dei Monti 9, y La Carbonara, en la Piazza Campo de'Fiori 23, el establecimiento en el que cenó el cardenal Karol Wojtyla

---

[5] Garry Wills, *The Future of the Catholic Church with Pope Francis*, ob. cit.

justo antes de entrar en el cónclave de 1978 del que salió convertido en el 264.º papa de la Iglesia católica. Fue allí, en La Carbonara, donde tuvieron lugar las negociaciones secretas entre el grupo de españoles, liderados por el cardenal Rouco Varela, y los italianos[6].

«Por favor, tengan piedad de mí», exclamó el cardenal Severino Poletto ante los periodistas que lo acorralaban a la salida de una de las congregaciones generales. El nerviosismo era más que obvio y fue en aumento con el paso de los días; también entre algunos periodistas, que llegaron a dar noticias que después tuvieron que ser desmentidas por el portavoz Federico Lombardi. Un medio italiano llegó a afirmar que la misa *Pro Eligendo Romano pontífice*, que daba inicio al cónclave, se celebraría el lunes 11 de marzo, y aseguraba que Guido Marini, maestro de ceremonias de la Casa Pontificia, había reservado para esa fecha la basílica de San Pedro. «He hablado con el maestro de ceremonias Marini y me ha dicho que no es cierto», zanjó Lombardi.

Al portavoz se le amontonaron los desmentidos precónclave[7]. El movimiento progresista Somos Iglesia lanzó desde su página web su segunda tanda de quejas contra los altos miembros de la curia y exigió una descentralización del gobierno de la Iglesia y, al mismo tiempo, una reducción de las estructuras vaticanas basada en la «sobriedad y la simplicidad». A esto se sumó la declaración firmada por 22 asociaciones católicas estadounidenses que reclamaban mayor transparencia en la gestión financiera del Vaticano y en la resolución de los casos de abusos sexuales comprobados y demostrados. Muchos vieron detrás de este comunicado la mano del *Dream Team* estadounidense. El tercer golpe llegó desde el corazón de la misma

---

[6] Eric Frattini, *Los cuervos del Vaticano. Benedicto XVI en la encrucijada*, ob. cit..

[7] Gerard O'Connell, *The Election of Pope Francis*, ob. cit.

Italia, cuando la revista *Famiglia Cristiana*, con casi 3 millones de lectores, pidió al sucesor de Benedicto XVI, fuera quien fuese, que acabase con el Banco Vaticano, con sus secretos, sus conspiraciones y sus cuentas numeradas, y tomase la decisión de operar con bancos extranjeros que respetasen las normas éticas internacionales[8].

El jueves 7 de marzo los cardenales volvieron a reunirse en la quinta congregación general. Esta vez estaban presentes 152 cardenales, de los cuales 114 eran electores. De la reunión no salió una fecha para el cónclave y las conversaciones giraron en torno a las polémicas finanzas del Vaticano. Los cardenales Giuseppe Versaldi, presidente de la Prefectura de Asuntos Económicos de la Santa Sede; Domenico Calcagno, presidente de la Administración de Patrimonio, y Giuseppe Bertello, presidente de la Gobernación del Estado Vaticano, mostraron al resto de miembros del Colegio Cardenalicio la situación de las finanzas de la Santa Sede, del IOR (Instituto para las Obras de Religión, más conocido como Banco Vaticano) y del *Governatorato*. 16 cardenales tomaron la palabra e interrogaron a Versaldi, Calcagno y Bertello sobre diferentes asuntos relativos a las cuentas del Vaticano.

Ese mismo día, el cardenal Jorge Mario Bergoglio recibió la felicitación de un gran número de cardenales tras su discurso en la quinta congregación general. Por supuesto, los más conservadores vieron ciertos ramalazos liberales en el argentino, ya que había hablado de la evangelización, razón de ser de la propia Iglesia, y había afirmado que aquella debe acercarse a las «periferias», y no solo a las geográficas, sino a las existenciales, donde «hay que enfrentar los misterios del pecado, el

---

[8] Gianluigi Nuzzi, *Ratzinger was afraid: The secret documents, the money and the scandals that overwhelmed the pope*, Casaleggio Associati, Roma, 2013.

dolor, la injusticia, la ignorancia, la ausencia de fe, la del pensamiento y las de cada forma de miseria»[9].

Puede que, liberado al pensar que no tenía ninguna posibilidad de salir elegido papa en el cercano cónclave, Bergoglio, de perfil bajo y alejado de *cordate*, *contracordate*, *lobbys* y campañas proselitistas, decidió criticar abiertamente ante sus colegas a esa Iglesia «autorreferencial, enferma de narcisismo, que da lugar a ese mal que es la mundanidad espiritual, ese vivir para darse gloria los unos a los otros. [...] Hay dos imágenes de la Iglesia: la evangelizadora, que sale de sí misma, la de la palabra de Dios, que fielmente escucha y proclama; o la Iglesia mundana que vive en sí, por sí y para sí»[10]. Estas palabras, que tuvieron un fuerte impacto en los allí presentes, hicieron que algunos de los miembros del Colegio Cardenalicio comenzaran a inclinar su voto al brasileño Odilo Pedro Scherer, apoyado por los poderosos Giovanni Battista Re y Angelo Sodano. Para estos, el nombramiento de un cardenal latinoamericano —y del país con mayor número de católicos— por primera vez en la historia significaba continuidad, un candidato «para que nada cambie», como lo definió Gerard O'Connell en *The Election of Pope Francis*. El grupo de Re y Sodano, que deseaba mantener su poder dentro de la curia, apoyarían al cardenal brasileño a cambio de que al mando de la Secretaría de Estado estuviera un cardenal conservador italiano. El cardenal Re incluso presentó dos candidatos para el puesto, el cardenal Mauro Piacenza, prefecto de la Congregación del Clero, y el argentino Leonardo Sandri, sustituto de la Secretaría de Estado bajo el mando de Sodano y durante el pontificado de Benedicto XVI. Misteriosamente, alguien decidió filtrar la llama-

---

[9] Elisabetta Piqué, *Francisco. Vida y revolución*. La Esfera de los Libros, Madrid, 2014.

[10] Esta intervención secreta durante la congregación general del 7 de marzo de 2013 del todavía cardenal Jorge Mario Bergoglio fue revelada por el cardenal Jaime Lucas Ortega, arzobispo de La Habana.

da «operación Scherer» al vaticanista del diario *La Stampa* Andrea Tornielli. La maniobra de Re y Sodano apareció al día siguiente en el *Vatican Insider*, lo que acabó con la menor posibilidad de que Scherer alcanzara el Trono de Pedro[11].

Las congregaciones generales se convirtieron en una auténtica carrera para los periodistas, que ansiaban conseguir cualquier información, fuera esta un rumor o estuviera contrastada. El viernes 8 de marzo se celebró la octava congregación general, entre las cinco y las siete de la tarde. A ella asistieron 145 cardenales. El cardenal decano Angelo Sodano leyó ante los asistentes el texto número 37 de la constitución *Universi Dominici Gregis*, modificado a raíz de un *motu proprio* de Benedicto XVI:

> Establezco además que desde el momento en que la Sede Apostólica esté legítimamente vacante, los cardenales electores presentes esperen quince días completos a los ausentes; dejo además al Colegio de los Cardenales la facultad de anticipar el comienzo del cónclave si consta la presencia de todos los cardenales electores, como la facultad de retrasar, si hubiera motivos graves, el comienzo de la elección algunos días.

Esa misma tarde se anunció el inicio del cónclave para la tarde del martes 12 de marzo de 2013. En la novena congregación, que tuvo lugar el sábado 9 de marzo, los 115 cardenales electores eligieron sus habitaciones en la Domus Santa Marta, la que sería su residencia hasta que eligiesen al nuevo sumo pontífice de la Iglesia. En la décima y última congregación general, a la que asistieron 152 cardenales, se establecieron las normativas del cónclave, que finalmente se celebraría el martes 12 de marzo en la Capilla Sixtina. La suerte estaba echada.

---

[11] Elisabetta Piqué, «Andrea Tornielli: "Esta vez, en la Iglesia hay voluntad de cambio y de cerrar la temporada de venenos y escándalos"», *La Nación*, 10 de marzo de 2013.

ELIGIENDO PAPA

En la habitación 203 de la romana Casa Internacional del Clero, en la Via della Scrofa, el cardenal Bergoglio espera la decisión final sobre la fecha de inicio del cónclave. El purpurado argentino detesta Roma por sus intrigas, fastos y pomposidades, que ponen en riesgo la propia fe. Él se siente cómodo con su vida austera en una estancia austera. Es un hombre organizado, prolijo, calculador y, sobre todo, despegado de lo material. Bergoglio espera que, como ya sucedió en el cónclave de 2005 —en el que participó y del que salió elegido el sucesor de Juan Pablo II— también este sea corto[12].

En 2005, con el alemán Joseph Ratzinger como decano del Colegio Cardenalicio, no cabía la menor duda de que el papa 265.º sería conservador, a imagen y semejanza del carismático pontífice polaco. Lo que más llamó la atención del entonces obispo de Buenos Aires fue que, durante la primera votación, varios cardenales emitieron su voto a favor de su persona, que entonces tenía 68 años, superando en nominaciones al cardenal jesuita Carlo Maria Martini, uno de los «papables» con más opciones. «No sabe lo que he sufrido [en el cónclave de 2005]. Me he sentido usado por algunos que perdían y propusieron mi nombre contra el de Ratzinger», confesó Bergoglio a un amigo. A otros tan solo les dijo, a su regreso a Buenos Aires: «Zafé», es decir, «me salvé».

La mañana del 12 de marzo, el cardenal Bergoglio toma un desayuno frugal en el comedor de la Casa del Clero. Muchos de los religiosos con los que coincide, sabedores de lo sucedido en el cónclave de 2005, se acercan a él y le dicen: *In bocca al lupo!*, expresión italiana que se usa para desear suerte. El cardenal argentino no se encuentra a gusto al escuchar estas expresiones, e incluso siente cierta incomodidad. Debido a la lluviosa mañana romana, no puede ir a pie hasta el Vaticano. Desde que se

---

[12] Elisabetta Piqué, *Francisco. Vida y revolución*, ob. cit.

enteró de la renuncia de Benedicto XVI, el 11 de febrero de 2013, algo le dice que su vida puede cambiar radicalmente, aunque se aferra a varios argumentos de peso para no pensar en la posibilidad de ser elegido sumo pontífice: tiene 76 años, es un obispo jubilado y le duelen las rodillas. Su plan es retirarse después del cónclave y regresar a su Argentina natal.

Sigue lloviendo en Roma mientras Bergoglio espera a que llegue el taxi que le llevará hasta el Vaticano. Está tranquilo. No ha parado de leer los diarios italianos, en los que ya han aparecido las famosas quinielas de «papables». Su nombre no figura en ninguna, o, si aparece, lo hace escondido entre otros muchos en la lista de algún vaticanista despistado. Otros aún más despistados le confunden con el cardenal Leonardo Sandri, también argentino y participante en el cónclave de 2005. «Yo soy el otro», le gusta decir a Bergoglio, aunque sabe que no son los medios de comunicación quienes deciden el resultado de un cónclave. Justo antes de salir hacia el Vaticano, Bergoglio deja en la recepción de la Casa del Clero un sobre en cuyo interior guarda el billete de la compañía Alitalia con destino a Buenos Aires. Lo que ignora el argentino es que ese sobre quedará olvidado en un casillero durante los siguientes dos años[13].

«Va a ser una final Italia-Brasil», escribe un vaticanista italiano. Para muchos periodistas, la principal tanda de votos irá para el grupo de «papables» principales, como el italiano Angelo Scola, arzobispo de Milán, o el brasileño Odilo Pedro Scherer, arzobispo de São Paulo. También se menciona al canadiense Marc Ouellet, prefecto de la Congregación para los Obispos, y al capuchino de largas barbas Seán Patrick O'Malley, arzobispo de Boston. Los cuatro candidatos son menores que él, y eso le tranquiliza[14].

---

[13] Gerard O'Connell, *The Election of Pope Francis*, ob. cit.

[14] Timothy Dolan, *Praying in Rome: Reflections on the Conclave and Electing Pope Francis*, Image Books, Nueva York, 2013.

A pesar de las advertencias del padre Lombardi y del cardenal Bertone sobre la necesidad de mantener en secreto lo discutido en las congregaciones generales, alguien ha estado escuchando todo lo discutido en ellas. En junio de 2013, tres meses después de que Jorge Mario Bergoglio fuera elegido papa, el analista Edward Snowden denunció que la Agencia de Seguridad Nacional (NSA) de Estados Unidos había espiado las comunicaciones de millones de ciudadanos de todo el planeta, incluidos jefes de Estado y de Gobierno. Los medios de comunicación publicaron informaciones que demostraban que la NSA había espiado a la entonces canciller alemana Angela Merkel; a la presidenta de Brasil, Dilma Rousseff; a los miembros del G-20, o al entonces presidente de Venezuela, Hugo Chávez, entre otros muchos. Nadie se había salvado, ni siquiera los 114 cardenales que eligieron a Bergoglio ni los 11 cardenales estadounidenses que acudieron a Roma con esa misión[15].

El 30 de octubre de 2013, la revista italiana *Panorama* fue aún más lejos y reveló que la NSA había espiado las conversaciones telefónicas que entraban y salían de la ciudad-Estado del Vaticano, incluidas las que se realizaron durante las congregaciones generales y el cónclave de marzo. «Existe la sospecha de que las conversaciones sobre el futuro papa pudieron haber sido controladas», aseguraba la publicación. También se interceptaron las comunicaciones de la Domus Santa Marta, donde residieron los 115 cardenales electores que eligieron al sucesor de Benedicto XVI. *Panorama* establecía un periodo de escuchas desde el lunes 10 de diciembre de 2012 hasta el martes 8 de enero de 2013, pero se sospecha que la NSA continuó captando las comunicaciones de la Santa Sede tras conocerse la renuncia del papa Benedicto XVI (fe-

---

[15] Eric Frattini, *El libro negro del Vaticano. Las oscuras relaciones entre la CIA y la Santa Sede*, Espasa, Madrid, 2016.

brero de 2013). La revista también recordaba que el nombre del papa Francisco había surgido en los documentos filtrados por Bradley Manning, el analista militar que entregó al portal WikiLeaks de Julian Assange miles de documentos secretos. WikiLeaks desvelaba telegramas diplomáticos e informes de inteligencia, incluidos memorandos de la estación de la CIA en Buenos Aires, en los que se hablaba del cardenal Jorge Mario Bergoglio como uno de los «papables» en el cónclave de 2005, así como otros documentos fechados en 2007 que destacaban su «mala relación» con el entonces presidente argentino Néstor Kirchner[16].

Tampoco se salvaron del espionaje los directivos del IOR. El alemán Ernst von Freyberg, nombrado presidente del Banco Vaticano por Benedicto XVI después del escándalo provocado por el «caso Vatileaks», fue un objetivo de los potentes oídos de la Agencia de Seguridad Nacional, al igual que otros miembros del consejo de administración. Probablemente, las conversaciones interceptadas a los directivos del IOR, en el momento en el que luchaban por conseguir la calificación de «banco blanco» por parte del Moneyval[17] (la autoridad del Consejo de Europa), habrían sido clasificadas por la NSA en la categoría de «Amenazas al sistema financiero»[18]. El caso es que fueron muchos los cardenales que reclamaron los informes secretos sobre «Vatileaks», pero ninguno obtuvo respuesta.

Una portavoz de la NSA negó de forma tajante las acusaciones, alegando que el Vaticano no era un país «sujeto a vigilancia». Sin embargo, poco después se supo que la agencia de inteligencia había interceptado también las comunicaciones

---

[16] «Datagate: intercettato anche il papa», *Panorama*, 31 de octubre de 2013.

[17] Committee of Experts on the Evaluation of Anti-Money Laundering Measures and the Financing of Terrorism (MONEYVAL).

[18] Eric Frattini, *Los cuervos del Vaticano. Benedicto XVI en la encrucijada*, ob. cit.

de los 11 cardenales estadounidenses presentes en el cónclave de 2013. Después de cada congregación general el famoso *Dream Team* se reunía en su sede romana para debatir lo discutido, ignorando que la NSA escuchaba y grababa sus conversaciones, supuestamente secretas, e interceptaba sus comunicaciones telefónicas a través de sus potentes ordenadores.

2
EL CÓNCLAVE DE 2013

Habían pasado ocho años desde que el cardenal Jorge Mario Bergoglio entró en su primer cónclave para elegir al papa 265.º de la Iglesia católica. En aquella cumbre su nombre fue pronunciado por el cardenal escrutador hasta en 35 ocasiones.

«Quien entra como "papa" al cónclave sale cardenal» es otra de las famosas frases que circulan entre los vaticanistas, un viejo aforismo que hemos escuchado hasta la saciedad en pasillos, despachos y estancias de la Santa Sede. Lo curioso del caso es que, de tanto repetirlo, nos lo hemos terminado creyendo, aun cuando la historia lo ha desmentido en multitud de ocasiones. Los ejemplos más recientes son los del cardenal Giovanni Battista Montini (Pablo VI), elegido papa en el cónclave del 21 de junio de 1963, que fue aclamado antes del tradicional *habemus papam* y, en efecto, salió al balcón vestido de blanco, y Joseph Ratzinger, elegido sumo pontífice el 19 de abril de 2005. Casi ocho años después del nombramiento de Benedicto XVI trascendió a los medios que el cardenal Jorge Mario Bergoglio prefirió retirarse a pesar de que su candidatura estuviera provocando dolores de cabeza al grupo de cardenales conservadores que apoyaban en bloque al alemán[1].

Nada parecía indicar que el consenso a favor de Ratzinger se alcanzaría en 24 horas, pero el vaticanista de *La Stampa* Marco Tosatti descubrió, gracias a una fuente solvente, que Bergoglio pidió a sus «patrocinadores» que se abstuvieran de votarle a él y que dieran su apoyo a Ratzinger, antiguo prefecto de la Congregación de la Doctrina de la Fe y mano derecha del fallecido Juan Pablo II. Es probable que, finalmente, el purpurado argentino no hubiese vencido al alemán, pero sí pudo haber frustrado su candidatura desde el momento en que sus partidarios le habían concedido 37 votos, muchos menos de los que reunió Ratzinger en la tercera votación (72) pero suficientes para impedirle alcanzar el límite de dos tercios con que se resolvía la cuestión. Es lo que se denomina una «minoría de bloqueo», de la que era partidario el eminente arzobispo de Milán Carlo Maria Martini, fallecido el 31 de agosto de 2012. Martini estaba en contra de Ratzinger, al que veía como un «continuista» de Juan Pablo II; pero para el resto de los cardenales no eran tiempos de cambios… Estas situaciones son las que crean a los llamados *outsiders*, entre los que destaca Karol Wojtyla, que salió elegido en el cónclave de 1978 porque los cardenales electores no consiguieron ponerse de acuerdo entre los dos candidatos principales, Giuseppe Siri y Giovanni Benelli. Sea como fuere, el caso es que, si no hubiera sido por Bergoglio, Ratzinger nunca se habría convertido en Benedicto XVI[2]. En la primera votación, el alemán consiguió 47 votos frente a los diez que logró Bergoglio y a los nueve de Carlo Maria Martini. En la segunda ronda, Ratzinger se impuso con 65 votos a favor frente a los mencionados 35 de Bergoglio, que en ese

---

[1] Eric Frattini, *Los cuervos del Vaticano. Francisco en la encrucijada*, ob. cit.

[2] John Cornwell, *Church, Interrupted: Havoc & Hope: The Tender Revolt of Pope Francis*, ob. cit.

momento decidió retirarse discretamente para dejar a Ratzinger como único candidato. Finalmente, el 19 de abril de 2005 este consiguió 84 votos frente a los 26 del argentino.

Ocho años después, el 12 de marzo de 2013, el cardenal Jorge Mario Bergoglio entraba como elector en su segundo cónclave. La prensa especializada no lo señalaba como *preferiti*, sino como un «hacedor de papas», capaz de fomentar a un *outsider* al estilo de Karol Wojtyla. En realidad, los nombres de Scherer, Maradiaga, Ouellet, Dolan, O'Malley, Scola o Wuerl sonaban más que el de Bergoglio[3].

La mayoría de vaticanistas —yo incluido— y aficionados a las quinielas apostaban por el cardenal Angelo Scola, arzobispo de Milán, de 71 años, intelectual, políglota, buen administrador y hombre de confianza de Juan Pablo II y Benedicto XVI por su independencia y resistencia a las presiones de la curia romana. Hijo de un camionero militante socialista y de un ama de casa, Scola nació en Malgrate, un pueblecito del norte de Lombardía. Si hubiera salido elegido en el cónclave, Scola se habría convertido en el primer papa perteneciente a un movimiento laico —el movimiento Comunión y Liberación—, del que formaba parte desde su época de estudiante de filosofía en la Universidad Católica de Milán, lo que le llevó a padecer en carne propia los recelos de la curia. Tras abandonar a su novia para iniciar el camino del sacerdocio, Scola dejó atrás Milán, donde su pertenencia al mencionado movimiento le hacía sospechoso de «activismo social y estudiantil», para instalarse en Teramo, donde se ordenó sacerdote. Con el paso de los años, Scola regresó a Milán como arzobispo de la más poderosa diócesis de Italia, para lo cual recibió el apoyo directo tanto del propio Benedicto XVI como de los cardenales Tarcisio Bertone y Angelo Sodano[4].

---

[3] Gerard O'Connell, *The Election of Pope Francis*, ob. cit.

[4] Eric Frattini, *Los cuervos del Vaticano. Benedicto XVI en la encrucijada*, ob. cit.

Apasionado del latín, del griego y de las humanidades en general, Scola acabó doctorándose en Teología por la universidad suiza de Friburgo, donde ejerció como profesor de Teología Moral. También colaboró —desde su fundación en 1972— en la revista internacional *Communio*, donde conoció a Ratzinger y a otros grandes teólogos de la época, como Henri de Lubac y Hans Urs von Balthasar, con quienes escribió diversos libros y artículos. En 1982 asumió la cátedra de Antropología Teológica en el Instituto Pontificio Juan Pablo II para Estudios sobre Matrimonio y Familia en la Pontificia Universidad Lateranense. Sin embargo, su exitosa carrera académica se vio truncada cuando fue nombrado obispo de Grosetto, no demasiado lejos de Roma, en 1991. Cuatro años después, Juan Pablo II lo nombró rector de la Pontificia Universidad Lateranense, un trabajo perfecto para un hombre que, como todos los «papables», habla perfectamente español, inglés, francés, alemán e italiano.

En 2002 fue nombrado patriarca de Venecia, donde creó un magnífico centro de estudios de Derecho Canónico, otro de Ciencias Religiosas, una facultad de teología y la revista multilingüe *Oasis*, dedicada a facilitar la vida a los cristianos en los países islámicos mediante el diálogo intercultural. Por fin, en 2003, Juan Pablo II lo elevó al cardenalato, lo que le llevó a asumir importantes responsabilidades en la maquinaria vaticana. De hecho, Scola es miembro de tres congregaciones y de cuatro consejo pontificio: los de Laicos, Familia, Cultura y Nueva Evangelización, que es precisamente donde se juega el futuro del cristianismo.

En 2011, cuando llegó la hora de relevar al arzobispo de Milán, el cardenal Dionigi Tettamanzi, la Conferencia Episcopal Italiana (CEI) y el secretario de Estado del Vaticano, Tarcisio Bertone, intentaron «colocar» a sus propios candidatos, pero Benedicto XVI los rechazó y puso a Scola al frente de la diócesis de San Ambrosio. El cardenal lombardo sabía comunicar bien, era afable con la prensa y tenía alrededor de 20.000

seguidores en Twitter, lo que lo situaba en el cuarto lugar en el *ranking* de los purpurados más tuiteros[5].

No cabía duda de que la Iglesia necesitaba un faro que la guiase tras atravesar una de las épocas más convulsas de su historia por el «caso Vatileaks» y por el escándalo de los abusos sexuales a menores. Los 115 cardenales debían elegir a un purpurado que encarnase las mejores cualidades humanas y que poseyera una larga experiencia pastoral y de gobierno. El cargo lo exigía y había que evitar una nueva renuncia. Benedicto XVI lo había hecho y los medios de comunicación habían tratado la cuestión como un acontecimiento histórico. Sin embargo, si el siguiente pontífice dimitía, se produciría un verdadero terremoto que revelaría una gran grieta en la monolítica institución de la Iglesia. Los 115 cardenales electores, con la ayuda del Espíritu Santo, debían elegir bien y debían hacerlo rápido[6].

Como dijimos en el capítulo anterior, otro nombre que se barajaba era el del cardenal Odilo Pedro Scherer, de 63 años, arzobispo de São Paulo. El brasileño de origen alemán apreciaba los aspectos «no políticos» de la Teología de la Liberación y encarnaba los deseos de Latinoamérica de liderar el papado por primera vez en la historia. Scherer gobernaba la populosa archidiócesis de São Paulo, de 6 millones de fieles, en el país con más católicos del mundo (más de 123 millones de personas, es decir, el 64,6 % de la población), pero también en el que se da el mayor número de deserciones de católicos.

El tercero era el canadiense Marc Ouellet, de 68 años, prefecto saliente de la poderosa Congregación de los Obispos y presidente de la Pontificia Comisión para Latinoamérica. Ca-

---

[5] Angelo Scola, *Betting on Freedom: My Life in the Church*, The Catholic University of America Press, Washington, D. C., 2021.

[6] Garry Wills, *The Future of the Catholic Church with Pope Francis*, ob. cit.

nadiense francófono, con larga experiencia en América Latina (Colombia) como profesor de seminarios, disfrutaba de una privilegiada posición en la curia que le permitía «observar» y plantear reformas esenciales. Ouellet, poseedor también de fuertes vínculos con Europa, habla seis idiomas (francés, inglés, alemán, español, italiano y portugués), algo fundamental en un pontificado tan activo en las redes sociales como es el actual.

El cuarto «papable» era el cardenal húngaro Péter Erdö, de 60 años, arzobispo de Estergom-Budapest. Desde 2006 presidía el influyente Consejo de Conferencias Episcopales de Europa, por lo que tenía una estrecha relación con los cardenales que gobiernan las grandes diócesis europeas y, por tanto, llegaba al cónclave con importantes apoyos. Desde 2011, Erdö es miembro de la relevante segunda sección de la Secretaría de Estado y responsable de las relaciones diplomáticas del Vaticano, un terreno acotado a los hombres del todo poderoso cardenal Angelo Sodano, lo que, sin duda, podía suponer una traba a su candidatura.

El ghanés Peter Kodwo Turkson, de 64 años y presidente saliente del Pontificio Consejo para Justicia y Paz, era el quinto nombre que se barajaba. El cardenal africano es uno de los líderes más dinámicos de la Iglesia africana, aunque ha tenido algún que otro resbalón al hacer varias declaraciones desafortunadas sobre la pederastia, la homosexualidad y el islam en Europa. Turkson es especialista en las Sagradas Escrituras en el Pontificio Instituto Bíblico de Roma y también posee la valiosísima virtud de las lenguas: habla inglés, fante (una lengua africana), italiano, francés, alemán y hebreo.

El sexto *preferiti*, también africano, era el cardenal Wilfrid Fox Napier, de 72 años, arzobispo de Durban y uno de los tres franciscanos representados en el cónclave. Para la nueva etapa, el purpurado sudafricano proponía una renovación espiritual que permitiera la reconstrucción de la credibilidad de la Iglesia, un poco a la manera de «san Francisco de Asís y su reforma moral», tal y como declaró a un periódico sudafricano momentos antes de partir hacia Roma para elegir al sucesor de Benedicto XVI.

El filipino Luis Antonio Tagle, de 55 años y arzobispo de Manila, era el séptimo «papable» al que señalaban las quinielas. Tagle es un gran comunicador de masas, al estilo de Juan Pablo II, pero su juventud y su inexperiencia en materia curial jugaban en su contra. Sin duda, su elección habría supuesto un enorme golpe geopolítico para la Iglesia, de la que llegó a decir que «tiene que aprender la humildad de Jesús. Puedes estar diciendo las cosas adecuadas, pero la gente no escuchará si lo comunicas de un modo que les recuerda una institución triunfalista y sabelotodo».

El octavo candidato era el cardenal mexicano José Francisco Robles Ortega, de 64 años, arzobispo de Guadalajara (México). Contaba con el aval de ser del segundo país con mayor número de católicos, después de Brasil, y defendía una actitud flexible por parte de la Iglesia: «Se necesita un papa abierto y dialogante», declaró a la agencia italiana de noticias ANSA unos días antes de entrar en el cónclave.

El noveno en la lista era el siempre polémico Seán Patrick O'Malley, de 68 años, arzobispo de Boston y miembro del *Dream Team*. Durante años, O'Malley se ocupó de los inmigrantes hispanos, defendiendo sus derechos ante las duras leyes migratorias de Estados Unidos. En la ciudad de Boston, muy castigada por el escándalo de la pederastia, hizo un gran trabajo, lo que le hizo ganar enteros. De hecho, muchos lo veían como un antídoto perfecto para los males que aquejaban a la curia vaticana.

Por último estaba el italiano Gianfranco Ravasi, de 70 años, expresidente de los pontificios consejos para la Cultura, la Herencia Cultural de la Iglesia y la Arqueología Sacra. Este excelente biblista había llevado por varias capitales del mundo, entre ellas Barcelona, el llamado «Atrio de los Gentiles», un foro de diálogo entre creyentes y no creyentes. Era también miembro de la congregación de la Educación Católica y de los pontificios consejos de Nueva Evangelización y de Diálogo Interreligioso.

Estos diez candidatos aparecían en la prensa como los más probables, aunque, unos días antes del cónclave, también se hizo pública la lista de cardenales electores *non-gratos* o, como los definió el diario *La Stampa*, «los impresentables», esto es, los relacionados directamente con el peliagudo asunto de la pederastia en esa gran «conspiración de silencio» que se inició en la época de Juan XXIII, se endureció durante el pontificado de Juan Pablo II y llegó hasta el gobierno de Benedicto XVI, que fue quien hizo famosa la frase de «tolerancia cero con los abusadores»[7].

La polémica rodeaba a varios cardenales, como el arzobispo de Los Ángeles Roger Mahony, a quien se responsabilizaba de ocultar 129 casos de abusos sexuales a menores cometidos por sacerdotes de su diócesis. Los dedos acusadores apuntaban también a los cardenales Sean Baptiste Brady, presidente de la Conferencia Episcopal Irlandesa, y al belga Godfried Danneels. En Irlanda, una investigación impulsada por el Gobierno había demostrado 400 casos de abusos sexuales y físicos cometidos por religiosos durante los últimos 30 años y silenciados por sus superiores, incluido Brady, quien se disculpó alegando que «en esa época, las líneas maestras del Vaticano para tratar casos de pederastia no eran claras». Por su parte, el cardenal Danneels, considerado uno de los más progresistas dentro del cónclave, llegó a pedir a una víctima de la que habían abusado durante 15 años, que guardara silencio hasta que el abusador, el monseñor Roger Vangheluwe, obispo de Brujas, se jubilara.

---

[7] Peter Seewald, *Benedict XVI: A Life, Volume Two: Professor and Prefect to Pope and Pope Emeritus 1966-The Present*, Bloomsbury Continuum, Nueva York, 2021.

También estaban «manchados» por el escándalo el cardenal Justin Francis Rigali, miembro del *Dream Team*, que en 2011 tuvo que dimitir como arzobispo de Filadelfia por «motivos de edad», aunque, unos meses antes, un Gran Jurado le había acusado de haber mantenido en sus cargos a 37 sacerdotes acusados de haber cometido abusos sexuales a menores; el cardenal australiano George Pell, a quien varias asociaciones de víctimas señalaban como máximo responsable de la «ley de silencio» impuesta en Australia ante los abusos cometidos por la Iglesia, y el cardenal mexicano Norberto Rivera Carrera, acusado por el Tribunal Supremo de Los Ángeles de haber encubierto al sacerdote Aguilar Rivera, responsable de la violación de más de un centenar de niños y de haber escondido desde 1997 la carrera de abusador y pederasta en serie Marcial Maciel, fundador de los Legionarios de Cristo.

De hecho, la sombra de Maciel es alargada y alcanzó a otros cardenales, como el polaco Stanislaw Dziwisz, antiguo secretario de Juan Pablo II, o el argentino Leonardo Sandri, subsecretario de Estado con Karol Wojtyla[8]. Varias investigaciones demostraron que ambos estaban al tanto de los excesos con drogas, sexo y alcohol, así como de la malversación económica llevada a cabo por Marcial Maciel. Sin embargo, los dos purpurados prefirieron callar y mirar hacia otro lado por miedo a que se cortase el flujo de fondos que desde Roma llegaba a los Legionarios de Cristo. «Maciel estaba muy bien cubierto», llegó a decir Benedicto XVI a su biógrafo Peter Seewald[9].

En cuanto a prohibirles la participación en el cónclave, la legislación vaticana era muy clara. Nadie, ni siquiera el papa, podía obligar a un cardenal elector a no formar parte de un cónclave. En Italia y en otros países se hicieron campañas pi-

---

[8] Eric Frattini, *Los papas y el sexo*, Espasa, Madrid, 2010.
[9] Peter Seewald, *Benedict XVI: A Life, Volume Two: Professor and Prefect to Pope and Pope Emeritus 1966-The Present*, ob. cit.

diendo que estos cardenales se «abstuviesen de participar», pero no lograron sus objetivos.

Sea como fuere, el cardenal Jorge Mario Bergoglio no estaba ni en la lista de «papables» ni en la de *non-gratos*.

LA HORA DE LA VERDAD

El martes 12 de marzo, 115 cardenales electores se trasladan a la Domus Santa Marta, un enorme edificio acondicionado con 120 habitaciones y 20 salones, cuyas estancias han sido «barridas» por la Gendarmería Vaticana y por efectivos de la Entità, el servicio de inteligencia papal, con el fin de evitar la colocación de micrófonos ocultos. Tanto la Domus Santa Marta como la Capilla Sixtina han sido cubiertas por una cortina inhibidora de señales que impide que nadie —ni dentro ni fuera— pueda emitir o recibir señal alguna. La habitación de Bergoglio es la 207. En ella tan solo hay una cama pequeña, una mesilla, un escritorio y un crucifijo colgado de la pared.

Aunque el *cum clave* (bajo llave) no se ha iniciado aún, los electores se encuentran ya bajo secreto. Muchos se sienten perdidos sin sus móviles, sus tabletas y sin conexión a internet, aunque ni mucho menos es el caso del argentino, que no necesita toda esa tecnología sencillamente porque no sabe usarla. El cardenal Bergoglio utiliza una pequeña agenda negra en la que lo apunta todo, como, quizá, Angelo Sodano, que lleva la voz cantante como decano del Colegio Cardenalicio, mayor de 80 años y, por tanto, no puede elegir (es no elector), aunque lidera un grupo de conservadores a quienes exige disciplina de voto[10].

La misa solemne *Pro Eligendo Romano pontífice*, para pedir a Dios que ilumine al Colegio Cardenalicio, es retransmitida

---

[10] Elisabetta Piqué, *Francisco. Vida y revolución*, ob. cit.

por televisión. El cardenal Bergoglio aparece en silencio y concentrado mientras reza a san José y a santa Teresita. Procura no pensar en que podría salir elegido nuevo líder de la Iglesia. Un cardenal europeo ha comenzado a hacer campaña a favor de Bergoglio sin que este lo sepa. «Cuidado, que te ha llegado el turno», le dice cuando pasa a su lado[11]. A las cuatro menos cuarto de la tarde, y tras un almuerzo frugal, los cardenales se dirigen a la Capilla Paulina para prestar juramento ante los *fustigadores*, los encargados de exhortar a los cardenales electores para que cumplan con su sagrada tarea sin violar las normas del cónclave. El juramento dice así:

> Yo prometo y juro observar el servicio absoluto con quien no haga parte del Colegio de Cardenales electores, y esto para siempre, a menos que reciba especial facultad dada expresamente por el nuevo pontífice o sus sucesores, acerca de todo lo que tiene que ver directa o indirectamente con las votaciones y escrutinios en las que participo para la elección del sumo pontífice.

A las cuatro y media de la tarde comienza la procesión desde la Capilla Paulina a la Capilla Sixtina para proceder a la primera votación[12]. Justo una hora después, el maestro de ceremonias litúrgicas, Guido Marini, pronuncia el tradicional *extra omnes* (todos fuera), que indica que quienes no participan en el cónclave han de salir de la Capilla Sixtina. A continuación se entrega a cada cardenal elector una papeleta con la inscripción «*Eligo in summum pontificem*» («Elijo como sumo pontífice») y un espacio en blanco para escribir su propuesta. Uno a uno va llevando su voto, de forma bien visible, hasta una urna y, delante de los escrutadores, pronuncian un nuevo juramento: «Pongo por testigo a Cristo Señor, el cual me juzgará, de que doy mi voto a quien en presencia de Dios creo

---

[11] *Ibid.*
[12] Gerard O'Connell, *The Election of Pope Francis*, ob. cit.

que debe ser elegido». Las quinielas siguen apareciendo entre la prensa especializada: o Scola, o Scherer, o Ouellet... Este último es ajeno a las intrigas curiales y podría ser un candidato de consenso entre conservadores y reformistas[13].

Terminada la primera votación, tres escrutadores comienzan el recuento, suman los votos y los anotan en una hoja. El último perfora las papeletas con una aguja, justo en la palabra «*Eligo*», y las cose con un hilo. En la última fase, llamada postescrutinio, se recuentan los votos, se cotejan y se queman las papeletas en la estufa. Según la Oficina de las Celebraciones Litúrgicas del Sumo Pontífice, la estufa de acero forjado, de un metro de altura, fue usada por vez primera durante el cónclave de 1939. Está provista de una puerta inferior, por donde se introducen los combustibles, y de una superior que se abre para meter las papeletas que serán incineradas en el interior.

Para facilitar la identificación a distancia del color de la fumata fue instalada una máquina auxiliar. Se trata de un equipo que consta de un compartimiento donde se colocan unas sustancias químicas que producen humo blanco o negro según sea el resultado de las votaciones. El encendido se produce electrónicamente y dura varios minutos, mientras los votos son quemados en la estufa lateral. Ambos dispositivos confluyen en una misma chimenea cuya salida desemboca directamente en los tejados de la Capilla Sixtina.

Antes de iniciarse la primera votación, el cardenal maltés Prospero Grech dirige la meditación. Seguidamente, los electores votan. Fumata negra a las ocho de la tarde. Pocos observan al cardenal Jorge Mario Bergoglio, que se mantiene en absoluto silencio y con el rostro sereno a pesar de haber oído su nombre en 25 ocasiones durante el recuento. Scola ha obtenido 30 votos. Scola tiene en contra el ser italiano. «Los escán-

---

[13] Garry Wills, *The Future of the Catholic Church with Pope Francis*, ob. cit.

dalos del "Vatileaks", las filtraciones de Paoletto y las constantes intrigas palaciegas crearon un claro sentimiento anti-italiano en el cónclave de 2013», confesó años después el cardenal Juan Luis Cipriani, arzobispo de Lima y miembro del Opus Dei, en una entrevista con el *Vatican Insider*.

Lo habitual es que el primer día de deliberaciones se realice una sola votación en la Capilla Sixtina; después habrá cuatro votaciones diarias, dos por la mañana y dos por la tarde, con dos fumatas a lo largo del día entre rezos, y toda clase de negociaciones secretas entre las distintas tendencias. La normativa dice que para ser elegido sumo pontífice es necesaria una mayoría de dos tercios de los votos de los electores, es decir, 77 votos[14]. Hasta 2007, si ningún candidato alcanzaba este grado de consenso después de 34 votaciones, se rebajaban las exigencias y bastaba con obtener la mitad más uno de los votos. Sin embargo, ese año, un *motu proprio* de Benedicto XVI cambió las reglas ordenando que se mantuviera la mayoría de dos tercios en todo el proceso.

Algunos periodistas argentinos empiezan a hablar de Jorge Mario Bergoglio, pero más por su deseo de que un compatriota ocupe el Trono de Pedro que por la información que hayan podido recibir del interior de la Capilla Sixtina.

Son las ocho de la tarde cuando los 115 cardenales son introducidos en autobuses para ser trasladados al Domus Santa Marta. Bergoglio cena esa noche con el cardenal Leonardo Sandri, a quien conoce desde su juventud, aunque sus carreras han sido muy diferentes, e incluso opuestas. Bergoglio representa al perfecto sacerdote pastoral, mientras que Sandri encarna al perfecto miembro de la curia. Han tenido fuertes discrepancias, todo el mundo lo sabe, pero esa noche es para orar y pensar en las votaciones del día siguiente. «Prepárate, querido amigo», le dice Sandri a Bergoglio, y le revela que existe un

---

[14] Gerard O'Connell, *The Election of Pope Francis*, ob. cit.

grupo de cardenales latinoamericanos, asiáticos, africanos y algún que otro italiano que están decididos a votarle. Bergoglio interpreta esta información como una patata caliente.

El miércoles 13 de marzo los electores desayunan temprano y a las nueve y media de la mañana, tras escuchar misa solemne en la Capilla Paolina, da inicio una segunda votación y, poco después, la tercera. 60 europeos, 14 de América del Norte, 19 latinoamericanos, 11 africanos, 10 asiáticos y uno de Oceanía no se ponen de acuerdo y generan fumata negra a las 11:39 horas de la mañana. Las papeletas de la segunda y tercera votación se queman juntas. El cardenal Bergoglio se encuentra sentado entre al cardenal brasileño Cláudio Hummes, un viejo amigo suyo, y el portugués José da Cruz Policarpo. La plaza de San Pedro se va llenando de fieles y curiosos llegados desde todo el mundo. Quieren ser testigos de este acontecimiento histórico. Nadie ha alcanzado los 77 votos, pero se sabe que Bergoglio ha liderado la votación[15]. La final no va a ser Italia-Brasil como adelantaba la prensa especializada, sino Italia-Argentina.

El cardenal argentino almuerza con su amigo el cardenal hondureño Óscar Rodríguez Maradiaga, a quien revela su inquietud por el avance de su candidatura hacia el Trono de Pedro. Un grupo conservador partidario de Scola ha difundido el rumor de que Bergoglio está gravemente enfermo de los pulmones y varios cardenales electores se acercan a él para preguntarle por su salud. El rumor es falso. A Bergoglio solo le extirparon el lóbulo superior del pulmón derecho en 1957 tras sufrir una grave pulmonía. Según el escritor Gerard O'Connell en su libro *The Election of Pope Francis*, es durante ese mismo almuerzo cuando el cardenal Angelo Scola decide dar un paso a un lado para no convertirse en un «candidato de bloqueo», al igual que hizo en su momento el propio Ber-

---

[15] Elisabetta Piqué, *Francisco. Vida y revolución*, ob. cit.

55

goglio durante el cónclave de 2005. Scola sabe que no pasará de 40 votos, muy lejos de los 77 necesarios para investirse como 266.º sumo pontífice. El cardenal italiano habla con los cardenales que apoyan su candidatura para pedirles que «trabajen por la unidad» y les ruega que dejen de votarle y que muestren su apoyo al cardenal argentino[16].

Después del almuerzo, los electores regresan a la Capilla Sixtina para dos nuevas votaciones, que dan inicio a la cinco menos diez de la tarde. Bergoglio ha estado a punto de alcanzar los 77 votos necesarios, pero, de nuevo, fumata negra. La quinta votación se declara nula, pero las papeletas no son quemadas para no hacer público el error. Tras la votación, antes de la lectura de nombres, el escrutador cuenta 116 papeletas en lugar de 115, que es el número de cardenales electores presentes. Parece ser que un cardenal depositó por error dos papeletas en la urna, una con el nombre elegido y una segunda en blanco pegada a la primera. Tal y como explicó el cardenal Oswald Gracias, arzobispo de Bombay, en ese momento Bergoglio comenzaba a aceptar su destino: «Lo tenía justo frente a mí y podía observar en su rostro que estaba aceptando la voluntad de Dios y obedeciendo lo que el Señor quería. Él sentía, y todos nosotros también, que el Señor lo había elegido a él, y que no iba a rechazar la cruz que se le estaba ofreciendo»[17].

En la sexta votación, el cardenal Jorge Mario Bergoglio reúne 90 votos y es proclamado sumo pontífice. Un fuerte aplauso se oye en el interior de la Capilla Sixtina. El primero en abrazar a Bergoglio es el cardenal Hummes, que le dice: «No te olvides de los pobres». Otros cardenales se acercan también para felicitarlo.

---

[16] Timothy Dolan, *Praying in Rome: Reflections on the Conclave and Electing Pope Francis*, ob. cit.
[17] Gerard O'Connell, *The Election of Pope Francis*, ob. cit.

Giovanni Battista Re, camarlengo de la Iglesia católica, pregunta a Bergoglio: «¿Aceptas tu elección canónica para sumo pontífice?». «Soy un gran pecador, pero, confiando en la misericordia y en la paciencia de Dios, con sufrimiento, acepto», contesta el nuevo papa. «¿Cómo quieres ser llamado?», vuelve a preguntar Re. «Francisco», contesta Bergoglio.

El nombre elegido llama la atención a muchos de los cardenales presentes. Muchos creen que es en honor a Francisco Javier, el misionero jesuita que viajó por Oriente en el siglo XVI. Sin embargo, los que conocen bien al argentino saben que el nombre hace referencia a Francisco de Asís, fundador de la orden franciscana, que vivió entre los siglos XII y XIII, y famoso por sus duras críticas a «los lujos de la Roma papal». Acompañado siempre por el maestro de ceremonias, el ya papa Francisco se encierra en la «cámara de las lágrimas», donde es vestido con una de las sotanas blancas confeccionada para la ocasión por el sastre Gammarelli. Fundado en 1798, el taller en la calle de Santa Clara, cercana al Panteón, ha confeccionado los hábitos de los últimos papas desde Pío IX hasta Francisco.

Otra de las cosas que llaman la atención es que Francisco mantiene su cruz de plata sobre el hábito blanco y su anillo arzobispal, también de plata. Ha rechazado la cruz pectoral de oro que le señala como sumo pontífice. Tampoco usa la esclavina roja. «No gracias. No estamos en carnaval», cuentan que dijo al maestro de ceremonias. Tampoco permite que le quiten sus cómodos y gastados zapatos ortopédicos negros para colocarle los mocasines rojos.

Desde donde se encuentra el nuevo papa puede oírse el ruido que provoca la muchedumbre reunida en la plaza de San Pedro. Sigue lloviendo con intensidad. A las 19:07 horas aparece en la chimenea la esperada fumata blanca. «*Habemus papam. Habemus papam!*», exclaman los miles de congregados alrededor de la columnata de Bernini. De la alargada chimenea de la que sigue saliendo humo blanco, los ojos de millones de telespectadores pasan al balcón situado bajo la grandiosa cúpula de San Pedro a la espera de que aparezca el cardenal protodiácono, el francés Jean-Louis Tauran, para anunciar a la ciudad y al mundo el nombramiento del nuevo sumo pontífice. A las 20:22 horas, Tauran dice: «*Annuntio vobis gaudium magnum; habemus papam: eminentissimum ac reverendissimum dominum, dominum Georgium Marium sanctae romanae Ecclesiae cardinalem Bergoglio qui sibi nomen imposuit Franciscum*». Bergoglio se ha convertido en papa, pero también en obispo de Roma, en sucesor del primado de los apóstoles, en vicario de Cristo, en sumo pontífice de la Iglesia universal, en siervo de los siervos de Dios, en patriarca de Occidente, en primado de Italia, en arzobispo de la diócesis romana, en soberano de la Ciudad-Estado del Vaticano, y, de manera extraoficial, en rector del mundo, en padre de los príncipes y reyes y en pontífice máximo[18].

Ya vestido de blanco, el 266.º sucesor de Pedro regresa a la capilla Sixtina, donde todos los cardenales le juran obediencia. Luego el nuevo papa acude solo a la Capilla Paolina para rezar junto a los dos últimos frescos que Miguel Ángel pintó: la *Crucifixión de san Pedro* y la *Conversión de san Pablo*. Minutos antes de salir al balcón de San Pedro para dar el *Urbi et orbi* a la ciudad y al mundo, Jorge Mario Bergoglio coge el teléfono y pide comunicación con Castel Gandolfo para intercambiar unas palabras con el papa emérito Benedicto XVI. Hay quien dice que, en efecto, hablaron durante unos minutos, pero otras fuentes aseguran que nadie respondió al teléfono. Si hablaron, lo que se dijeron nadie lo sabe, aunque durante su despedida de los cardenales el alemán había anunciado que «entre vosotros está el futuro papa, al que desde hoy ya le prometo mi reverencia y obediencia incondicional».

---

[18] Eric Frattini, *Los cuervos del Vaticano. Francisco en la encrucijada*, ob. cit.

El nuevo sumo pontífice sale al balcón de San Pedro. Con aspecto humilde y alejado del boato mostrado por los anteriores papas, Francisco se muestra a los ojos de la muchedumbre allí reunida y pronuncia estas palabras:

Hermanos y hermanas, buenas noches. Sabéis que el deber del cónclave era dar un obispo a Roma. Parece que mis hermanos cardenales han ido a buscarlo al fin del mundo. Pero aquí estamos. Os doy las gracias por esta bienvenida de la comunidad diocesana de Roma a su obispo. Gracias.

En primer lugar, me gustaría hacer una oración por nuestro obispo emérito, Benedicto XVI. Recemos todos juntos por él, recemos por él para que el Señor lo bendiga y la Virgen lo proteja.

Y ahora comencemos este viaje, el obispo y el pueblo. Este viaje de la Iglesia de Roma, que guía a todas las iglesias, un viaje de hermandad, de amor, de confianza entre nosotros.

Vamos a rezar siempre por nosotros, el uno por el otro, por todo el mundo, para que sea una gran hermandad. Espero que este viaje de la Iglesia que comenzamos hoy y en el que me ayudará mi cardenal vicario, que está aquí conmigo, sea fructífero para la evangelización de esta hermosa ciudad.

Ahora me gustaría daros una bendición, pero, antes, quiero pediros un favor. Antes de que el obispo bendiga al pueblo, os pido que recéis para que el Señor me bendiga. Esta es la oración del pueblo para el papa. Recemos en silencio esta oración vuestra por mí.

Ahora os daré la bendición a vosotros y a todo el mundo. A todos los hombres y mujeres de buena voluntad. Mañana quiero ir a rezar a la Virgen para que proteja toda Roma. Buenas noches y que descanséis bien.

El papa Francisco sabe que para pilotar la barca de Pedro no solo serán necesarias la oración y las buenas palabras, sino también el vigor, tanto de cuerpo como de espíritu, para controlar a la rebelde y soberbia maquinaria curial. A sus 76 años, es el primer pontífice jesuita y latinoamericano, y su trayectoria pastoral en las villas miseria del Gran Buenos Aires le define como un papa profundamente renovador.

Del fin del mundo

Las maneras con las que Francisco se presentó en el balcón vaticano marcaron una importante ruptura con los anteriores pontificados. Sus palabras estaban lejos del boato papal y, tras hacer la broma sobre el papa del «fin del mundo», habló de «fraternidad» y pidió a los presentes en la plaza que orasen por él. Después dobló la espalda y bajó la cabeza ante los creyentes de todo el mundo en señal de respeto. Era la primera vez que un sumo pontífice hacía semejante gesto[19].

Francisco es un teólogo competente, aunque no llega a la finura de Benedicto XVI. A su favor está el hecho de que adquirió su espíritu de lucha caminando sobre el fango de las villas miseria, mientras que Ratzinger lo hacía sobre los mármoles de las más prestigiosas universidades y centros de estudio de la Iglesia. Francisco ha sido muy criticado por su tibieza ante la dictadura argentina y muy pronto descubrió que su vida sería desmenuzada y puesta bajo el microscopio de los medios de comunicación y de las redes sociales.

Jorge Mario Bergoglio fue ordenado sacerdote a los 33 años —los mismos que tenía Cristo cuando fue crucificado—, tras más de una década de noviciado. Y no solo no fue precoz en el sacerdocio, sino que, a sus 79 años, superaba con mucho la edad que los vaticanistas marcaban como mínima —entre los 65 y los 69 años— para ser considerado un papa «joven» capaz de desarrollar un «pontificado largo».

Nació el 17 de diciembre de 1936 en la ciudad de Buenos Aires en el seno de una familia de inmigrantes del Piamonte italiano. Era el mediano de cinco hermanos y su padre, Mario, trabajaba como empleado en una compañía ferroviaria. Regina, su madre, era un ama de casa de aspecto severo y firmes

---

[19] Timothy Dolan, *Praying in Rome: Reflections on the Conclave and Electing Pope Francis*, ob. cit.

creencias religiosas. Se dice que fue ella quien le influyó en su creencia en Dios. Jorge Mario Bergoglio se licenció en Química, pero un encuentro casual con un antiguo amigo, que había ingresado en la Compañía de Jesús, hizo que redirigiese su vida hacia la carrera eclesiástica[20]. Después de ingresar en los jesuitas, estudió Teología en la Universidad de San Miguel e hizo un doctorado en la misma rama en Alemania. Dicen que en aquellos años conoció a un joven Ratzinger completamente imbuido en las enseñanzas del Concilio Vaticano II. De vuelta a su país natal, ejerció como provincial de los jesuitas, cargo que ocupó entre 1973 y 1979, tras lo cual fue nombrado rector de la Universidad de San Miguel entre 1980 y 1986. Mucho se ha hablado de su papel durante la dictadura militar (1973-1983), en la que los secuestros, las torturas y otras violaciones de los derechos humanos estaban a la orden del día. Incluso varios sacerdotes jesuitas fueron secuestrados y asesinados, hechos que Bergoglio nunca denunció públicamente. Su silencio hizo que fuera acusado por las Madres de la plaza de Mayo como cómplice[21].

En 1992 fue nombrado obispo auxiliar de Buenos Aires, y en 1998 fue elevado al cardenalato por el papa Juan Pablo II. Este nombramiento le llevó a participar en el cónclave de 2005 en el que Joseph Ratzinger fue elegido papa con el nombre de Benedicto XVI. Dicen que fue el primero en abandonar la Ciudad Eterna una vez finalizado el cónclave y que, ya en Argentina, inmediatamente siguió con su trabajo en las villas miseria de Buenos Aires, un trabajo que ni siquiera abandonó cuando entre 2005 y 2011 asumió el cargo de presidente de la Conferencia Episcopal Argentina (CEA). Fue precisamente en este periodo cuando el cardenal Bergoglio se convirtió en

---

[20] Marcelo López Cambronero y Feliciana Merino, *Francisco. El papa manso*, Planeta Testimonio, Barcelona, 2013.

[21] Emilio Mignone, *Iglesia y Dictadura. El papel de la Iglesia a la luz de sus relaciones con el régimen militar*, Colihue, Buenos Aires, 2006.

el azote del presidente Néstor Kirchner y, posteriormente, en el de su esposa, Cristina Fernández de Kirchner, a causa de la legislación sobre el matrimonio homosexual y la potestad de adopción conferida a las parejas formadas por dos personas del mismo sexo. Aunque en este asunto se mostró intransigente, lo fue mucho menos en otros. «Meten el mundo en un condón», dijo el entonces cardenal Bergoglio para criticar a los numerosísimos religiosos obsesionados con la prohibición del uso del preservativo. Dicen que también reprendió, incluso a gritos, a varios sacerdotes que se negaron a bautizar a hijos de parejas de hecho. «Nadie es quien para impedir a un ser humano recibir uno de los más bellos sacramentos», afirmó[22].

El papa Francisco no tiene un perfil de «superestrella» mediática como el que tenía Juan Pablo II. Su imagen bonachona y llana se acerca más a la de Juan Pablo I o Juan XXIII, y pese a su estrecha relación con el poder —que nunca le incomodó—, vive en un cuarto de una residencia jesuita del que sale poco, tan solo alguna vez para almorzar o cenar en pequeños comedores populares. De hecho, jamás acepta una invitación para ir a un restaurante. Mientras residía en Argentina, pasaba sus días entre audiencias y reuniones, respondiendo metódicamente a todas las llamadas recibidas y, pese a su fuerte carácter, siempre trataba de ser suave y amable con sus interlocutores. Cuando viajaba a Roma por trabajo lo hacía siempre en clase turista, y no son pocos los que aseguran que lo vieron atravesar la ciudad en metro o autobús para visitar los barrios más humildes o jugar al fútbol con niños y adolescentes de las zonas más desfavorecidas[23].

Antes de ser nombrado pontífice, Juan Pablo Cafiero, embajador de Argentina, se refirió a Bergoglio con estas palabras:

---

[22] Marcantonio Colonna, *The Dictator Pope: The Inside Story of the Francis papacy*, ob. cit.

[23] Karl Keating, *The Francis Feud: Why and How Conservative Catholics Squabble about Pope Francis*, Rasselas House, San Diego, 2018.

«Su voz tiene mucho peso dentro de la estructura vaticana». Unas horas después, el cónclave le daría la razón. Su elección hizo que inmediatamente se recordaran sus discursos más polémicos, entre los que se entremezclaban alusiones a la pobreza, las drogas, la prostitución infantil, el aborto y el matrimonio igualitario, asuntos que provocarían serios dolores de cabeza tanto a los sectores más conservadores de la Iglesia como a una importante parte de la prensa de izquierdas interesada en golpear al nuevo papa hasta hacerlo caer.

3
LOS RENGLONES TORCIDOS DE FRANCISCO

En 2017, en el rotativo británico *The Guardian*, el periodista Andrew Brown reveló en un amplio artículo que «un importante religioso» le había explicado así la situación: «No podemos esperar a que muera [Francisco]. Cada vez que se encuentran dos religiosos, hablan de lo horrible que es Bergoglio, a quien se define [en el Vaticano] como un Calígula: si tuviera un caballo, lo nombraría cardenal»[1]. Esta mezcla de odio y de miedo se dio entre los adversarios de Francisco, el primer papa no europeo de los tiempos modernos y el primero jesuita. El *establishment* vaticano lo recibió como un extraño y se esperaba que en poco tiempo reuniera a poderosos enemigos a su alrededor. Tras su inmediata renuncia a la pompa vaticana, advirtió a los casi tres millares de funcionarios de la Iglesia —que habitan y trabajan en las 44 hectáreas que conforman la ciudad-Estado del Vaticano— que él pretendía ser «su propio amo». Su apoyo a los inmigrantes, sus ataques al capitalismo

---

[1] Andrew Brown, «The war against Pope Francis», *The Guardian*, 27 de octubre de 2017.

global y, sobre todo, sus movimientos para reexaminar las enseñanzas de la Iglesia en lo relativo al sexo consiguieron escandalizar al núcleo más conservador de la curia.

Durante la tercera reunión del XIV Consejo Ordinario de la Secretaría General del sínodo de los Obispos, celebrada el 21 de noviembre 2017, casi una cuarta parte del Colegio Cardenalicio creyó que el Papa estaba «coqueteando» con la herejía. El punto álgido llegó con la confrontación abierta que se produjo a raíz de sus puntos de vista sobre el divorcio. Rompiendo con siglos de teoría católica, Francisco alentaba a los sacerdotes católicos a dar la comunión a parejas divorciadas que se habían vuelto a casar o a las familias en las que cohabitaban padres solteros. Sus enemigos intentaron obligarle a abandonar esta idea, pero no tuvieron éxito.

Francisco perseveró en sus tesis y, frente al creciente descontento, se preparó para la batalla. En 2016, un cardenal, respaldado por varios colegas no electores, planteó la posibilidad de presentar una declaración formal de herejía. Según la doctrina de la Iglesia, el rechazo deliberado de algún dogma es ya de por sí un pecado punible con la excomunión. En septiembre de 2017, 62 religiosos y eruditos católicos descontentos publicaron una «carta abierta» dirigida a los obispos de la Iglesia católica titulada *Correctio filialis de haeresibus propagatis* («Una corrección filial respecto a la propagación de herejías»), en la que se acusaba abiertamente a Francisco de siete cargos específicos de «enseñanza herética» y del delito canónico de herejía, tras lo cual instaba a los pastores «a tomar las medidas necesarias para enfrentarlos ante la grave situación que implica la presencia de un papa hereje».

La polémica estaba servida. La carta abierta, de 28 páginas, se publicó en italiano, inglés, francés, español, alemán y holandés. La iniciativa, explicaron sus promotores, pretendía estar en continuidad con la *Correctio filialis* de septiembre de 2017 y la *Declaración de Fidelidad* de 2016. Entre los firmantes se encontraban el padre dominico Aidan Nichols y los profesores John Rist y Claudio Pierantoni. Nichols era uno de los teólogos más reconocidos del mundo anglosajón, autor, entre otros, de libros sobre el jesuita Hans Urs von Balthasar[2], fundador de la revista *Communio*, y sobre Joseph Ratzinger. El profesor Rist era un experto en Filología Clásica e Historia de la Teología, profesor en la Universidad de Toronto, del *Augustinianum* en Roma, de la Universidad Católica de América, de la Universidad de Aberdeen y de la Universidad Hebrea de Jerusalén. Pierantoni fue profesor de Historia de la Iglesia y Patrología en la Pontificia Universidad Católica de Chile y actualmente ejercía como profesor de Filosofía Medieval en la Universidad de Chile. La «carta» fue redactada e implementada de conformidad con el Código de Derecho Canónico:

En proporción a la ciencia, la competencia y el prestigio que disfrutan, los fieles tienen el derecho, e incluso a veces el deber de manifestar a los pastores sagrados sus pensamientos sobre lo que concierne al bien de la Iglesia.

Por medio de esta carta, nos dirigimos a ustedes con dos objetivos: el primero es acusar al papa Francisco del crimen canónico de herejía; la segunda, la de instarles a tomar las medidas necesarias para enfrentar la grave situación que implica la presencia de un papa hereje.

Tomamos esta iniciativa como último recurso para contrarrestar los daños causados por las palabras y las acciones del papa Francisco durante varios años, que han generado una de las peores crisis en la historia de la Iglesia católica. Acusamos al papa Francisco del crimen canónico de herejía. Para cometer el

---

[2] El 29 de mayo de 1988, Juan Pablo II anunció su intención de nominar a Von Balthasar cardenal en el siguiente consistorio, que se celebraría el 28 de junio de 1988. No alcanzó a ser elevado a cardenal, ya que esto se realiza cuando el papa anuncia formalmente al nuevo purpurado en un consistorio haciendo público el decreto de creación en presencia de los miembros del Colegio Cardenalicio. Hans Urs von Balthasar falleció dos días antes del consistorio, exactamente el 26 de junio de 1988.

crimen canónico de herejía se deben verificar dos condiciones: la persona en cuestión debe poner en duda o negar, mediante palabras y/o acciones públicas, una verdad revelada de la fe católica, que debe ser creída con el consentimiento de fe divina y católica; y la duda o la negación deben ser pertinentes, es decir, expresadas con el conocimiento de que la Iglesia católica ha enseñado la verdad cuestionada o negada como una verdad divinamente revelada que debe ser creída con el consentimiento de la fe; además, la duda o la negación debe ser persistente.

Acusar a un papa de herejía es, obviamente, un paso excepcional que debe basarse en pruebas sólidas. Bueno, ambas condiciones anteriores han sido cumplidas por el papa Francisco de una manera demostrable. No lo acusamos de cometer el delito de herejía cuando parece haber contradicho públicamente una verdad de fe. Simplemente, lo acusamos de herejía por las ocasiones en que negó públicamente las verdades de la fe y luego actuó de una manera que confirmó que no creía en las verdades que negó públicamente. No afirmamos que negó las verdades de fe en declaraciones que satisfacen las condiciones necesarias para ser considerado una enseñanza papal infalible. Afirmamos que esto sería imposible, ya que sería irreconciliable con la guía dada a la Iglesia por el Espíritu Santo.

Acusamos al papa Francisco de haber demostrado pública y obstinadamente, con sus palabras y sus acciones, creer en las siguientes proposiciones, contrariamente a las verdades divinamente reveladas (para cada proposición ofrecemos una selección de enseñanzas bíblicas y magistrales que lo condenan como contrario a revelación divina, referencias que prueben la evidencia, que sin embargo no quieren ser exhaustivas)[3].

Según los firmantes, en ningún momento se había establecido como dogma ninguna de las propuestas pastorales del

---

[3] VV. AA., «Carta abierta a los obispos de la Iglesia católica contra las herejías propagadas por el papa Francisco», *Correctio filialis de haeresibus propagatis*, septiembre de 2017.

Amoris laetitia, el documento en el que Francisco había planteado sus tesis y del que hablaremos más adelante. Por tanto, se sentían obligados a «romper el silencio», ya que «los pastores de la Iglesia están desviando al rebaño». En la presentación del texto se afirmaba lo siguiente:

> [Francisco] No ha declarado que estas posturas heréticas sean enseñanzas definitivas de la Iglesia, ni aseverado que los católicos deban creer en ellas con el asentimiento propio de la fe. [...] La Iglesia enseña que ningún papa puede declarar que Dios le ha revelado alguna nueva verdad, que debería ser creída obligatoriamente por los católicos. Hacer un pronunciamiento *ex cathedra* en virtud de la autoridad papal no parece la mejor manera de presentar las orientaciones pastorales que han surgido de dos sínodos[4].

El teólogo Bruno Forte, arzobispo de Chieti-Vasto, que fue secretario especial del sínodo de los obispos sobre la familia, respondió a la «carta» alegando que se trataba de «una operación que no era adecuada para alguien que ama a la Iglesia». Para Forte, era un grave «ataque al papa y sin duda está instrumentalizado». Lo cierto es que acusar de herejía a un pontífice en ejercicio era una opción demasiado radical incluso para los enemigos acérrimos de Francisco.

¿PAPA INFALIBLE O PAPA HEREJE?

La doctrina sostiene que el papa es infalible. Así ha sido desde 1870, tras el Concilio Vaticano I. En la teología de la Iglesia católica, esa infalibilidad constituye un dogma, según

---

4 Mateo González, «¿La propuesta pastoral de *Amoris laetitia* convierte al papa Francisco en un hereje?», *Vida Nueva*, 25 de septiembre de 2017.

el cual el papa estaría exento de cometer un error cuando promulga una enseñanza en temas de fe y moral bajo el rango de «solemne definición pontificia» o declaración *ex cathedra*. Como se considera una verdad de fe, ninguna discusión se permite dentro de la Iglesia y los católicos deben acatarla y obedecerla incondicionalmente. En resumen, el papa no puede equivocarse, porque, si está equivocado, no puede ser papa.

Como ya hemos avanzado, el asunto que desató la furia de los enemigos de Francisco fue el de dar la comunión a parejas divorciadas que se habían vuelto a casar. Ni mucho menos el papa estaba promoviendo una revolución, sino el reconocimiento burocrático de un sistema que ya se aplicaba y que incluso podría ser esencial para la supervivencia de la Iglesia. A pesar del aumento de fieles, los católicos bautizados pasaron de 1.344 millones en 2019 a 1.360 millones en 2020, lo que suponía un incremento absoluto de 16 millones. Sin embargo, las ordenaciones habían visto reducido su número de manera considerable. El número de obispos en todo el mundo apenas había variado de 2019 (5.364) a 2020 (5.363), pero había 4.117 sacerdotes menos (se había pasado de 114.058 en 2019 a 111.855 en 2020)[5]. Ante estas cifras estaba claro que no era el mejor momento para afrontar una nueva crisis dentro de la Iglesia.

Si las reglas se aplicaran «católicamente», nadie cuyo matrimonio hubiera fracasado podría volver a tener relaciones sexuales. Sin embargo, las reformas iniciadas por Francisco ponían en duda el dogma que dice que la Iglesia solo enseña verdades eternas... Entonces, preguntaban los críticos y conservadores, si no es así, ¿para qué sirve la Iglesia? La batalla entre defensores y enemigos de Francisco a cuenta del divor-

---

[5] Datos sacados del Anuario Pontificio 2022 y del Anuario Estadístico Eclesiástico 2020.

cio y el nuevo matrimonio llegó a su punto álgido cuando se plantearon, y se desarrollaron, las dos tesis opuestas sobre el *para qué* sirve la Iglesia. En el escudo del papa, las dos llaves cruzadas representan a las que se supone que Jesús entregó a Pedro y simbolizan los plenos poderes para atar y desatar, es decir, para proclamar lo que es pecado y lo que no lo es. Según la Iglesia, Jesús entregó esas llaves a Pedro como señal de su supremacía sobre los demás discípulos y apóstoles: «Y yo te digo: "Tú eres Pedro, y sobre esta piedra edificaré mi Iglesia, y el poder de la muerte no prevalecerá contra ella. Yo te daré las llaves del Reino de los Cielos. Todo lo que ates en la tierra quedará atado al cielo, y todo lo que desates en la tierra quedará desatado en el cielo"» (Mt, 16, 18-19).

Muchos analistas —y también altos miembros de la curia— afirmaban que esta crisis era la más grave desde que se produjeron las «reformas liberales» de la década de 1960, que hizo que un grupo de disidentes conservadores se separase de la Iglesia. Su líder, el arzobispo francés Marcel Lefebvre, fue excomulgado posteriormente[6]. Lo cierto es que, durante el pontificado de Francisco, los analistas más conservadores han planteado repetidamente el espectro del cisma. Como ya mencionamos en la introducción, el periodista estadounidense Ross Douthat escribió un artículo para la revista *The Atlantic* titulado «Will Pope Francis Break the Church?»[7]; en otro, titulado «Is the Pope a Protestant?», («¿Es protestante

_____

[6] En noviembre de 1970, Lefebvre fundó la Hermandad Sacerdotal San Pío X. Opuesto a la nueva misa y a las nuevas doctrinas emanadas del Concilio Vaticano II, en 1976 fue suspendido *a divinis* por Pablo VI, y en 1988, contra la prohibición expresa de Juan Pablo II, consagró a cuatro obispos. La Congregación para los Obispos emitió un decreto declarando que la consagración era un acto cismático y que Lefebvre había incurrido en la excomunión automática de acuerdo con el derecho canónico. En 2009, el papa Benedicto XVI anuló la excomunión a los cuatro obispos.

[7] Ross Douthat, «Will Pope Francis Break the Church?», ob. cit.

el papa?»), escrito para el blog de *The Spectator*, Damian Thompson afirmaba que «el papa Francisco está ahora en guerra con el Vaticano. Si gana, la Iglesia podría desmoronarse», e incluso un arzobispo de Kazajistán llegó a afirmar que «el humo de Satanás» había entrado por las ventanas de la Iglesia a raíz de las opiniones de Francisco sobre el divorcio y la homosexualidad[8].

La aparición en 2016 del polémico libro *The Dictator Pope*, escrito por Marcantonio Colonna (pseudónimo de Henry Sire), sacudió al Vaticano y a toda la Iglesia con el retrato de «un pontífice autoritario, manipulador y políticamente partidista». El historiador británico Henry Sire, nacido en España, reveló en marzo de 2018, un mes antes de la publicación de la edición en inglés del libro, revisada y actualizada, que había sido el autor de la obra, lo que le supuso la suspensión en la Orden de Malta de la que era miembro. El 19 de noviembre de 2018, Fra Giacomo dalla Torre, gran maestre de la Orden, emitió un decreto expulsando a Sire y afirmando que «la Orden de Malta se desvincula de las posiciones transmitidas y considera el contenido del libro una grave ofensa a su santidad, el papa Francisco».

Al disfrutar de una posición privilegiada durante los tumultuosos primeros años del pontificado de Francisco, Sire fue testigo de la conmoción, consternación e incluso pánico que el imprudente Francisco engendró entre los líderes más conservadores de la curia vaticana. En *The Dictator Pope*, el británico afirma que Jorge Mario Bergoglio es inadecuado para el liderazgo de la Iglesia, hasta el extremo de que el jefe de los jesuitas trató de impedir su nombramiento como obispo en Argentina. «Detrás de la sonrisa benigna del "papa del pueblo" se revelaba un autócrata despiadado que reafirmaba

---

[8] Damian Thompson, «Is the Pope a Protestant?», *The Spectator*, 16 de octubre de 2021.

agresivamente los poderes del papado en pos de una agenda radical», afirmó[9].

Lo cierto es que nadie preveía este huracán cuando Francisco fue elegido en el cónclave de 2013. De hecho, una de las razones por las que sus compañeros cardenales se decantaron por él fue porque veían en Bergoglio una solución a la anquilosada burocracia vaticana. Benedicto XVI se sintió demasiado mayor para llevarla a cabo y por eso decidió renunciar, tras lo cual el *outsider* Jorge Mario Bergoglio fue envestido líder de la Iglesia. Sin embargo, el desbloqueo de la burocracia de la Iglesia se encontró con una fuerte resistencia en su propio seno. Así, el periodista Andrew Brown, en el ya citado artículo para *The Guardian*, describió la situación como una lucha abierta entre «liberales», que creen que *el mundo* debe establecer la agenda para la Iglesia de las próximas décadas, y «conservadores», que creen que debe ser *la Iglesia* quien lo haga. Francisco es un claro ejemplo de católico «extrovertido», especialmente en comparación con sus predecesores inmediatos, Benedicto XVI y Juan Pablo II, y para él ninguna religión puede oponerse al mundo[10].

«Introvertidos» contra «Extrovertidos»

A principios de la década de 1960, la reunión —duró tres años— de obispos de la Iglesia conocida como Concilio Vaticano II «abrió las ventanas al mundo», tal y como afirmó el entonces papa Juan XXIII. El Concilio renunciaba al antisemitismo, abrazaba la democracia, proclamaba los derechos humanos universales y abolía la misa en latín. Este último acto

---

[9] Marcantonio Colonna, *The Dictator Pope: The Inside Story of the Francis papacy*, ob. cit.

[10] Andrew Brown, «The war against Pope Francis», *The Guardian*, 27 de octubre de 2017.

sorprendió a los más «introvertidos» (conservadores) y enemigos del concilio, para quienes los rituales solemnes de un servicio realizado por un sacerdote situado de espaldas a la congregación, hablando únicamente en latín y frente a Dios en el altar, eran el corazón mismo de la Iglesia, algo fundamental desde su fundación[11]. El cambio simbólico provocado por la nueva liturgia, que reemplazó al sacerdote «introvertido» frente a Dios por la figura del cura «extrovertido» que da la cara a su congregación, provocó un verdadero terremoto. Resulta llamativo que no todos los conservadores se hayan reconciliado con esta reorientación.

En clara alusión a las declaraciones de Francisco, Robert Sarah afirmó lo siguiente:

> Necesitamos ser inclusivos y acogedores con todo lo que es humano, pero lo que viene del enemigo no puede ni debe ser asimilado. ¡No puedes unirte a Cristo y a Belial! Lo que fueron el nazismo-fascismo y el comunismo en el siglo XX, lo son hoy las ideologías homosexuales y abortistas occidentales y el fanatismo islámico.

Varios cardenales que escucharon las palabras del purpurado africano dijeron que supo elegir muy bien las comparaciones: «Belial» es una palabra compuesta por las palabras *bliy* (corrupción) y *ya'al* (ganancia), y podría tener varios significados: el de «ganancias corruptas», pero también «el desobediente» o «el rebelde», incluso el de «señor de la arrogancia» o «el hijo del infierno». Desde la Edad Media, Belial es considerado el príncipe de los infiernos. Algunos afirman que, en efecto, Robert Sarah acertó al describir la lucha desatada en el seno del Vaticano como una batalla entre los seguidores de Dios (los conservadores) y los seguidores de Belial (Francisco).

---

[11] Ralph Wiltgen, *The Inside Story of Vatican II: A Firsthand Account of the Council's Inner Workings*, Tan Books, Charlotte, 1991.

Otro de los principales oponentes —máximo líder de los «introvertidos», afirman algunos— de Francisco es el cardenal estadounidense Raymond Leo Burke, quien, al parecer, no le ha perdonado al papa que lo cesase, en noviembre de 2014, como prefecto de la Signatura Apostólica. Cuando Burke escuchó las palabras del cardenal Sarah, recomendó a varios miembros de la curia que leyeran *El paraíso perdido*, de John Milton, quien escribió lo siguiente:

> [...] El último fue Belial. Nunca cayó del cielo espíritu más impuro ni más torpemente inclinado al vicio por el vicio mismo. No se elevó en su honor templo alguno, ni humeaba ningún altar, pues Belial se era suficiente; pero ¿quién se halla con más frecuencia en los templos y los altares, cuando el sacerdote reniega de Dios, como renegaron los hijos de Elí, que mancharon la casa divina con sus violencias y prostituciones? Reina en los palacios, en las cortes y en las corrompidas ciudades donde el escandaloso estruendo de ultrajes y de improperios se eleva sobre las más altas torres y cuando la noche tiende su manto por las calles, ve vagabundear por ellas a los hijos de Belial, repletos de insolencia y vino[12].

El alemán Gerhard Müller y el estadounidense Raymond Burke, máximos exponentes del grupo anti-Bergoglio, son absolutamente contrarios al Concilio Vaticano II. Según ellos, las normas establecidas por el Concilio hicieron que en los años siguientes muchas monjas abandonaran sus hábitos, que miles de sacerdotes descubrieran a las mujeres (más de 100.000 abandonaron el sacerdocio para casarse) y que los teólogos se liberaran de las cadenas de la ortodoxia. Después de 150 años de resistir y repeler el mundo exterior, la Iglesia se encontraba comprometida con la «apertura de las ventanas al mundo», como dijo Juan XXIII, hasta el punto de que a los «introverti-

---

[12] John Milton, *El paraíso perdido*, Cátedra, Madrid, 2006.

dos» les pareció que todas aquellas medidas conciliares terminarían provocando el derrumbe del edificio y que la Iglesia acabaría convertida en un amasijo de escombros.

Por si fuera poco, la asistencia a la iglesia se ha desplomado en el mundo occidental. En Estados Unidos, por ejemplo, en 1965, el 55 % de los católicos asistía a misa con regularidad, mientras que en 2000 solo lo hacía el 22 %. En 1965, 1,3 millones de bebés católicos fueron bautizados en Estados Unidos; en 2016, solo lo fueron 671.410. Si esto fue causado por el Concilio Vaticano II o si fue una mera correlación de hechos sigue siendo asunto de debate en la Iglesia. Los «introvertidos» achacaron estos hechos al abandono de las verdades eternas y de las prácticas tradicionales, así como a la degeneración de los conceptos morales de la propia Iglesia. Por el contrario, los «extrovertidos» sintieron que esta no había cambiado lo suficientemente rápido y que por eso la propia comunidad de fieles castigaba a la institución y a sus líderes[13].

En 1966, un comité papal formado por 69 miembros —siete eran cardenales y 13 médicos— en el que estaban representados laicos e incluso algunas mujeres, votó abrumadoramente a favor de levantar la prohibición de la anticoncepción artificial. Dos años después, el papa Pablo VI anuló la decisión sin contemplaciones, ya que no podía admitir que sus predecesores se hubieran equivocado y que los protestantes tuvieran razón. Para una generación de católicos, esta disputa —principalmente en Estados Unidos y Reino Unido— simbolizaba la resistencia al cambio. Finalmente, los «introvertidos» se vengaron de lo sucedido con la elección, en 1978, del papa Juan Pablo II. De hecho, la Iglesia polaca se había definido por su oposición al mundo y a sus poderes

---

[13] Wilbur Clyde Parry, *(The) principle of the separation of the church and state in the United States and its implication for the field of religious education*, Kindle, 2022.

desde que los nazis y comunistas dividieron el país en 1939. Juan Pablo II era profundamente conservador en cuestiones de moralidad sexual y, como cardenal, proporcionó la justificación intelectual para la prohibición del control de natalidad. Desde que salió elegido, se dedicó a remodelar la Iglesia a su imagen y semejanza.

Juan Pablo II tuvo especial cuidado de no repudiar las palabras del Concilio Vaticano II, pero trabajó para vaciarlas de contenido. Impuso una disciplina feroz tanto al clero como a los teólogos e hizo lo posible para que los sacerdotes no pudieran marcharse y casarse. Sus aliados en esta tarea fueron la Congregación para la Doctrina de la Fe y su líder, el *Panzerkardinal* Joseph Ratzinger (Benedicto XVI).

Por su parte, Francisco ha pretendido recuperar los conceptos «extrovertidos» de los textos conciliares y devolver a la Iglesia al camino marcado por Juan XXIII. El periodista católico Ross Douthat fue una de las pocas personas en el sector conservador que habló abiertamente sobre el actual conflicto. Hace poco afirmaba que «la Iglesia puede ser un desastre, pero lo importante es que el centro esté bien, y siempre se pueden reconstruir las cosas desde el centro, [...] y con eso la esperanza de reconstitución del orden católico». Por ejemplo, para golpear a sus enemigos, Francisco utilizó el documento *Donum Veritatis*, del 24 de marzo de 1990, firmado por Ratzinger cuando era prefecto de la Congregación de la Doctrina de la Fe. El documento explicaba que todos los católicos debían practicar la «sumisión de la voluntad y el intelecto» a lo que enseña el papa, incluso cuando este no sea infalible, y que los teólogos, «si bien podían estar en desacuerdo y dar a conocer su desacuerdo a los superiores, nunca debían hacerlo en público». Juan Pablo II utilizó este documento de Ratzinger como una amenaza y, ocasionalmente, como un arma contra cualquier persona sospechosa de disidencia «liberal». Francisco, en cambio, utilizó el mismo texto contra aquellos que habían sido sus defensores más ardientes y entusiastas, como los conservadores cardenales Robert Sarah, Gerhard Müller y Raymond Leo Burke, y afirmó que los sacerdotes católicos, los obispos e incluso los cardenales debían entender que estaban bajo órdenes papales y que podían ser cesados en cualquier momento. Para dar ejemplo, Francisco «cortó la cabeza» a tres teólogos del Dicasterio para la Doctrina de la Fe. Antes, y en julio de 2017, se la cortó al rebelde Gerhard Müller para sustituirlo por un hombre cercano a él, el también jesuita Luis Francisco Ladaria.

También la inmigración descontrolada ha provocado serias batallas entre Francisco y sus enemigos dentro del Vaticano. Su primera visita oficial fuera de Roma, ya como papa, el 8 de julio de 2013, fue a la isla de Lampedusa, lugar de llegada de decenas de miles de inmigrantes desesperados desde el norte de África. Francisco rezó por los inmigrantes ilegales que se ahogaron tratando de alcanzar las costas europeas y lanzó una corona de flores al mar en señal de duelo antes de presidir una misa al aire libre. Otra visita significativa fue la realizada el 16 de abril de 2016, cuando se presentó en el campo de refugiados de Moria, en la isla griega de Lesbos, para conocer la situación de los refugiados que huían de la guerra de Siria.

Como sus dos predecesores, Francisco se oponía firmemente a las guerras en Oriente Medio, aunque el Vaticano apoyó a regañadientes la extirpación del califato del Estado Islámico. Rechazaba la pena de muerte, pero también condenaba el «capitalismo caníbal estadounidense», lo que le llevó a hacer la primera gran declaración política de su pontificado en una encíclica en la que criticó ferozmente el funcionamiento de los mercados globales, mientras mostraba su apoyo a los inmigrantes como víctimas de ese mismo mercado global. Tampoco ha tenido el menor reparo en fotografiarse con el dictador de Venezuela, Nicolás Maduro; contentó al dictador de Nicaragua, Daniel Ortega, al retirar de su puesto al obispo rebelde de Managua, Silvio José Báez, famoso por su lucha contra el sandinismo; recibió al dictador cubano Raúl Castro, quien, tras un encuentro con Francisco de casi una hora, llegó a confesar: «Si el papa sigue así, volveré a la Iglesia y terminaré rezando»; y aceptó de manos del líder boliviano Evo Morales una «cruz comunista», una imagen de Jesús clavado a la hoz y el martillo, lo que provocó una violenta reacción entre los sectores conservadores de la Iglesia. No tuvo tampoco ningún problema al aceptar las cartas credenciales de la nueva embajadora de España ante la Santa Sede, María Isabel Celaá, quien, antes de ocupar su puesto, mientras ejercía como ministra de Educación, había apoyado la llamada «ley Celaá», con la que se establecía que «la educación pública constituía el eje vertebrador del sistema educativo» y pretendía acabar con lo que en dicha ley se denomina «segregación escolar». Esto suponía el fin del apoyo a la llamada educación concertada, en la que están incluidos la mayor parte de los colegios religiosos en España.

Entre los grandes «renglones torcidos» de Francisco destacan la crítica al crecimiento económico desmesurado, al libre mercado sin control, que provoca cada vez más desigualdades, y a la inmigración, que es el ejemplo más fiel de los problemas que causan los otros dos. En sus propias palabras, él está del lado de los inmigrantes, «expulsados de sus hogares por un capitalismo sin límites, rapaz y destructivo, que ha puesto en marcha un cambio climático catastrófico».

Su batalla, sin embargo, se vio ensombrecida —como todas las demás— por la lucha sobre la moralidad sexual. La batalla a cuenta del divorcio y el nuevo matrimonio se centra en dos hechos: primero, que la doctrina de la Iglesia no ha cambiado en casi dos milenios; el matrimonio es de por vida e indisoluble. El segundo, que los católicos se divorcian y se vuelven a casar más o menos al mismo ritmo que el resto de la población, y, cuando lo hacen, no ven en ello nada imperdonable. Por eso las iglesias de todo el mundo occidental están llenas de parejas divorciadas que se han vuelto a casar y que comulgan con todos los demás, aunque tanto ellos como los sacerdotes saben perfectamente que no está permitido[14].

Y así estalló la polémica: la posibilidad de volver a casarse después del divorcio; la enseñanza sexual católica; la prohibición de la anticoncepción artificial; la hostilidad hacia los homosexuales; el celibato entre sacerdotes; el rechazo del aborto... Pero, sin duda, lo que generó un mayor dolor de cabeza, tanto a «introvertidos» como a «extrovertidos», fue la negativa a reconocer los segundos matrimonios a no ser que la pareja prometiese no volver a tener relaciones sexuales.

En 2015 y 2016 Francisco convocó dos grandes sínodos de obispos de todo el mundo para discutir estos asuntos. El papa sabía que no podría tomar ninguna decisión sin un amplio acuerdo, por lo que, durante el encuentro, él mismo guardó silencio y animó a los obispos a discutir. Pronto se hizo evidente que el sumo pontífice estaba a favor de una relajación considerable de la disciplina en torno a la comunión después del nuevo matrimonio, algo muy criticado por los sectores conservadores liderados por el cardenal Raymond Burke[15]. Por ejemplo, un sacerdote británico confesó su rechazo abierto a Francisco al pronunciar estas palabras:

> Lo que me importa es la teoría. En mi parroquia hay muchas parejas divorciadas que se han vuelto a casar, pero muchas de ellas, si se enteran de que el primer cónyuge ha muerto, se apresurarían a casarse por la Iglesia. Conozco a muchos homosexuales que están haciendo todo tipo de cosas que están mal, pero saben que no deberían hacerlo. Todos somos pecadores. Pero tenemos que mantener la integridad intelectual de la fe católica[16].

---

[14] Austen Ivereigh, *The Great Reformer: Francis and the Making of a Radical Pope*, ob. cit.

[15] Paul Vallely, *Pope Francis: The Struggle for the Soul of Catholicism*, Bloomsbury Continuum, Nueva York, 2015.

[16] Andrew Brown, «The war against Pope Francis», ob. cit.

Tenga razón o no el papa Francisco, lo cierto es que, como dice el vaticanista Ross Douthat, «la Iglesia católica debería ser contracultural tras la revolución sexual. La Iglesia es el último lugar que queda en el mundo occidental que afirma que el divorcio es malo». Sin embargo, para Francisco y sus «extrovertidos» seguidores todo esto es completamente irrelevante. En palabras del propio papa,

> [...] La iglesia debería ser un hospital o un puesto de primeros auxilios. [...] Las personas que se han divorciado no necesitan que les digan que es algo malo. Necesitan recuperarse y reconstruir sus vidas nuevamente. La Iglesia debe estar a su lado y mostrar misericordia.

Durante el primer sínodo de los obispos de 2015, esta era todavía una opinión minoritaria. Se preparó un documento «liberal», pero fue rechazado por mayoría. Un año después, los conservadores estaban en clara minoría, pero se mostraban muy combativos. El propio papa escribió un resumen de las deliberaciones en el mencionado *Amoris laetitia*, un largo documento, reflexivo y cuidadosamente ambiguo, en cuyo capítulo 8 se escondía una bomba, en concreto en el apartado «Normas y discernimiento», así como en la nota a pie de página número 351:

> Algunas personas que viven en segundas nupcias (o uniones civiles) pueden estar viviendo en la gracia de Dios, pueden amar y también pueden crecer en la vida de la gracia y la caridad, recibiendo la ayuda de la Iglesia para este fin. [...]

> _____
>
> [Nota 351]: En ciertos casos, podría ser también la ayuda de los sacramentos. Por eso, «a los sacerdotes les recuerdo que el confesionario no debe ser una sala de torturas, sino el lugar de la misericordia del Señor: Exhort. ap. *Evangelii gaudium* (24 de noviembre de 2013), 44: *AAS* 105 (2013), 1038. Igualmente destaco que la Eucaristía «no es un premio para los perfectos,

sino un generoso remedio y un alimento para los débiles» (*ibid*, 47: 1039)[17].

Francisco agregaba que «al pensar que todo es blanco y negro, a veces cerramos el camino de la gracia y el crecimiento». Esta frase consiguió unir aún más al bloque anti-bergogliano. Entre los obispos conservadores contrarios a la «nota 351», una cuarta parte de ellos resisten pasivamente al cambio impuesto por el papa, mientras que la mayoría lo hace de forma activa, aunque siempre bajo la supervisión del «triunvirato» contrario a Francisco, es decir, los cardenales Burke, Sarah y Müller. El líder de esta facción es el estadounidense Raymond Burke, a quien Francisco despidió de la Signatura Apostólica en noviembre de 2014 y después de la Comisión de Liturgia, enviándolo a un puesto sin ninguna relevancia —el de cardenal-patrón— en el consejo de supervisión de la Soberana Orden Militar de los Caballeros de Malta, un organismo de caridad liderado por las antiguas aristocracias católicas europeas. El cardenal Burke no estaba dispuesto a quedarse callado y así, en otoño de 2016, decidió despedir al jefe de la orden por permitir que varias religiosas repartieran preservativos en Birmania, algo que muchas monjas misioneras hacían en países en desarrollo como forma de protección a mujeres vulnerables ante enfermedades de transmisión sexual. El hombre que había sido expulsado de la Orden de Malta apeló al sumo pontífice, que ordenó reintegrarlo en su puesto al tiempo que nombró al cardenal Silvano Tomasi, uno de sus hombres de confianza, para que se hiciera cargo de las funciones de Burke en la orden. El papa Francisco dijo que Tomasi sería como «mi portavoz exclusivo en todos los asuntos relacionados con las relaciones entre la Sede Apostólica y la orden». Los vaticanistas analizaron esta acción como un «especial castigo» a

---

[17] Francisco, *Amoris laetitia*, Librería Editrice Vaticana, Roma, 2016.

Burke por haber afirmado que el papa había estado de su lado en la disputa original, lo que era totalmente falso[18].

Aunque el cardenal Raymond Burke ha sido visto a menudo como uno de los más feroces críticos de Francisco, este dijo en una entrevista, en el rotativo alemán *Die Zeit*, que no consideraba al cardenal estadounidense un «adversario» y que la decisión de nombrar «un delegado con un carisma diferente al cardenal Burke» respondía a la necesidad de «aclarar un poco las cosas en la orden. El problema con la Orden de Malta fue más de lo que él [el cardenal Burke] podía resolver. No le he quitado el título de mecenas. Sigue siendo patrón de la Orden de Malta», aclaró. Sea como fuere, lo cierto es que la guerra de Burke contra Francisco, de «introvertidos» contra «extrovertidos», de conservadores contra liberales, de antibergoglianos contra bergoglianos, continúa a día de hoy.

La exhortación apostólica *Amoris laetitia* que Francisco firmó el 19 de marzo de 2016 supuso una profunda ruptura con las enseñanzas anteriores, y una ruptura es algo difícil de asimilar por los ultraconservadores. Históricamente, las revoluciones han ocurrido con siglos de diferencia entre sí, pero la del *Amoris laetitia* llegó tan solo 60 años después de la última explosión-revolución, el Concilio Vaticano II, y solo 16 después de que Juan Pablo II reiterase la dura, vieja y conservadora línea preconciliar. Así lo explicaba el periodista Douthat:

> ¿Qué significa para un papa contradecir a un papa anterior? Es notable lo cerca que ha estado Francisco de discutir con sus predecesores inmediatos. Hace solo 30 años que Juan Pablo II estableció en *Veritatis splendor* la línea que parece que ahora contradice *Amoris laetitia*[19].

---

[18] Junno Arocho, «Pope Appoints New Special Delegate to Order of Malta», *The Tablet*, 2 de noviembre de 2020.

[19] Ross Douthat, «Will Pope Francis Break the Church?», ob. cit.

Francisco ha contradicho deliberadamente a un hombre que él mismo proclamó santo en 2014. Pero cuantos más cambios haga, más fácil le resultará a su sucesor cambiar de línea y adoptar la contraria. En cierta ocasión, el todopoderoso cardenal Tarcisio Bertone afirmó: «Los pies pueden siempre bailar bajo la sotana, pero la túnica nunca debe moverse», lo que puede interpretarse como que los grandes cambios que suceden durante un pontificado siempre pueden revertirse en el siguiente. Juan Pablo II así lo hizo con el Concilio Vaticano II y, probablemente, el papa 267 que salga elegido del próximo cónclave revertirá las incómodas decisiones adoptadas por Francisco.

La única posibilidad que tienen los «extrovertidos» para garantizar que los cambios de Francisco perduren es que la Iglesia y sus enemigos los acepten, aunque sea a regañadientes. Los oponentes quizá estén orando por la muerte o la renuncia de Francisco, pero nadie puede saber si su sucesor, el papa 267.º de la Iglesia católica, lo contradecirá o si, por el contrario, apoyará sus teorías. De esta pregunta y de esta respuesta depende el futuro de la Iglesia católica.

4

TODOS LOS ENEMIGOS DEL PAPA

Pocos saben que en 2013, poco después de su elección como sumo pontífice, mientras aún se escuchaban los elogios llegados desde todo el mundo por su humildad y sencillez, Francisco decidió hacer una purga en una pequeña orden religiosa dedicada a la práctica de la misa en latín. Aquel golpe en la mesa dejaba claro que la imagen de «papa humilde y tranquilo» sería de puertas para afuera, mientras que de puertas para adentro primaría la disciplina. O se estaba con él o se estaba contra él.

La Orden de los Frailes Franciscanos de la Inmaculada, un grupo de unos 600 miembros entre hombres y mujeres, habían sido investigados en junio de 2012 por orden de Benedicto XVI. La orden fue acusada de combinar una política cada vez más extremista con una gran devoción por la misa en latín. El papa alemán jamás llegó a leer los resultados de la investigación, pero el informe cayó en manos del nuevo pontífice en julio de 2013. Se dice que Francisco ordenó expedientar a todos los religiosos de la orden que dieran la misa en latín y, a continuación, decretó el cierre del seminario, sin siquiera pasar por el sistema judicial interno del Estado del Vaticano, el

Tribunal Supremo de la Signatura Apostólica[1], entonces liderado por el ultraconservador Raymond Burke. Al año siguiente, exactamente en noviembre de 2014, Francisco despidió a Burke de su trabajo en el sistema judicial, creándose así un enemigo implacable.

Ya no había vuelta atrás. Raymond Burke, nacido en Wisconsin en 1948, es un corpulento aficionado al boxeo y a las túnicas bordadas con encaje. En forma y en doctrina, forma parte de una larga tradición de poderosos religiosos estadounidenses que representan el más puro estilo del catolicismo étnico blanco y conservador. La Iglesia ortodoxa y patriarcal, la de la misa en latín, es la ideal para el cardenal Burke, y estaba convencido de que tanto Juan Pablo II como Benedicto XVI devolverían la Iglesia al camino correcto tras el alejamiento producido con el Concilio Vaticano II. Pero llegó Francisco y los deseos de Burke y otros se trastocaron. La combinación de anticomunismo, orgullo étnico y odio al feminismo, a los *lobbys* medioambientales y LGTBI del cardenal Burke ha alimentado a una sucesión de prominentes figuras laicas de la derecha estadounidense, desde Pat Buchanan, consejero de los presidentes Richard Nixon o Ronald Reagan, hasta Bill O'Reilly, columnista y comentarista de *Fox News*, pasando por Steve Bannon, estratega jefe de la Casa Blanca bajo la administración de Donald Trump y expresidente de *Breitbart News*, un sitio web ultraconservador de

---

[1] El Tribunal Supremo de la Signatura Apostólica vela por la correcta administración de la justicia dentro de la Iglesia católica. El tribunal surgió en el siglo XIII. Por aquel entonces agrupaba a los ponentes encargados de preparar la firma del papa de las súplicas y causas particulares. Eugenio III lo convirtió en un departamento estable en el siglo XV. Pío X lo transformó en tribunal supremo a principios de 1908. En la actualidad se rige por la constitución apostólica *Pastor Bonus* de 1988. El tribunal se encarga de los litigios de nulidad matrimonial, de los recursos contra las sentencias de la Rota Romana y de los conflictos de competencia.

noticias, opiniones y comentarios políticos. También entre los enemigos «exteriores» del papa se encontraba Dick Cheney, el vicepresidente estadounidense bajo la administración del presidente George H. W. Bush. Cheney, inspirador de algunos de los *think tanks* más conservadores de Estados Unidos, se ha tomado la molestia de atacar con todas sus fuerzas la llamada «doctrina Bergoglio», al menos en el ámbito económico. En la lista de enemigos internacionales del papa Francisco, según el periodista Nello Scavo, estarían «potentados financieros, multinacionales, mafias, terroristas islámicos, traficantes de armas y prelados agarrados al poder. [...] El mensaje de Francisco va mucho más allá del perímetro eclesial»[2].

Se dice que el primer problema entre el papa Francisco y el cardenal Burke surgió en 2014, cuando el segundo decidió invitar a Steve Bannon a impartir una conferencia en California. El discurso del asesor de Trump fue calificado por algunos analistas del Vaticano como «apocalíptico, incoherente e históricamente excéntrico». Pero, para Burke y para el cardenal Gerhard Müller, no había duda de la necesidad de iniciar una «guerra santa». En aquella conferencia, Bannon se expresó en los siguientes términos:

> La Segunda Guerra Mundial fue realmente el Occidente judeocristiano contra los ateos, y ahora la civilización está en las etapas iniciales de una guerra global contra los ateos. [...] El fascismo islámico, un conflicto muy brutal y sangriento, erradicará por completo todo lo que nos han legado durante los últimos dos mil años. Si la gente en esta sala, la gente en la Iglesia no lucha por nuestras creencias contra esta nueva barbarie que está comenzando, la sociedad cristiana entrará en un movimiento que ya no tendrá vuelta atrás.

---

[2] Nello Scavo y Roberta Beretta, *Fake Pope: Le false notizie su papa Francesco*, San Paolo Edizioni, Cinisello Balsamo, 2018.

Al parecer, fue el secretario de Estado Pietro Parolin quien informó al papa del contenido de la conferencia organizada por el cardenal Burke. Todo lo tratado por Bannon en su discurso era anatema para Francisco.

El segundo intento de golpear el prestigio de Francisco llegó en 2018, cuando, entre los días 25 y 26 de agosto, el papa viajó a Irlanda. Entre otras actividades, el papa se reunió con las autoridades, la sociedad civil y el cuerpo diplomático en el Castillo de Dublín, visitó la procatedral de Santa María, fue el anfitrión del Encuentro Mundial de las Familias en el Croke Park, visitó la capilla del santuario de Knock, ofició una misa en Phoenix Park y se reunió con los obispos en el convento de las monjas dominicas. El 22 de agosto, justo tres días antes de iniciar la visita, el exnuncio vaticano en Washington, Carlo María Viganò, comenzó a redactar un documento de 11 páginas y 7.000 palabras en el que pedía la renuncia del papa porque, desde junio de 2013, conocía las acusaciones de abusos sexuales que pesaban sobre el exarzobispo de Washington, el cardenal Theodore McCarrick, a quien tan solo sancionó cinco años más tarde. En el mes de junio de 2018, McCarrick, de 88 años, fue apartado del Colegio Cardenalicio y Francisco «dispuso su suspensión en el ejercicio de cualquier ministerio público, así como la obligación de que permanezca en una casa que le será asignada para una vida de oración y penitencia». Viganò explicó en su carta que en 2013, cuando era nuncio en Washington, fue el mismo pontífice quien le preguntó: «¿Cómo es el cardenal McCarrick?», a lo que el ex nuncio contestó: «McCarrick corrompió a generaciones de seminaristas y sacerdotes y el papa Benedicto XVI le ordenó retirarse a una vida de oración y penitencia».

Carlo Maria Viganò informó al papa de la existencia de un informe secreto del caso en el archivo de la Congregación para los Obispos. «Sin embargo, Francisco hizo de él [se refiere a McCarrick] su fiel consejero junto con Maradiaga [Óscar Andrés Rodríguez, cardenal hondureño]. Solo cuando ha sido obligado por la denuncia de un menor, y siempre en función del aplauso de los medios de comunicación, [Francisco] ha tomado medidas para, así, salvaguardar su imagen mediática».

Lo que pocos sabían entonces es que para la redacción de aquel texto Viganò contó con la ayuda del periodista Marco Tosatti, antiguo corresponsal de *La Stampa* en el Vaticano —ahora escribe para varios blogs conservadores—, quien no tenía ningún problema en definirse abiertamente como un «furibundo anti-bergogliano»[3]. Él mismo reconoció ser el autor intelectual del documento firmado por Viganò y también que fue él quien recomendó al exnuncio que debía publicarse justo durante el viaje pastoral del papa a Irlanda. Algunas fuentes vaticanas calificaron lo sucedido de un golpe de Estado en toda regla. En el texto, Viganò acusaba también a otros miembros de la Iglesia católica de formar un «*lobby* gay» y de encubrir las acusaciones contra el cardenal estadounidense McCarrick. El exnuncio llegó a afirmar que «el papa protegió esa "corriente homosexual" dentro de la curia, que tienen el poder de los tentáculos de un pulpo y lo emplean para estrangular a las víctimas y a las vocaciones sacerdotales».

Los obispos estadounidenses lamentaron en bloque las «falsas acusaciones» de Carlo Maria Viganò contra Francisco. El primero en reaccionar fue el cardenal Daniel Nicholas DiNardo, presidente de la Conferencia Episcopal Estadounidense. El cardenal Daniel DiNardo también dio su opinión sobre el asunto y afirmó que «las preguntas planteadas [en la carta de Viganò] merecen respuestas concluyentes y basadas en pruebas. Sin esas respuestas, las personas inocentes pueden estar contaminadas por acusaciones falsas y los culpables pueden repetir los pecados del pasado». Otro de los afectados por la «carta Viganò» fue el cardenal Joseph Tobin (elector hasta

---

[3] Jesús Bastante, «Un vaticanista ultracatólico fue quien escribió la denuncia de Viganò contra el papa», *eldiario.es*, 29 de agosto de 2018.

2032), arzobispo de Newark y uno de los hombres fieles a Francisco: «Siento conmoción, tristeza y consternación ante las acusaciones. [...] Junto con el papa Francisco estamos confiados en que el análisis de las acusaciones [de Viganò] ayudará a restablecer la verdad». La Iglesia latinoamericana también se posicionó mostrando su apoyo al papa. Así, el cardenal colombiano Rubén Salazar, presidente del Consejo Episcopal Latinoamericano, se expresó de manera contundente:

> Por su servicio abnegado a la Iglesia y por su testimonio. Lamentamos que Bergoglio esté siendo atacado de una manera vergonzosa. [...] El pontificado de Francisco está cargado de espinas y sacrificios fortalecido con el bálsamo de la gracia. Los ultracatólicos, si en el pasado atacaban a la institución, hoy atacan a la persona.

Tosatti declaró al diario *The New York Times* que «al terminar la carta acusatoria contra el papa, el arzobispo Viganò se desvaneció preocupado por su seguridad». Al parecer, para despedirse el periodista quiso besar el anillo de la autoridad católica, pero Viganò alejó su mano con lágrimas en los ojos: «Ahora que he terminado, me puedo ir, y también abandonar Roma. No te lo diré, así no tendrás que mentir cuando te lo pregunten. Y voy a apagar el teléfono. La inteligencia vaticana ha intervenido mi móvil», confesó Viganò[4]. Después de la provocación, el ex nuncio voló a Roma para explicar los hechos. Fue entonces cuando se encontró con que el papa no solo lo había cesado de su cargo, sino que había ordenado que abandonara el apartamento que ocupaba en el interior del Vaticano. *The New York Times* no perdió la oportunidad para especular sobre lo sucedido:

---

[4] Nicole Winfield, «Journalist who helped pen pope bombshell says author wept», Associated Press, 28 de agosto de 2018.

Aunque el arzobispo Viganò alguna vez haya sido criticado por los tradicionalistas de la Iglesia como excesivamente pragmático, se ha alineado con un pequeño pero influyente grupo de tradicionalistas de la Iglesia que han pasado años tratando de detener a Francisco. Pero muchos de sus críticos [de Viganò] piensan que sus rencores personales están en el centro de sus motivos[5].

Los simpatizantes del arzobispo han negado este punto y describen a Viganò como «un hombre de principios, consternado por lo que ve como la destrucción de la Iglesia que ama». Marco Tosatti explicó que «a sus 77 años, su amigo sintió la necesidad de aliviar su conciencia». Sea como fuere, la carta del exnuncio desencadenó una auténtica guerra civil ideológica en la que el habitual apuñalamiento por la espalda del Vaticano ha sido reemplazado por el combate abierto cuerpo a cuerpo. Los principales vaticanistas, además de analizar su contenido, interpretaron la «carta Viganò» como un ataque conservador a la visión de la Iglesia que proponía Francisco.

El papa se negó a hacer declaraciones: «No diré una sola palabra; la carta [de Viganò] habla por sí misma». Pero, ante lo sucedido, surge una pregunta de difícil respuesta: ¿por qué el mismo cardenal que denunciaba al papa se fotografiaba con él en mayo de 2013? El jesuita Matt Malone, redactor jefe de *America Magazine*, una de las publicaciones más prestigiosas del ámbito católico estadounidense, reveló en Twitter varias falsedades en el relato de Viganò, lo que parecía poner punto final a la guerra abierta entre el exnuncio y el pontífice. Sin embargo, los ataques desde el sector conservador siguieron llegando...

A finales de 2021 la guerra se recrudeció con la aparición de un polémico libro titulado *From Benedict's Peace to Francis's*

---

[5] «The man who took on Pope Francis: the story behind the Viganò letter», *The New York Times*, 28 de agosto de 2018.

War[6] («De la paz de Benedicto a la guerra de Francisco»), coordinado por Peter A. Kwasniewski, autor de varias obras sobre liturgia católica. En realidad, se trataba de una crítica abierta al papa por su decisión de eliminar las misas en latín, con el sacerdote de espaldas a los fieles y los hombres separados de las mujeres. El libro lo firmaban varios ilustres miembros de la curia vaticana y venía a mostrar hasta qué punto habían dejado de tener miedo a la hora de posicionarse públicamente contra el sumo pontífice. De los 46 autores firmantes cinco eran cardenales, cinco obispos, ocho sacerdotes, dos religiosos (uno de ellos bajo pseudónimo), 25 laicos y un ateo, el filósofo francés Michel Onfray. Ninguno de ellos tiene ahora responsabilidades efectivas, aunque hasta hace poco dos de los principales enemigos de Francisco, los cardenales Robert Sarah y Gerhard Müller (elector hasta 2027) dirigían dos de las congregaciones vaticanas más poderosas: la del Culto Divino (de la que dependían las misas bajo el rito tridentino) y la de la Doctrina de la Fe. Es decir, una nueva declaración de guerra justo cuando Francisco había decidido cesar a todos los miembros de la curia que se oponían a la reestructuración y a la reorganización sinodal de la Iglesia. La editorial que publicó el libro se manifestó así por medio de un portavoz:

> Este libro no es, y no pretende ser, una presentación de «ambos lados del argumento». Ofrece una variedad de críticas a este decreto profundamente imprudente y poco pastoral, que adolece de fundamentos doctrinales incoherentes, graves defectos morales y jurídicos e imposibles implicaciones eclesiológicas.

---

[6] VV. AA. *From Benedict's Peace to Francis's War*, Angelico Press, Nueva York, 2021.

En un inédito *motu proprio* titulado *Traditionis custodes*[7] el papa revocó «todas las normas, instrucciones, concesiones y costumbres» aprobadas por Juan Pablo II y Benedicto XVI, y prohibió las misas en latín y de espaldas a los fieles. El papa daba así un golpe mortal a los conservadores. Los vaticanistas aseguraban que el *motu proprio* había sido redactado antes del 20 de febrero de 2021, fecha en la que el cardenal ultraconservador Robert Sarah se vio obligado a retirarse como prefecto de la Congregación para el Culto Divino. Sin embargo, los enemigos de Francisco se veían en la necesidad de resistir y, tal y como dijo el propio cardenal Sarah, deberían adoptar las medidas necesarias para el bien de las almas y la «preservación de la fe católica en su plenitud». Esto llevará a que en algunas diócesis se lleven a cabo misas y sacramentos clandestinos: «Veremos a sacerdotes suspendidos que, sin embargo, seguirán ofreciendo el sacrificio a Dios y los sacramentos al pueblo, oficio para el cual fueron ordenados».

Además de Robert Sarah, Raymond Burke o Gerhard Müller, en el grupo ultraconservador que más se opone a Francisco están el cardenal Walter Brandmüller, presidente emérito de la curia romana; el cardenal Joseph Zen Ze-kiun, antiguo obispo de Hong Kong; el mencionado arzobispo Carlo Maria Viganò, cuya carta dirigida al papa Benedicto XVI fue uno de los documentos más importantes filtrados en el caso «Vatileaks», o el argentino Héctor Rubén Aguer, exarzobispo de La Plata.

EL PAPA *FAKE*

El periodista Nello Scavo, famoso cronista del diario *Avvenire*, órgano oficial de la Conferencia Episcopal Italiana (CEI), en mayo de 2018 se hacía una pregunta fundamental:

---

[7] Francisco, *Traditionis Custodes. Sobre el uso de la liturgia romana antes de la reforma de 1970*, Librería Editrice Vaticana, Roma, 2021.

¿Es Bergoglio el papa más calumniado de la historia? Y en ese caso, ¿por qué? ¿Acaso hay un complot detrás de las acusaciones o solo es una reacción de los que (católicos incluidos) no soportan a un papa tan innovador? [...] Podría ser no tanto por la cantidad ingente de objeciones y rechazos que provoca el papa argentino, sino más bien por el goteo de críticas y reproches, de invectivas y hasta insultos que llueven sobre su persona gracias al infinito reservorio de fantasías y hasta de infamias que son las redes, con sus tentáculos sociales[8].

Con la aparición de *Fake Pope* («Las falsas noticias sobre el papa Francisco»), Scavo completaba una trilogía —los otros dos son *La lista de Bergoglio* y *I nemici di Francesco* («Los enemigos de Francesco»)— sobre el papa argentino que inició en cuanto se produjo su elección en el cónclave de 2013[9]. El titulado *I nemici di Francesco* lleva un largo y elocuente subtítulo que traducido sería: «Quiénes quieren desacreditarle, quiénes quieren acallarle y quiénes quieren verlo muerto». En el libro, el escritor revela la larga lista de calumnias que se han vertido sobre Francisco y, sobre todo, qué había detrás de las peleas de obispos y cardenales en el sínodo en el que se trató la readmisión en la Iglesia de los divorciados católicos, las convivencias sin matrimonio y las parejas gais y otras «familias irregulares», tal y como las definen los sectores más conservadores de la curia. Y, además, un mensaje claro de Francisco sobre la necesidad de «cambiar el sistema económico» para impedir la pobreza, los desechos humanos y la destrucción del planeta. Todas las fuentes consultadas coincidían en afirmar que «en torno al papa hay cierta preocupación, incluso alarma»[10].

---

[8] Alver Metalli, «Cómo inventar mentiras sin ton ni son», *Tierras de América*, 27 de mayo de 2018.

[9] Nello Scavo y Roberta Beretta, *Fake Pope: Le false notizie su papa Francesco*, San Paolo Edizioni, Cinisello Balsamo, Roma, 2018.

[10] Rossend Doménech, «Los enemigos del papa», *El Periódico*, 18 de octubre de 2015.

Por ejemplo, el vaticanista Paolo Rodari no dudaba en afirmar que «dentro y fuera del Vaticano los enemigos de Bergoglio le llaman el "papa argentino", tan solo para desacreditarle y subrayar las distancias culturales e ideológicas entre ellos y él». Y, sin embargo, tal y como señala Scavo, las «distancias» no solo se dan con cardenales de la curia y los obispos, sino con importantes grupos de poder y de presión, principalmente de Estados Unidos.

En el mencionado *Fake Pope*, Nello Scavo y Roberta Beretta, coautora del libro, explican que lo que pretenden no es tanto restablecer la verdad, sino mostrar, a través de una selección de noticias falsas, la cantidad y la calidad de los ataques contra Francisco desde que fue elegido papa, unas acusaciones que en la mayoría de los casos han sido interesadas. Entre los rumores más insidiosos, Scavo destaca el de haber manipulado el cónclave de 2013 con directivas externas, el de la irregularidad de la elección, el del falso tumor cerebral y el falso cáncer de pulmón, o el de la pertenencia de Bergoglio a la masonería[11]. Sobre quiénes estarían detrás de estas *fake news*, Scavo afirma:

> Es difícil establecer categorías. Están los «burlones», que divulgan informaciones falsas tal vez para obtener más visibilidad, pero después están los profesionales de la calumnia, detrás de los cuales, como hemos documentado, se ocultan grupos de intereses político-económico-financiero-militares, que trabajan para debilitar al pontífice que denuncia las contradicciones de nuestro tiempo[12].

Entre los enemigos «internos» se encontrarían diversos grupos católicos ultraconservadores, como Voz de la Familia,

---

[11] Nello Scavo y Roberta Beretta, *Fake Pope: Le false notizie su papa Francesco*, ob. cit.

[12] Alver Metalli, «Cómo inventar mentiras sin ton ni son», ob. cit.

una organización con sede en Londres y fundada en el año 2014 con motivo del sínodo sobre la familia (2014 y 2015). Formada por laicos católicos ultraconservadores y protegida por numerosos cardenales «introvertidos», su principal objetivo es defender la enseñanza católica en el seno de la familia. Sus principales principios fundacionales son estos tres:

1. El matrimonio. La unión exclusiva y de por vida de un hombre y una mujer es la base de una sociedad estable y próspera, y es el mayor protector de los niños, nacidos y no nacidos.
2. Los fines procreadores y unitivos del matrimonio no pueden separarse lícitamente. El rechazo de esta verdad está en la raíz de los ataques modernos contra la vida y la familia.
3. Los padres son los primeros educadores de sus hijos, y la protección de este derecho es fundamental para la construcción de una nueva «cultura de la vida»[13].

A su vez, Voz de la Familia agrupa a otras 19 organizaciones ultraconservadoras de una decena de países, todas ellas contrarias a los dictados del papa Francisco, que llegaron a afirmar en una carta abierta que «el sínodo sobre la familia 2015 era un choque entre la Iglesia y la anti-Iglesia». Uno de los invitados a hablar en su sede fue el cardenal estadounidense Raymond Burke, que lamentó que en el sínodo «se habla del matrimonio tradicional como si existieran alternativas: el matrimonio no es tradicional, sino natural».

Según fuentes cercanas al Vaticano, la oportuna aparición de la carta denunciando un «sínodo teledirigido» demostraría la preparación de la ofensiva conservadora contra el papa. En

---

[13] Garry Wills, *The Future of the Catholic Church with Pope Francis*, ob. cit.

dicha ofensiva también jugaría un papel importante la intención del Banco Vaticano (IOR) de crear una entidad financiera con sede en Luxemburgo, algo que el papa Francisco decidió bloquear de forma tajante.

Para el cardenal hondureño Oscar Andrés Rodríguez Maradiaga, uno de los hombres de máxima confianza del sumo pontífice, el motivo de las disputas es que «quieren hacer caer a Bergoglio en alguna trampa, y este es el momento más visible y temerario en la lucha conducida por el *establishment* eclesiástico, la curia, contra él». Por su parte, el australiano George Pell, superministro de Economía de la Santa Sede entre 2014 y 2019, se expresó a menudo en contra de las aperturas de Francisco y, de hecho, su firma figuraba en la famosa carta sobre el sínodo. De este modo, como ya sucedió con la difusión de los papeles privados de Benedicto XVI en el caso «Vatileaks», volvía a ponerse de manifiesto que el papa no controlaba el Vaticano y que los obispos y cardenales contrarios a Francisco contaban con cerca de media docena de vaticanistas italianos adeptos.

La III Asamblea General Extraordinaria del sínodo de obispos, convocada por Francisco bajo el lema «Los desafíos pastorales de la familia en el contexto de la evangelización», que tendría lugar en la Ciudad del Vaticano entre el 5 y el 19 de octubre de 2014, provocó un nuevo golpe por parte de los sectores conservadores a través de otro polémico libro titulado *Remaining in the Truth of Christ: Marriage and Communion in the Catholic Church* («Permaneciendo en la verdad de Cristo: el matrimonio y la comunión en la Iglesia católica»). La obra, de 324 páginas, estaba escrita por cinco cardenales claramente anti-bergoglianos y cuatro eruditos. Los nueve autores respondían a la llamada realizada por el cardenal liberal Walter Kasper, presidente emérito del Pontificio Consejo para la Promoción de la Unidad de los Cristianos, para que la Iglesia armonizase «fidelidad y misericordia en su práctica pastoral con las personas divorciadas civilmente casadas en segundas nupcias». El libro era una clara y contundente respuesta a Kasper y al propio papa. Tengamos en cuenta que, en 2015, el alemán Kasper, uno de los más firmes apoyos de Bergoglio en el cónclave de 2013, alertó sobre el peligro de «una guerra abierta contra Francisco»[14].

Los cinco cardenales firmantes del libro eran Gerhard Müller, prefecto de la Congregación para la Doctrina de la Fe; Raymond Burke, prefecto del Tribunal Supremo de la Signatura Apostólica; Walter Brandmüller, presidente emérito del Comité Pontificio de Ciencias Históricas; Carlo Caffarra, arzobispo de Bolonia y uno de los teólogos más cercanos a Juan Pablo II en cuestiones de moralidad y familia, y Velasio De Paolis, presidente emérito de la Prefectura para los Asuntos Económicos de la Santa Sede[15]. Los cuatro eruditos eran los profesores y teólogos expertos: Robert Dodaro, el editor John Rist, el jesuita Paul Mankowski y el arzobispo Cyril Vasil, jesuita y obispo de Eslovaquia.

Tras una introducción clara y concisa, la primera parte del libro está dedicada a los principales textos bíblicos relacionados con el divorcio y el nuevo matrimonio, mientras que la segunda parte es un examen de la enseñanza y la práctica predominante en la Iglesia primitiva. Ni en los textos bíblicos ni en los patrísticos los autores del libro encontraban apoyo para la «tolerancia» de los matrimonios civiles después del divorcio defendida por el cardenal Walter Kasper. Además, en la obra también se analiza la práctica ortodoxa oriental de la *oikonomia* («misericordia» y «tolerancia») en el caso de nuevo matrimonio después de divorcio y en el contexto de la controvertida cuestión de la comunión eucarística. La obra traza la

---

[14] Austen Ivereigh, *The Great Reformer: Francis and the Making of a Radical Pope*, ob. cit.

[15] «5 cardenales escriben un libro en contra de que los divorciados vueltos a casar puedan comulgar», *Religión Digital*, 15 de septiembre de 2014.

historia de siglos de resistencia católica a esta convención y revela serias dificultades teológicas y canónicas inherentes a la práctica pasada y actual de la Iglesia ortodoxa. Así, en la segunda parte del libro los autores argumentan a favor de conservar la justificación teológica y canónica de la conexión intrínseca entre la doctrina católica tradicional y la disciplina sacramental respecto al matrimonio y la comunión[16].

Los diversos estudios en los que se basa el libro llevan a la conclusión de que «la fidelidad de la Iglesia a la verdad del matrimonio constituye el fundamento irrevocable de su respuesta misericordiosa y amorosa a la persona que se divorcia civilmente y se vuelve a casar». Es decir, un nuevo desafío a la premisa del papa Francisco de que la doctrina católica tradicional y la práctica pastoral contemporánea entraban en seria contradicción.

Lo cierto es que la Iglesia católica ha pasado gran parte del siglo pasado luchando contra la llamada «revolución sexual» —tanto como luchó contra las revoluciones democráticas del siglo XIX—, y en esta lucha se ha visto obligada a defender una posición insostenible, por la cual todos los métodos anticonceptivos artificiales estaban prohibidos, así como cualquier relación sexual fuera de «un matrimonio de por vida»[17]. Como el propio Francisco reconoce, no es así como la gente se comporta.

UNA GUERRA ABIERTA POR LOS DIVORCIADOS

Como avanzamos en el capítulo anterior, los odios dentro de la Iglesia, ya sea por el cambio climático, la migración, el capitalismo o el divorcio, llegaron a su punto más crítico a raíz

---

[16] Robert Dodaro, *Remaining in the Truth of Christ: Marriage and Communion in the Catholic Church*, Ignatius Press, San Francisco, California, 2014.

[17] Eric Frattini, *Los papas y el sexo*, ob. cit.

de las implicaciones de una sencilla nota a pie de página en la exhortación apostólica postsinodal escrita por el papa y titulada *Amoris laetitia* («La alegría del amor»). Con más de 1.000 millones de católicos, la Iglesia es la organización global más grande del mundo, y muchos de sus seguidores son padres divorciados o solteros, incluso gais, y a ellos iba dirigida la exhortación papal[18]. Francisco firmó el documento el 19 de marzo de 2016 y se hizo público menos de un mes después, el 8 de abril. El texto es un resumen del debate sobre el divorcio, y en una nota se afirma que «las parejas divorciadas que se han vuelto a casar a veces puedan recibir la comunión». *Amoris laetitia* consta de 325 párrafos y una oración conclusiva dirigida a la Sagrada Familia. Los párrafos estaban distribuidos en nueve capítulos: «A la luz de la Palabra», «La realidad y los desafíos de la familia», «La mirada puesta en Jesús: la vocación de la familia», «El amor en el matrimonio», «El amor que se vuelve fecundo», «Algunas perspectivas pastorales», «Fortalecer la educación de los hijos», «Acompañar, discernir e integrar la fragilidad», y «Espiritualidad conyugal y familiar».

En noviembre de 2016, cuatro cardenales del sector conservador, Raymond Burke, Walter Brandmüller, Carlo Caffarra y Joachim Meisner, decidieron redactar una *dubia* (dudas) privada, instando al sumo pontífice a corregir su exhortación sobre la familia. A este documento le siguió una carta titulada «Buscando la claridad: una petición para desatar los nudos en *Amoris laetitia*». Francisco guardó silencio ante estas demandas, lo que hizo que la situación se agravara e incluso empeorara a medida que pasaba el tiempo[19]. Lo único que recibió el sector conservador fue una carta de Benedicto XVI dirigida a Joachim Meisner en la que, según algunas fuentes, se le orde-

---

[18] Francisco, *Amoris Laetitia*, ob. cit.

[19] Rubén Cruz, «Burke tras un año de la *dubia*: "La situación de la Iglesia empeora con el tiempo"», *Vida Nueva*, 15 de noviembre de 2017.

naba obediencia al sumo pontífice, aunque hay otras que sostienen que, en realidad, fue un apoyo tácito a la posición de los «introvertidos»[20]. Sea como fuere, la carta del papa emérito fue vista por Francisco como una clara intromisión en su pontificado.

En abril de 2017, los cuatro purpurados firmantes de la *dubia* pidieron una audiencia al sumo pontífice, pero tampoco obtuvieron respuesta. Entonces decidieron alzar aún más la voz. El primero en actuar fue Walter Brandmüller, que no se mordió la lengua al asegurar durante una entrevista con el diario *Frankfurter Allgemeine Zeitung*, que «afirmar que un divorciado puede volver a casarse es una herejía»:

> Quienes defienden que los divorciados pueden volver a contraer matrimonio están excomulgados, son unos herejes, porque contradicen el dogma definido por el Concilio de Trento. Es un dogma que el matrimonio es un sacramento y, en consecuencia, es indisoluble. Por ello, ningún adúltero puede recibir la santa comunión.

El cardenal alemán también mostraba su preocupación:

> Algo va a explotar. Y es que la gente no es estúpida. Solo el hecho de que una solicitud de aclaración dirigida al papa, con 870.000 firmas, o que 50 eruditos con reputación internacional hayan permanecido sin respuesta, plantea ciertamente algunas preguntas. ¿Puede [Francisco] provocar un cisma, una división de la Iglesia? Solo espero que Dios lo impida[21].

En noviembre de 2017, Edward Pentin, corresponsal del *National Catholic Register*, preguntó a Burke: «¿Está usted

---

[20] Angela Giuffrida, «Two popes, plotting cardinals and the fallout of an explosive book», *The Guardian*, 19 de enero de 2020.

[21] Christian Geyer y Hannes Hintermeier, «Das Christentum hechelt nicht nach Applaus», *Frankfurter Allgemeine Zeitung*, 28 de octubre de 2017.

haciendo una súplica final al santo padre visto que aún no ha recibido respuesta por su parte?». El purpurado estadounidense respondió:

Sí. Un año después de hacer pública la *dubia*, me dirijo de nuevo al santo padre, resaltando la urgencia que tiene, para el ejercicio del ministerio que ha recibido del Señor, que confirme a sus hermanos en la fe con una expresión clara de la enseñanza respecto a la moralidad cristiana y al significado de la práctica sacramental de la Iglesia.

El polémico cardenal estadounidense no perdió la oportunidad de criticar también a los obispos que daban la comunión a personas divorciadas:

Parece que el objetivo de los intérpretes es llegar, del modo que sea, a un cambio en la disciplina, aduciendo razones, que no son importantes, para alcanzar un fin. Tampoco demuestran ninguna preocupación sobre el peligro al que someten las cuestiones fundamentales del depósito de la fe[22].

En abril de 2018, los «críticos» decidieron organizar un congreso anti-*Amoris laetitia* que titularon «Iglesia católica, ¿dónde vas? Solo un ciego puede negar que hay una gran confusión en la Iglesia», en referencia a una cita del cardenal italiano Carlo Caffarra, fallecido unos meses antes, que en unas declaraciones había pronunciado esas mismas palabras. Los opositores más ardientes del controvertido documento papal sobre la familia hicieron una pomposa declaración el 7 de abril de 2018 rechazando la nota al pie en la que se dice que «los católicos divorciados y los vueltos a casar civilmente pue-

---

[22] Edward Pentin, «Cardinal Burke Addresses the 'Dubia' One Year After Their Publication», *National Catholic Register*, 15 de noviembre de 2017.

den recibir la comunión». Las conclusiones del congreso se resumieron en seis puntos concretos que comunicarían al papa, al Colegio Cardenalicio y a los obispos:

1. Testificamos y profesamos que, de acuerdo con la auténtica confesión de fe, un matrimonio consumado solo puede disolverse con la muerte.
2. Los cristianos que se unen a otra persona mientras el esposo/a está vivo cometen un gran pecado.
3. Estamos convencidos que esta es una norma aplicable siempre y sin excepción.
4. Estamos convencidos de que ningún juicio de conciencia subjetivo puede convertir una mala acción en buena.
5. El perdón se basa en la intención de abandonar un estilo de vida contrario a los mandamientos divinos.
6. Los divorciados y vueltos a casar que viven juntos no pueden recibir la Comunión.

Los enemigos de Francisco querían dejar claro que, aunque su grupo fuese minoritario dentro de la curia, no debía ser ignorado por el sumo pontífice. En este sentido, el cardenal Walter Brandmüller se mostró tajante:

La experiencia a través de la historia nos enseña que la verdad no está necesariamente con la mayoría, con los grandes números. [...] A menudo en la historia del pueblo de Dios, no era la mayoría, sino una minoría la que vivía la fe auténticamente»[23].

Estaba claro que los adversarios de Francisco creían que la Iglesia se enfrentaba a una grave crisis. Si todo lo que la Iglesia ofrece a los fieles es prescindible según los propios intereses de cada creyente, entonces la propia Iglesia católica se derrumbará. Al menos esta era la tesis del «triunvirato» conser-

---

[23] John L. Allen, «Cardenal Burke: "Hay momentos en los que un papa debe ser desobedecido"», *Vida Nueva*, 9 de abril de 2018.

vador (Burke, Müller y Sarah). «Como demuestra la historia, es posible que un pontífice romano, haciendo uso de su poder total, pueda caer en la herejía o faltar a su primer deber de salvaguardar y preservar la unidad de la fe y la disciplina de la Iglesia», afirmó Raymond Burke, que, como ya dijimos un poco más arriba, fue uno de los cuatro cardenales que firmó la mencionada *dubia*, junto con los alemanes Brandmüller y Joachim Meisner, este último fallecido en julio de 2017, y el italiano Carlo Caffarra, fallecido en septiembre de ese mismo año. Hubo también una importante presencia de los movimientos italianos pro-vida, ya que un tema recurrente durante las reuniones fue la importancia de la *Humanae vitae*, la encíclica de Pablo VI de 1968 con la que la Iglesia se oponía al control de natalidad[24]. Otros ilustres asistentes y, por tanto, enemigos de Francisco fueron el cardenal Joseph Zen Ze-kiun, arzobispo emérito de Hong Kong, y el obispo auxiliar de Astaná, Athanasius Schneider, uno de los más ardientes defensores del rito romano (misa en latín) anterior al Concilio Vaticano II y un duro crítico con la mayor parte de las políticas llevadas a cabo por el papa Francisco.

El congreso, calificado por muchos como una «reunión oficial de enemigos de Francisco», tuvo lugar en el hotel Church Village, en la romana vía Di Torre Rossa 94, a escasos kilómetros del Vaticano. El cardenal Burke insistió en el derecho a levantarse contra un papa «errado y errático», ya que «el papa no puede ser objeto de un proceso judicial, la situación debe dirigirse y remediarse basándonos en la ley natural, los evangelios y la tradición canónica y eso es un proceso de dos pasos». El cardenal Burke dijo ante los congregados:

> Primero, uno corrige el presunto error o dejación de obligaciones directamente al pontífice. Si este no responde, entonces

[24] *Ibid.*

uno procede a la corrección pública. [...] Pueblo de Dios, ¡levántate! ¡Tenemos que actuar! Al papa podemos desobedecerle. Hay mucha literatura sobre el tema. Su autoridad no es mágica, sino que deriva de su obediencia a Dios.

Walter Brandmüller fue aún más duro que su homólogo estadounidense:

> El sentido de los creyentes no puede ser entendido como una encuesta o un plebiscito. Es imposible. La Iglesia no es una sociedad constituida democráticamente, es el *corpus misticum* [cuerpo místico], al cual los creyentes están unidos como miembros de ese cuerpo.

Antes de terminar, Brandmüller sugirió que los cuestionarios distribuidos antes de los dos sínodos de los obispos de Francisco, en 2014 y 2015, habían sido objeto de «manipulación», con lo que dejaba claro que el poder papal no es absoluto. Los cardenales Brandmüller, Burke, Sarah, Zen y Schneider definen como «respuestas simplistas» muchas de las enseñanzas de Francisco, e incluso Burke llegó a proponer una suerte de rebelión:

> Como si el papa dijera algo y uno debiera aceptarlo fuera lo que fuera que diga. [...] Siempre ha estado claro que el pontífice puede dispensar con la ley solo con el objetivo de preservar su finalidad y nunca para subvertirla. Cualquier acto de un papa, dado que es un ser humano, que sea herética o un pecado, en sí misma debe ser nula[25].

La única respuesta desde el círculo de Francisco llegó de la mano del hondureño Óscar Andrés Rodríguez Maradiaga. En declaraciones a *Vida Nueva*, Maradiaga afirmó:

---

[25] *Ibid.*

Me da tristeza, porque creo que no podemos encerrarnos en una determinada línea de opinión, debemos ser abiertos y escuchar las distintas opiniones. El hecho de considerar que *Amoris laetitia* es una herejía es una equivocación muy grande, que no solo contradice al papa, sino a dos sínodos. Francisco tiene mucha paciencia y estos hermanos están perdiendo su tiempo. [*Amoris laetitia*] cala más entre los laicos que entre los curas, y eso es una pena, porque los laicos que la leen más allá del capítulo 8 se enamoran. Lo que el papa nos propone no se lo ha sacado de la manga, su línea es continuista con el magisterio de la Iglesia[26].

La situación llegó a tal extremo que el general de los jesuitas, el «papa negro» Arturo Sosa, denunció en el *Meeting* de Rímini[27] de 2019

[...] la existencia de un «complot ultraconservador en el interior de la Iglesia para forzar a un futuro papa a renegar del Concilio Vaticano II y para que el papa Francisco renuncie. Él no lo hará. Creo que la estrategia final de estos sectores no es tanto forzar al papa Francisco a renunciar, cuanto afectar a la elección del próximo pontífice, creando las condiciones para que el siguiente papa no continúe profundizando el camino que Francisco ha indicado y emprendido en su lugar.

La conspiración estaba en marcha, pero ¿quién estaba —está— detrás del complot contra el papa? ¿Quiénes son los enemigos de Francisco? Aunque no es fácil hacer una lista con nombres y apellidos, hay algunos altos cargos de la curia que

---

[26] Rubén Cruz, «Me entristece que mis hermanos cardenales pierdan tiempo en buscar herejías en *Amoris laetitia*, dice Maradiaga», *Vida Nueva*, 7 de abril de 2018.

[27] El «Encuentro por la amistad entre los pueblos» (*Meeting per l'amicizia fra i popoli*, en italiano) es un festival católico de múltiples eventos que se celebra todos los años en la ciudad italiana de Rímini, durante una semana a finales de agosto. La primera edición tuvo lugar en 1980.

pretendieron dar un golpe de Estado en la Iglesia y que llegaron a acusar al papa Francisco de «hereje» y de «promover un cisma»[28]. Algunos, como hemos visto, tienen nombres y apellidos (Raymond Burke, Walter Brandmüller, Gerhard Müller, Robert Sarah, Joseph Zen Ze-kiun, Athanasius Schneider o Carlo Maria Viganò), pero otros son desconocidos.

[28] Jesús Bastante, «Arturo Sosa denuncia un complot ultraconservador para forzar a un futuro papa a renegar del Concilio», *Religión Digital*, 20 de agosto de 2019.

5

AL PAPA LO QUE ES DEL PAPA

Hay frases que, por más que pasen los siglos, siguen vigentes y las seguimos usando fundamentalmente por dos razones: primera, porque su contenido es tan cierto y contundente que sería difícil encontrar otra mejor, y, segunda, porque su autor es un personaje universal. Un buen ejemplo de esto es la frase que dice «Al césar lo que es del césar y a Dios lo que es de Dios», para significar que, a pesar de todo, hay que ser justo y reconocer a cada cual sus propios méritos. Su autor fue nada más y nada menos que el propio Jesucristo, aunque seguramente nunca pensó que su frase se adaptaría a la situación del 266.º sumo pontífice de la Iglesia católica. Cuando alguien llega a los 76 años, sin duda su vida está llena de luces y sombras, y, lógicamente, Jorge Mario Bergoglio no era ninguna excepción.

Primer pontífice jesuita y latinoamericano, su trayectoria pastoral en las villas miseria del Gran Buenos Aires lo situaba como alguien profundamente renovador. Francisco llevaba casi toda su vida como soldado de Dios en la Compañía de Jesús, siempre preocupado por la pobreza, siempre crítico con los sistemas económicos que generan desigualdad y siempre partidario de un catolicismo modesto y reformado, tal y como preconizaba su gran amigo el cardenal Carlo Maria Martini. Por otro lado, como ya hemos dicho, Francisco ha sido muy criticado por su tibieza ante la dictadura argentina, una tibieza de la que inmediatamente sacaron partido los medios de comunicación y las redes sociales.

«Dejate de joder», dijo el padre Andrés Swinnen, jesuita y amigo de Bergoglio cuando llegó a sus oídos que este acababa de ser elegido papa, y fueron muchos los jesuitas que, como asegura el sacerdote e historiador estadounidense Jeffrey Klaiber, «a lo largo de América Latina gruñeron cuando conocieron la noticia»[1].

En efecto, entre los más de 20.000 jesuitas que hay repartidos por todo el mundo la elección de Francisco causó estupor. El polémico pasado de Bergoglio como provincial de Argentina hacía que muchos no lo quisieran, y, de hecho, ni siquiera se alojaba en la sede de la Orden en Roma —en vía Borgo Santo Spiritu— cuando viajaba por algún asunto oficial. La imagen que tienen de Bergoglio muchos de sus compañeros jesuitas es la de un hombre rígido, conservador, enemigo del progresismo y de la Teología de la Liberación[2].

La «leyenda negra» sobre Francisco se remonta a los años sesenta, tal y como él mismo confesó durante una entrevista en la publicación jesuita *La Civiltà Cattolica*[3]:

> Mi gobierno como jesuita al comienzo tuvo defectos. Tenía 36 años: una locura. Había que afrontar situaciones difíciles y yo tomaba mis decisiones de manera brusca y personalista. Mi forma autoritaria y rápida de tomar decisiones me ha llevado a tener serios problemas y a ser acusado de ultraconservador. No

---

[1] Elisabetta Piqué, *Francisco. Vida y revolución*, ob. cit.
[2] Marcantonio Colonna, *The Dictator Pope: The Inside Story of the Francis papacy*, ob. cit.
[3] Ronald Conte, *In Defense of Pope Francis*, CreateSpace Independent Publishing Platform, 2015.

habré sido ciertamente la beata Imelda, pero jamás he sido de derechas. Fue mi forma autoritaria de tomar decisiones la que me creó los problemas.

Por su parte, el también jesuita Klaiber afirma que «sus detractores, muchos en la orden jesuita, le acusan abiertamente de reforzar valores y estilos prevaticanos entre los jesuitas y que hacen que la provincia argentina no marche en consonancia con el resto de la Compañía de Jesús en América Latina».

Hay quien le ha bautizado con el apodo de «Gioconda» por su personalidad «impenetrable»[4] y se le suele reprochar que diera el liderazgo de la Universidad del Salvador a los «laicos» que formaban parte del grupo de peronistas de derechas, cercanos a Bergoglio y enemigos de los Montoneros. De hecho, la acusación de que Bergoglio no protegió a Orlando Yorio y Francisco Jalics durante la dictadura argentina provenía del periodista Horacio Verbitsky, exmontonero y presidente del llamado Centro de Estudios Legales y Sociales (CELS)[5].

Aldo Duzdevich, autor de *Salvados por Francisco. Cómo un joven sacerdote se arriesgó para ayudar a perseguidos por la dictadura*, explica de manera bastante objetiva lo que sucedió con los sacerdotes Yorio y Jalics. Al parecer, antes de ser secuestrados el 23 de mayo de 1976, Bergoglio les había avisado del peligro que corrían por su labor en la «Villa 1-11-14», ya que los escuadrones de la muerte estaban convencidos de que los sacerdotes realizaban actividades guerrilleras. Jorge Mario Bergoglio, por orden del padre Arrupe, general de los jesuitas, decidió disolver todas las comunidades, aun a sabiendas de que los dos religiosos no cederían fácilmente. Yorio fue acusado de participar en la guerrilla y de faltar a sus votos, y Bergo-

---

[4] Horacio Verbitsky, *El silencio. De Paulo VI a Bergoglio. Las relaciones secretas de la Iglesia con la ESMA*, Sudamericana, Buenos Aires, 2005.

[5] Elisabetta Piqué, *Francisco. Vida y revolución*, ob. cit.

glio, unos días antes de que lo secuestraran, le retiró la licencia para oficiar misa. Cuando Bergoglio se enteró de la captura de Yorio, informó rápidamente a la nunciatura vaticana —al frente de la cual estaba el polémico Pio Laghi— y al arzobispado. Según declaraciones del propio Bergoglio en 2010 ante el tribunal bonaerense que juzgó los crímenes cometidos por la dictadura, se reunió «en dos ocasiones con el almirante Emilio Massera, miembro de la Junta Militar y jefe de la Armada, para pedir la inmediata puesta en libertad de Yorio y Jalics», que se encontraban en la ESMA, uno de los mayores centros de tortura de la Armada, bajo control de los hombres del almirante Massera. «Mirá, Massera, yo quiero que aparezcan», dijo el provincial al militar. «La entrevista no duró más de diez minutos —continúa la narración de Bergoglio—, pero yo sabía que ambos estaban en poder de ellos [la Armada]». El arzobispo también se reunió en dos ocasiones con el general Jorge Videla, presidente *de facto* entre 1976 y 1981, y, gracias a lo que hablaron, la noche del 23 de octubre de 1976 los dos jesuitas fueron puestos en libertad y aparecieron en mitad de un campo en Cañuelas, en la provincia de Buenos Aires, adonde llegaron en un helicóptero militar desde la propia ESMA. Poco después, bajo protección diplomática de la nunciatura, tanto Yorio como Jalics fueron sacados del país. Yorio viajó a Roma, donde, con la ayuda de Bergoglio, consiguió un puesto en la Universidad Gregoriana. Jalics marchó a su Hungría natal y después a Alemania, donde durante un tiempo se le pierde la pista[6].

Era de esperar que las viejas acusaciones contra Jorge Mario Bergoglio afloraran tras ser elegido sumo pontífice en marzo de 2013 (ciertos medios de izquierdas ya hablaron del

---

[6] Aldo Duzdevich, *Salvados por Francisco: Cómo un joven sacerdote se arriesgó para ayudar a perseguidos por la dictadura*, Ediciones B, Barcelona, 2019.

asunto en el cónclave de 2005). El problema real surgió cuando el Vaticano emitió un comunicado, el 15 de marzo de 2013, dos días después de ser elegido papa, intentando echar por tierra las sospechas sobre las relaciones de Bergoglio con la dictadura militar argentina. El padre portavoz Federico Lombardi denunció que las acusaciones procedían de «la izquierda más anticlerical para atacar a la Iglesia, y deben ser rechazadas con decisión», declaraciones que no hicieron sino echar más leña al fuego y provocar furibundos ataques contra el papa por parte de la prensa de izquierdas de toda Europa. El mismo 15 de marzo, en varios medios de comunicación apareció un comunicado del padre Francisco Jalics en la revista digital *jesuiten.org*:

> Bergoglio no nos denunció a Yorio y a mí. Es un error afirmar que nuestra captura ocurrió por iniciativa del padre Bergoglio. Estoy reconciliado con esos eventos y para mí ese episodio está cerrado. [...] Después de nuestra liberación, abandoné Argentina. Solo años después tuvimos posibilidad de hablar de esos hechos con el padre Bergoglio, que, mientras tanto, había sido nombrado arzobispo de Buenos Aires. Después de ese encuentro, celebramos juntos una misa pública y nos volvimos a abrazar solemnemente. Auguro al papa Francisco la rica bendición de Dios para su oficio.

De este modo, Jalics, desde su retiro en Wilhelmsthal, en Alemania, mostraba su apoyo al nuevo pontífice. También lo hizo Adolfo Pérez Esquivel, premio Nobel de la Paz en 1980, que afirmó que «hubo muchos obispos cómplices con la dictadura, pero no Bergoglio», aunque añadió que, quizá, a Jorge Mario Bergoglio «le faltó coraje para acompañar la lucha por los derechos humanos en los momentos más difíciles»[7].

---

[7] John Cornwell, *Church, Interrupted: Havoc & Hope: The Tender Revolt of Pope Francis*, ob. cit.

El 10 de abril de 1978, poco antes del Mundial de Fútbol que se celebró y ganó Argentina, los obispos de la Conferencia Episcopal Raúl Primatesta, Juan Carlos Aramburu y Vicente Zazpe —todos ellos ya fallecidos— acudieron a una comida en la Casa Rosada, tras la cual dejaron mecanografiado un resumen de la conversación mantenida con Videla. El texto se envió al Vaticano, y en él se informaba al papa Pablo VI que los desaparecidos eran exterminados por la dictadura.

Anclada en las ideas tomistas de León XIII y Pío XI, de marcada ideología anticomunista, un importante sector de la curia llegó a justificar la «guerra sucia» de la dictadura con el argumento de que Argentina debía «purificarse en un Jordán de sangre». Según el represor Adolfo Scilingo, ese sector de la Iglesia consintió y asistió a los vuelos de la muerte como una forma «cristiana» de eliminación de opositores y guerrilleros; es decir, siendo arrojados vivos y drogados al Atlántico sur desde aviones militares.

El matrimonio Kirchner apoyó y alimentó —con la ayuda de diversos medios de comunicación cercanos al peronismo— el fuego de la polémica contra Bergoglio. El 10 de mayo de 2007, la embajada de Estados Unidos en Argentina envió un telegrama de ocho páginas dirigido a la secretaria de Estado, Condoleezza Rice, y a varias embajadas estadounidenses en el continente americano en el que se hablaba de los problemas entre los Kirchner y Bergoglio. El analista que rescató el documento, clasificado como «confidencial» por el embajador Anthony Wayne, lo tituló «Cristina para presidente u otros tópicos calientes». En la página 5, en los puntos 6 y 7 —«Críticas de la Iglesia»—, los estadounidenses revelan que Néstor Kirchner podría estar molesto por el apoyo del cardenal Bergoglio y de la Iglesia católica argentina a políticos contrarios al sector kirchnerista, principalmente en la provincia de Misiones y en la alcaldía de Buenos Aires.

El cardenal Jorge Bergoglio dijo que no se involucraría en la política nacional, pero apoyó los esfuerzos del entonces obispo emérito Joaquín Piña, también jesuita, contra el poder peronista y expresó su preocupación por la concentración de poder y el debilitamiento de las instituciones democráticas en la Argentina de los Kirchner, hasta el punto de que en 2011 en la provincia de Santa Cruz, en el sur del país y cuna de los Kirchner, el obispo católico local, Juan Carlos Romanin, se unió a la causa de los maestros y criticó al Gobierno por tratar a los que piensan diferente como «enemigos», lo que contribuyó a agravar las ya tensas relaciones entre el Ejecutivo y la Iglesia católica[8].

En 2006, el entonces presidente Néstor Kirchner, fallecido en octubre de 2010, rompió la tradición y decidió no asistir al *Te Deum* que cada 25 de mayo se celebra en la Catedral Metropolitana de Buenos Aires por la Revolución de Mayo de 1811, que desembocó en la independencia del país. El dirigente peronista incluso llegó a decir que Bergoglio era el «jefe espiritual de la oposición», puesto que había acusado al Gobierno de apoyar la «degradación de la sociedad argentina, hundiéndose en las corruptelas, el poder del narcotráfico y el relativismo». El poder de Bergoglio debía ser contrarrestado como fuera, y menos de un mes después, el 8 de noviembre de 2010, el cardenal fue «convenientemente» señalado como un colaboracionista de la dictadura militar y la represión. De este modo se iniciaba una dura campaña en los medios de comunicación cercanos al peronismo y a la izquierda europea para acusar al arzobispo de Buenos Aires de haber delatado a sacerdotes que posteriormente fueron detenidos, interrogados y torturados.

«Al papa lo que es del papa, y a Dios lo que es de Dios», escribió Paolo Rodari, vaticanista del diario *La Repubblica* en un intento de poner punto final a la polémica sobre Bergoglio

---

[8] Eric Frattini, *El libro negro del Vaticano. Las oscuras relaciones entre la CIA y la Santa Sede*, ob. cit.

y la dictadura argentina[9]. Pero las cosas no terminaron ahí. Durante la campaña desarrollada por la presidenta Cristina Fernández de Kirchner contra Francisco, yo mismo recibí una llamada de un asesor de prensa de la Casa Rosada, justo cuando preparaba la reedición de mi libro *Los cuervos del Vaticano. Benedicto XVI en la encrucijada*, que llevaría por título *Los cuervos del Vaticano. Francisco en la encrucijada*. En aquella llamada me «recomendaron» que continuara esparciendo rumores sobre «el papel jugado por Jorge Mario Bergoglio durante los años de la guerra sucia en Argentina». Imagino que no fui el único vaticanista que recibió una llamada de la Casa Rosada.

LOS DIEZ DESAFÍOS DE FRANCISCO

En mayo de 2013 en la revista *El Jesuita*, el nuevo papa respondió así a la pregunta de cómo se imaginaba el futuro de la Iglesia católica:

> La Iglesia debe estar acompañando el desarrollo de los pueblos: el existencial, el moral, el humano con todo su nuevo potencial. Tiene que hacerlo crecer en humanidad porque, en el fondo, el hombre es objeto de la revelación de Dios, imagen de Dios. Como cristianos, no podemos abjurar de esa concepción, ni negociarla. Por lo demás, creo que el nuevo siglo será religioso. Ahora habrá que ver de qué manera. La religiosidad, reitero, a veces viene acompañada por una especie de teísmo vago que mezcla lo psicológico con lo parapsicológico, no siempre por un verdadero y profundo encuentro personal con Dios, como los cristianos creemos que debe ser[10].

---

[9] Nello Scavo, *Bergoglio's List: How a Young Francis Defied a Dictatorship and Saved Dozens of Lives*, Saint Benedict Press, North Carolina, 2014.

[10] Saverio Gaeta, *The Life and Challenges of Pope Francis*, ob. cit.

Francisco llegó al papado con diez desafíos claros que pretendía cumplir antes de su retirada del Trono de Pedro o de su fallecimiento. El periodista Saverio Gaeta, exredactor en *L'Osservatore Romano* y editor de *Famiglia Cristiana*, los recoge en su interesante *The Life and Challenges of Pope Francis*.

El primero es el «año de la fe» y la llamada «encíclica sin publicar». Uno de los legados recibidos de Benedicto fue el conocido como «año de la fe», puesto en marcha bajo su pontificado, el 11 de octubre de 2012, y que concluyó el 24 de noviembre de 2013, ya con Francisco como papa. La razón de esta iniciativa es la lucha contra la «desertificación espiritual» a la que se enfrentan los fieles. La denominada «nueva evangelización» es la búsqueda del refuerzo de la fe en Dios en un contexto que parece ponerlo cada vez más en un segundo plano. Para esta labor Francisco dispuso del borrador de una encíclica sobre la fe que Benedicto XVI había dejado preparada con el fin de completar una trilogía de la que ya habían aparecido los dos primeros textos: *Deus caritas est* (2005) y *Spe salvi* (2007). El Vaticano anunció que la encíclica se publicaría en diciembre de 2012, pero, tras la renuncia del papa en febrero del año siguiente, el proyecto se paralizó[11].

El segundo desafío de Francisco ha consistido en la compleja reforma de la curia vaticana. La reorganización del aparato de gobierno de la Santa Sede fue una de las peticiones más habituales de los cardenales que participaron en las diez congregaciones pre-cónclave de 2013; los sectores más liberales o «extrovertidos» del Colegio Cardenalicio no solo exigían una reestructuración de las oficinas y departamentos vaticanos, sino también que los departamentos y dicasterios estuvieran más en la línea de lo que administraban, es decir, por ejemplo obedeciendo a la constitución apostólica *Pastor bo-*

[11] Marco Politi, *Pope Francis Among the Wolves: The Inside Story of a Revolution*, Columbia University Press, Nueva York, 2015.

nus, promulgada por Juan Pablo II en 1983, en la que se habla de la necesidad de «ayudar al romano pontífice en el ejercicio de su supremo oficio pastoral para el bien y el servicio de la Iglesia universal y de las Iglesias particulares, ejercicio con el cual se refuerzan la unidad de la fe y la comunión del pueblo de Dios y se promueve la misión propia de la Iglesia del mundo»[12].

Ni mucho menos se trataba de reconstruir por completo la estructura de la Santa Sede, sino de restaurar una tarea colegial con el fin de ayudar en todo lo posible al papa en su gobierno de la Iglesia y asesorarle para dar las respuestas adecuadas a las cuestiones que se plantean. Así, una de las medidas que solicitaban numerosos responsables de congregaciones y dicasterios era la de una comunicación más directa con el sumo pontífice, sin tener que pasar por el filtro de la Secretaría de Estado vaticana. Algunos responsables calificaban dicho filtro como una «actitud invasora» e incluso como una traba o un muro que impedía que los problemas reales llegasen hasta la mesa del pontífice. El primer paso para solucionar este obstáculo sería la creación de las *tavoli* (mesas), que permitirían que los líderes de los distintos departamentos administrativos estratégicos informasen directamente al papa de cualquier problema serio que se presentara en sus oficinas[13].

El tercer desafío pasaba por atar los flecos del «caso Vatileaks». A lo largo de 2012 fueron apareciendo en la prensa diversos documentos secretos de la Santa Sede filtrados por el mayordomo pontificio, Paolo Gabriele. Yo mismo recibí 43 de ellos, que conformaron el corazón de mi libro *Los cuervos del Vaticano. Benedicto* XVI *en la encrucijada*. La filtración supuso un torpedo a la línea de flotación del Vaticano, ya que los

---

[12] https://www.vatican.va/content/john-paul-ii/es/apost_constitutions/documents/hf_jp-ii_apc_19880628_pastor-bonus-index.html.
[13] Saverio Gaeta, *The Life and Challenges of Pope Francis*, ob. cit.

documentos fueron sustraídos directamente de la mesa del papa Benedicto y de la de su secretario, Georg Gänswein[14].

Durante el juicio, Paolo Gabriele confesó que la entrega de documentos secretos a varios periodistas era una forma de explicar lo que estaba ocurriendo dentro de los muros vaticanos —los conflictos en la curia y las oscuras operaciones del Banco Vaticano—, unos sucesos que Benedicto XVI desconocía por completo. El clima de desconfianza que se creó a raíz de la filtración provocó el cese de varios altos cargos de la curia.

«Pienso en particular en las culpas contra la unidad de la Iglesia, en las divisiones del cuerpo eclesial», dijo Benedicto. Y él mismo quiso dejar sitio. Para el arzobispo Charles Jude Scicluna, secretario adjunto de la poderosa Congregación de la Doctrina de la Fe y arzobispo de Malta, el mensaje de Benedicto a los cardenales era claro: «No queriendo ni pudiendo decapitar a todos, se dijo: "Me voy", y será el próximo el que tenga que tomar estas decisiones»[15].

El cuarto desafío era la colegialidad y la corresponsabilidad. El fomento de una mayor colegialidad en el ámbito episcopal y de una responsabilidad más cualificada de los «laicos cristianos» fue una de las reivindicaciones más escuchadas durante las conversaciones previas al cónclave de 2013. Para hacer frente a esta petición, Francisco debía comprender que, en un mundo tan globalizado como el nuestro, un papa no puede guiar a la Iglesia sin dar mayores poderes a los episcopados.

---

[14] La publicación de este libro en España, Portugal e Italia, con 43 documentos secretos filtrados, hizo que el padre Federico Lombardi, portavoz vaticano, se negase a acreditarme como periodista para las congregaciones generales y el cónclave de 2013. Este era el castigo que me imponía la Santa Sede por revelar los documentos secretos en un libro. Mi colega Gianluiggi Nuzzi tampoco fue acreditado.

[15] Karl Keating, *The Francis Feud: Why and How Conservative Catholics Squabble about Pope Francis*, ob. cit.

La lucha contra la pedofilia y el encubrimiento por parte de la Iglesia ha sido la quinta tarea fundamental de Francisco. Muchos de los lectores recordarán que, tras la llegada de Benedicto XVI al pontificado en 2005, una de sus primeras decisiones fue la intervención de los Legionarios de Cristo y la retirada de su fundador, Marcial Maciel, lo que supuso que la polémica sobre este asunto volviera a aparecer. Por ejemplo, el cardenal Christoph Schönborn, arzobispo de Viena, acusó abiertamente a Angelo Sodano, secretario de Estado vaticano, de bloquear de manera insistente el proceso abierto contra el anterior arzobispo de Viena, el cardenal Hans Hermann Groër, acusado de haber abusado sexualmente de varios seminaristas. Francisco no permitiría que se quedara ni un solo caso sin castigar[16].

El sexto desafío era el IOR y sus trifulcas económicas. El punto álgido de las congregaciones generales pre-cónclave llegó cuando se trató el asunto del Banco Vaticano, ya que la mayoría de los miembros del Colegio Cardenalicio solicitaron información para conocer la realidad de las finanzas del IOR. La expulsión de su presidente, Ettore Gotti Tedeschi, en mayo de 2012, recomendada por el cardenal Tarcisio Bertone, mostraba a las claras la guerra abierta en la cúpula financiera vaticana. Muchos cardenales, incluido el papa Benedicto XVI, se preguntaban si el IOR y sus políticas estaban adaptadas a los niveles de transparencia exigidos a cualquier entidad financiera. El 15 de febrero de 2013, tres días después de su renuncia, este nombró al abogado alemán Ernst von Freyberg para ejercer las funciones de presidente del Banco Vaticano. Lo más curioso del caso es que también se decidió cambiar la estructura de poder de la entidad para permitir que Bertone, enemigo de la transparencia en el IOR, continuase manejando la comisión cardenalicia de control y echar al cardenal Attilio

---

[16] Eric Frattini, *Los papas y el sexo*, ob. cit.

Nicora, considerado uno de los mayores defensores de la transparencia en el Banco Vaticano[17]. Las tensiones en este sentido eran más que obvias. Por un lado estaba el sector cardenalicio que «exigía» que el IOR cumpliera con los procedimientos necesarios para incorporarse al sistema internacional de los controles del Moneyval contra el blanqueo de capitales y financiación del terrorismo; por otro lado, los que querían continuar con el oscurantismo del IOR[18]. Las indiscreciones de varios miembros de la curia en algunos medios de comunicación, y ante vaticanistas como Gianluigi Nuzzi o yo mismo, provocaron serios problemas al nuevo papa, ya que las continuas filtraciones sobre el IOR llevaron a muchos cardenales electores del cónclave de 2013 a solicitar al papa Francisco que realizase una limpieza a fondo del Banco Vaticano. Un ejemplo de estas tensiones fueron las declaraciones del cardenal John Onaiyekan, arzobispo de Abuja (Nigeria), que afirmó en una entrevista que «el IOR no es esencial para el ministerio del santo padre como sucesor de Pedro. No sé si san Pedro tenía un banco. El IOR no es fundamental, ni sacramental, ni dogmático».

El séptimo desafío de Francisco era promover el diálogo interreligioso con el islam y el judaísmo. Durante el pontificado de Benedicto XVI, la relación con las dos religiones fue bastante tensa, sobre todo cuando el papa se vio envuelto en una controversia, el 12 de septiembre de 2006, tras citar al emperador bizantino Manuel II «Paleólogo» en el conocido como «discurso de Ratisbona»: «Muéstrame también aquello que Mahoma ha traído de nuevo, y encontrarás solamente cosas malvadas e inhumanas, como su directiva de difundir por medio de la espada la fe que él predicaba». Las palabras del

---

[17] Gianluigi Nuzzi, *Ratzinger was afraid: The secret documents, the money and the scandals that overwhelmed the pope*, ob. cit.

[18] Eric Frattini, *Los cuervos del Vaticano. Benedicto XVI en la encrucijada*, ob. cit.

pontífice provocaron disturbios y protestas airadas y violentas de musulmanes en numerosos países, una situación que el propio Benedicto XVI trató de aplacar explicando que había habido una «malinterpretación» de su mensaje[19]. El papa tuvo que echar marcha atrás y viajar a Turquía, Jordania, Israel y Líbano para sofocar las protestas.

Con el judaísmo, en cambio, el Vaticano planteó el asunto de diferente manera, teniendo en cuenta el especial vínculo que unía a los cristianos con «sus hermanos mayores», en palabras del papa Juan Pablo II. También ayudó a esta buena relación la excomunión al antiguo obispo británico «lefebvriano» Richard Williamson, quien, en una entrevista en la televisión sueca en 2008 había negado la existencia de las cámaras de gas y reducido el número de víctimas de la *Shoah* a no más de 200.000 en lugar de los más de 6 millones de hombres, mujeres y niños que murieron en los campos de exterminio nazis[20].

El octavo desafío consistía en la llamada «apertura a los tradicionalistas», algo que en los años de pontificado de Francisco no ha sido posible. El *motu proprio summorum pontificum*, con el que Benedicto XVI concedió la celebración de la misa en latín, seguramente fue el documento más contestado del papa alemán, un asunto que Bergoglio cortaría de cuajo. «Ninguna concesión a la liturgia preconciliar. Ninguna vuelta al pasado contrarreformista», dijeron los cardenales seguidores de Francisco. Tampoco el nuevo papa tenía la intención de tender su mano a la Fraternidad Sacerdotal San Pío X, los ultranacionalistas seguidores de monseñor Marcel Lefebvre. Sus antecesores en el cargo, Juan Pablo II y Benedicto XVI, pretendieron acercarse a los «lefebvristas», en especial el segundo, que encargó a Gerhard Müller, presidente de la Pontificia Comisión

---

[19] Eric Frattini, *Los cuervos del Vaticano. Benedicto XVI en la encrucijada*, ob. cit.

[20] «Twice-excommunicated bishop loses appeal of hate speech conviction», *Catholic News Agency*, 1 de febrero de 2019.

Ecclesia Dei y enemigo del nuevo pontífice, a abrir un diálogo con el obispo Bernard Fellay, superior de la fraternidad, para que estos volviesen a la comunión de Roma a cambio de la creación de una «prelatura personal». Cuando Bergoglio llegó al Trono de Pedro, cesó a Müller al frente de todos los departamentos que dirigía, incluida la Congregación de la Doctrina de la Fe, y le obligó a cesar sus comunicaciones con Fellay.

El noveno desafío ha sido la famosa «Comisión de Investigación sobre Medjugorje». Benedicto XVI hizo pública su renuncia el 11 de febrero de 2013, fiesta de la Virgen de Lourdes, y, según muchos analistas, la elección de la fecha no fue casual. En 1981, seis jóvenes de Bosnia-Herzegovina aseguraron haber visto a la Virgen en la primera de una serie de apariciones que, al parecer, muchos lugareños afirman que siguen produciéndose. Cuando el cardenal Joseph Ratzinger estaba al mando de la Congregación de la Doctrina de la Fe, fue extremadamente cauto con dichas apariciones, pero cuando fue elegido papa se dio cuenta del problema, sobre todo teniendo en cuenta la cantidad de religiosos de todo el mundo que acompañaban a los peregrinos e impartían misa en las zonas cercanas a los lugares de las apariciones. Así, el 17 de marzo de 2010, Benedicto XVI ordenó la creación de la «Comisión Internacional de Investigación sobre Medjugorje» y al frente puso al cardenal Camillo Ruini, exvicario de la diócesis de Roma. El resultado de las investigaciones debía ser presentado en la Congregación de la Doctrina de la Fe, pero el proceso fue demasiado lento y, por tanto, le correspondería al nuevo papa tomar una decisión sobre las apariciones, un asunto en el que Francisco no se ha encontrado nada a gusto.

El décimo y último desafío que Francisco debía afrontar era, precisamente, la coexistencia con su predecesor en el cargo. Aunque el papa alemán prometió «incondicional reverencia y obediencia» al nuevo pontífice, lo cierto es que la coexistencia no ha sido del todo fácil, más aún cuando el emérito puede ser manipulado por sus «asesores», todos ellos contrarios a Francisco.

Acercar la Iglesia al mundo al siglo XXI es otra de las tareas asumidas por Francisco. Como señaló el teólogo español Pedro Miguel Lamet, «si la Iglesia no baja a la plaza del pueblo, se mete en el bar, se charla con el increyente y el agnóstico, esta perderá el tren de la historia». Asimismo, acelerar el ecumenismo como única forma de detener el avance del islam en Europa estuvo desde el primer momento entre las tareas fundamentales del papa, junto con un replanteamiento de la moral sexual de la Iglesia, la revisión del celibato o una mejora de la comunicación de la Iglesia con los ciudadanos, abandonando el secretismo en el que la Institución se ha movido desde hace siglos.

Francisco también tenía previsto tratar el delicado asunto del papel de la mujer en la Iglesia. Su deseo era dar mayores tareas a las laicas, muchas de ellas madres de familia que, tal y como dijo el papa, «en la vida eclesial han representado siempre el motor de transmisión de la fe entre las generaciones». Para ello se acogería al llamado «Mensaje a las mujeres», redactado por Pablo VI tras finalizar el Concilio Vaticano II, en el que se afirma que «ha llegado la hora en que la vocación de la mujer adquiere en la sociedad una influencia, una irradiación y un poder nunca alcanzados hasta ahora».

Como se hace evidente, no son pocas las tareas que Francisco asumió como propias desde que fue elegido papa. Con lo que no contaba es con la enorme cantidad de piedras y trampas que iba a encontrarse en el camino... Por ejemplo, es bien sabido que Jorge Mario Bergoglio es un acérrimo opositor al matrimonio igualitario y al aborto no punible, pero acepta el uso del preservativo como forma de evitar la «propagación de enfermedades», todo un avance tratándose de un príncipe de la Iglesia y una posición que sin duda tiene que ver con su labor pastoral en lugares con un altísimo índice de miseria[21].

---

[21] Austen Ivereigh, *The Great Reformer: Francis and the Making of a Radical Pope*, ob. cit.

Respecto a la legalización del casamiento entre personas del mismo sexo, Bergoglio expresó su opinión en una carta de repudio:

> No seamos ingenuos: no se trata de una simple lucha política; es la pretensión destructiva al plan de Dios. No se trata de un mero proyecto legislativo (este es solo el instrumento) sino de una «movida» del padre de la mentira que pretende confundir y engañar a los hijos de Dios. Aquí también está la envidia del demonio, por la que entró el pecado en el mundo, que arteramente pretende destruir la imagen de Dios: hombre y mujer que reciben el mandato de crecer, multiplicarse y dominar la Tierra.

Para Bergoglio, el aborto es igualmente rechazable, y en todos los supuestos, incluido el de violación, lo que le hizo entrar en conflicto con la poderosa Conferencia Episcopal Alemana, que autorizó el uso de la píldora del día después en caso de violación. En septiembre de 2012, cuando, después del fallo de la Corte Suprema de Justicia Argentina, el Gobierno de Mauricio Macri decidió reglamentar los abortos punibles, el cardenal Bergoglio calificó la decisión de «lamentable». Poco antes había hecho la siguiente advertencia en un comunicado: «Se percibe una vez más que se avanza deliberadamente en limitar y eliminar el valor supremo de la vida e ignorar los derechos de los niños por nacer». Y en un documento de la Conferencia Episcopal Argentina se mostró igualmente tajante: «El aborto nunca es una solución. Al hablar de una madre embarazada hablamos de dos vidas, ambas deben ser preservadas y respetadas, pues la vida es de un valor absoluto»[22].

---

[22] John Cornwell, *Church, Interrupted: Havoc & Hope: The Tender Revolt of Pope Francis*, ob. cit.

EL REBELDE BERGOGLIO

Un punto de inflexión en el pontificado de Francisco fue la guerra abierta mantenida con Angelo Sodano, poderoso secretario de Estado de Juan Pablo II y Benedicto XVI. El conflicto, al parecer, se inició en 2003, cuando llegó a Buenos Aires el nuevo nuncio apostólico, Adriano Bernardini, un hombre fiel a Sodano que enseguida mostró su rechazo a Bergoglio (el rechazo era mutuo). El arzobispo de Buenos Aires sabía que era el nuncio el que informaba a Sodano para cambiar la terna de «obispables» que diseñaba Bergoglio[23], de modo que la tensión entre la Conferencia Episcopal Argentina y la curia romana fue haciéndose cada vez más intensa, provocando incluso denuncias anónimas que afectaron a religiosos protegidos por Bergoglio. Sodano se había buscado un poderoso aliado en la figura del embajador argentino ante la Santa Sede, Esteban Caselli, un diplomático que difundía la idea de que la Iglesia consideraba a Bergoglio demasiado «blando» en cuestiones de fe y que vería con buenos ojos alguna campaña interna contra él. Bernardini también contaba con el apoyo de monseñor Héctor Aguer, arzobispo de La Plata y enemigo declarado de Bergoglio.

Algunas de las denuncias que llegaron a Roma se referían a los bautizos que realizaba el cardenal Bergoglio a hijos de mujeres solteras, mientras otras archidiócesis se negaban a impartir el sacramento a estos pequeños. El arzobispo de Buenos Aires dejó clara su posición ante el nuncio:

> En nuestra región eclesiástica hay presbíteros que no bautizan a los chicos de madres solteras porque no fueron concebidos en la santidad del matrimonio. Estos son los hipócritas de hoy. Los que clericalizaron la Iglesia. Los que apartan al pueblo de Dios de la salvación. Y esa pobre muchacha que, pudiendo ha-

---

[23] Elisabetta Piqué, *Francisco. Vida y revolución*, ob. cit.

berse desembarazado de su hijo, tuvo la valentía de traerlo al mundo, va peregrinando de parroquia en parroquia para que se lo bauticen.

Estas declaraciones pusieron los pelos de punta a muchos en la Santa Sede y Bergoglio sufrió durísimos ataques, tanto de Bernardini como de monseñor Aguer, que pusieron en marcha una gigantesca maquinaria de denuncias contra él[24]. La agresividad de las críticas fue en aumento a medida que Bergoglio iba ganando peso a nivel internacional, y llegaron a su cenit cuando su nombre apareció en la terna de «papables» durante el cónclave de 2005. A raíz de lo sucedido en Estados Unidos con los ataques a las Torres Gemelas y el Pentágono el 11 de septiembre de 2001, el cardenal arzobispo de Nueva York, Edward Egan, se vio obligado a abandonar el sínodo de obispos, dejando al cardenal Bergoglio al mando como relator general. Aquella aparición pública ante sus hermanos purpurados le hizo ganar muchos enteros: por ejemplo, fue designado por Juan Pablo II miembro de las congregaciones del Culto Divino, del Clero, de los Institutos de Vida Consagrada, del Consejo de la Familia, o de la Pontificia Comisión para América Latina. Sin embargo, muchos sabían que llevarlo a la curia sería matarlo en vida. «Me muero si me voy a la curia», llegó a reconocer el propio Bergoglio a un periodista de Reuters cuando en algunos medios apareció señalado como un posible secretario de Estado de Benedicto XVI.

Una opinión interesante es la de monseñor Víctor Manuel Fernández que recoge la periodista Elisabetta Piqué en su biografía sobre Francisco. En junio de 2013, Fernández, que fue nombrado obispo por el nuevo papa, escribió un artículo en la revista *Vida Pastoral* en el que afirmaba:

---

[24] Marcelo López Cambronero y Feliciana Merino, *Francisco. El papa manso*, Planeta Testimonio, Barcelona, 2013.

Pensando que Bergoglio estaba ya listo para la jubilación, e imaginándolo encerrado en un asilo sacerdotal, abundaban las intrigas de algunos hombres de la Iglesia para consolidar con su desaparición un poder que fueron amasando en los últimos años. Yo mismo estuve en reuniones donde algunos obispos argentinos y algún representante importante de la Santa Sede (excluyo al actual nuncio Emil Paul Tscherrig, que es un caballero) se solazaban sin pudor a la hora de criticarlo. Le cuestionaban no ser más exigente con los fieles, no remarcar mejor la identidad sacerdotal, no predicar demasiado sobre cuestiones de moral sexual. [...] Antes de la elección del papa Francisco, estuve en un acto donde algunos de ellos (sin imaginar lo que iba a pasar) vivían lo que creían una inminente victoria. Había allí otro ideal de la Iglesia, poderosa, triunfante, jueza del mundo[25].

Sea como fuere, volvamos a la frase con la que hemos empezado este capítulo: «Al papa lo que es del papa y a Dios lo que es de Dios». Los desafíos a los que Francisco ha tenido que enfrentarse, los enemigos contra los que ha tenido que batirse, los férreos dogmas que ha tenido que ablandar y las conspiraciones que ha tenido que desarticular han hecho de su papado todo menos un camino de rosas. Los católicos del mundo no podían esperar cambios radicales en una institución monolítica con 20 siglos de existencia en la que el dogma lo impregna todo... Pero, quizá, el nuevo papa podía y debía dar los pasos necesarios que no se atrevió a dar Benedicto XVI, quien al final de su reinado lanzó mensajes claros y contundentes de repudio a algunas actividades de la curia. El nombramiento de un jesuita para el Trono de Pedro no dejaba de ser, en sí mismo, una auténtica revolución interna, más aún cuando fue Juan Pablo II quien llegó a nombrar a un «delegado personal» para dirigir la orden en 1981, tras considerar que sus miembros y sus dirigentes «no se ceñían a la ortodoxia

---

[25] Javier Cámara y Sebastián Pfaffen, *Aquel Francisco*, ob. cit.

dictada por Roma». Lo cierto es que todo el mundo esperaba que Jorge Mario Bergoglio imprimiera cierto carácter al papado, sobre todo si se guiaba por el lema de los jesuitas, *Ad maiorem Dei gloriam* («Para la mayor gloria de Dios»), y no tanto por los dictados de la conspiradora curia vaticana.

6

PAPA EMÉRITO CONTRA PAPA REINANTE

La figura del papa emérito constituye un problema no resuelto para la Santa Sede. Solo ha habido dos casos en la larga historia de la Iglesia católica: Celestino V (5 de julio de 1294-13 de diciembre de 1294) y Benedicto XVI (2005-2013). Sin duda, para Francisco sería mucho más cómodo ser papa reinante en el siglo XIII que en el siglo XXI; al fin y al cabo, Bonifacio VIII, sucesor de Celestino, consiguió quitarse de en medio al molesto papa emérito metiéndolo en una oscura y fría celda.

Mucho se ha escrito sobre Celestino V, sobre todo leyendas y fantasías literarias. Por ejemplo, en la novela *Ángeles y demonios*, de Dan Brown, se menciona que, por medio de rayos X, se descubrió un clavo de 25 centímetros insertado en el cráneo de Celestino, cuya muerte fue presuntamente orquestada por su sucesor. Siglos antes, el gran Dante Alighieri situó a Celestino V en el Infierno de su *Divina comedia*, junto a los «inútiles y los neutrales» que se encuentran entre la puerta y el vestíbulo. En el canto III se alude a Celestino con estas palabras: «Así que distinguir los rostros puedo, miro con más fijeza, y vi entre varios al que la gran renuncia hizo por miedo» (Inferno III, 58/60). San Malaquías, famoso arzobispo católico de Armagh, en sus *Profecías* se refiere a Celestino como *Ex eremo celsus* («Elevado de la ermita»), nombre que hace referencia a que, antes de ser papa, fue un ermitaño del monasterio de Pouilles.

Son cientos las fantasías que se siguen vertiendo sobre este pontífice que tomó la excepcional decisión de abdicar y al que algunos autores siguen definiendo como «papa angélico». Hace más de un siglo, Franz Ehrle, jesuita alemán y archivista del Archivo Secreto Vaticano, escribió que, para entender bien la historia de Celestino, es necesario distinguir entre los «espirituales», el grupo de rigoristas que estaban a favor de su elección como sumo pontífice, y los *fraticelli*, el grupo que organizó la resistencia al papa y a sus doctrinas, que calificaban de «heréticas». El caso es que el grupo rigorista pro-Celestino pretendía entregar la Silla de Pedro a un hombre santo en lugar de a otros candidatos con claros intereses familiares o políticos[1].

Tras la muerte de Nicolás IV, el papado estuvo vacante durante 27 meses sin que se vislumbrara la posibilidad de salir del estancamiento. Los 12 cardenales electores se mostraban incapaces de ponerse de acuerdo en un candidato —el elegido debía serlo por unanimidad—, pero las cabezas reinantes de Europa necesitaban cuanto antes un papa para ratificar los diversos acuerdos políticos y territoriales alcanzados, que se encontraban a la espera de la bendición papal[2]. El llamado *interregno* estaba siendo demasiado largo y, al fin, el decano del Sacro Colegio, el cardenal Latino Malabranca, propuso un nombre: el de un santo ermitaño llamado Pietro di Murrone, que había profetizado un «castigo divino de Dios». «Este es mi candidato», dijo

---

[1] Claudio Rendina, *The Popes: Histories and Secrets*, Seven Locks Press, Santa Ana, 1983.

[2] Javier Paredes, Maximiliano Barrio, Domingo Ramos-Lissón y Luis Suárez, *Diccionario de los papas y Concilios*, Ariel, Barcelona, 1998.

Malabranca y los demás cardenales asintieron. Así, el 5 de julio de 1294, Pietro di Murrone se convirtió, a los 79 años de edad, en el 192.º sumo pontífice de la Iglesia católica[3].

Según los historiadores, costó bastante trabajo que Murrone aceptara el cargo. Sin embargo, el clamor popular recorrió los Estados Pontificios, porque, al fin, un hombre santo alcanzaba la Cátedra de Pedro. Los «espirituales» lo consideraban uno de los suyos, y varios monarcas, como Carlos II de Anjou, rey de Nápoles y Sicilia, lo tomaron bajo su protección. Acompañado de su escolta, el nuevo pontífice se trasladó hasta L'Aquila, donde, el 29 de agosto de 1294, en la iglesia de Santa María de Collemaggio, fue consagrado papa.

Pronto se descubrió que Celestino no podría huir de los intereses políticos. Aceptó nombrar cardenales a 12 candidatos, de los cuales siete eran franceses —controlados por Carlos II— y nombró a un niño de pocos años, hijo del rey galo, como arzobispo de Toulouse ante la confusión de una curia que había visto en el nombramiento de Celestino el inicio de una época de limpieza. Llegó entonces el tiempo del Adviento, en el que el papa decidió retirarse a orar a un lugar tranquilo y solitario, dejando el timón de la Iglesia en manos de un triunvirato cardenalicio. Lo que pocos sabían era que Celestino V había consultado con Benito Gaetani, influyente canonista de la época, sobre la posibilidad de renunciar a su cargo. El 10 de diciembre de 1294, Murrone publicó una bula que hacía extensivo el procedimiento del cónclave establecido por Gregorio X (1271-1276) para la muerte de un pontífice en el caso de una renuncia. El 13 de diciembre, durante un consistorio, dio lectura al documento preparado por Gaetani por el cual renunciaba a la Cátedra de Pedro. Celestino tenía previsto regresar a su vida ermitaña, pero no se lo permitieron. La

---

[3] Marco Cantelmi, *Il Pontificato di Celestino V*, Independently Published, 2020.

leyenda cuenta que su sucesor, Bonifacio VIII, decidió trasladar al ya papa emérito a Roma, temeroso de que el pueblo napolitano, contrario a Bonifacio y a su elección, lo considerara el legítimo pontífice y que ello provocara un cisma[4].

Durante el trayecto, Celestino consiguió evadirse de la vigilancia y refugiarse en su antigua celda de Monte Morrone hasta que, acosado por las tropas de Bonifacio VIII, intentó huir a Grecia. En el camino fue detenido, sometido a juicio y encarcelado en una de las torres del castillo de Fumone, cerca de Anagni, donde falleció el 19 de mayo de 1296, tras diez meses de confinamiento en condiciones insalubres. Pietro di Murrone, el primer papa emérito de la historia, fue sepultado en la iglesia de San Antonio. El 5 de mayo de 1313 fue canonizado por Clemente V (1305-1314) tras una petición de Felipe IV, rey de Francia y Navarra. Aun así, Clemente V no lo canonizó como mártir, que era lo que el rey de Francia deseaba para destruir la reputación de Bonifacio VIII, sino que lo hizo con su nombre secular, Pietro del Murrone, quizá para dar a entender que Bonifacio fue su legítimo sucesor. En febrero de 1317, los restos de Celestino V fueron trasladados a L'Aquila y depositados en la basílica de Santa María de Collemaggio. Curiosamente, fue Benedicto XVI, el segundo papa emérito de la historia, quien reconoció las «reliquias» de Celestino durante su visita a la ciudad, el 18 de abril de 2009, que fueron devueltas nuevamente a la basílica[5].

BENEDICTO NO ES CELESTINO

Obviamente, Benedicto no es Celestino V, y Francisco tampoco es Bonifacio VIII, aunque, como dijo él mismo, «ya es

---

[4] Claudio Rendina, *The Popes: Histories and Secrets*, ob. cit.

[5] Paolo Golinelli, *Celestino V: Il papa contadino*, Mursia Editori, Milán, 2007.

un problema un papa emérito para un papa reinante como para que ahora seamos dos papas eméritos y un papa reinante». Los vaticanistas interpretaron esta frase como que todo era una cuestión de tiempo.

En octubre de 2017, el cardenal Walter Brandmüller, íntimo confidente de Ratzinger y antiguo presidente de la curia, declaró en una entrevista que la posición de papa emérito «es un invento que no tiene precedentes». Benedicto XVI contestó malhumorado a su amigo mediante una carta, fechada el 9 de noviembre de 2017, en la que aseguraba que «anteriormente ha habido papas que han renunciado, aunque han sido pocos. Y después ¿qué eran? ¿Papas eméritos? Si no, ¿qué? Si conoces una fórmula mejor, y crees que puedes juzgar la que he elegido, te ruego que me lo digas». En otra carta, también dirigida a Brandmüller, con fecha del 23 de noviembre del mismo año, Benedicto se refirió al «profundísimo dolor que su renuncia les ha causado a muchos»[6].

Con sus declaraciones, Francisco intentaba dejar claro que no permitiría una Iglesia con tres sumos pontífices vivos... Pero la verdad es que el papa emérito no ha sabido estar callado, al menos no del todo. Desde 2013, varios han sido los asuntos en los que se ha inmiscuido abierta o subrepticiamente. Tras un breve periodo en Castel Gandolfo, su residencia definitiva la fijó en el antiguo monasterio Mater Ecclesiae, situado en la parte alta de la ciudad-Estado del Vaticano, justo junto a la torre de emisiones de Radio Vaticano. Desde entonces nadie podía dirigirse a él oficialmente por ningún motivo.

Francisco, nada más ser elegido santo padre, y tras pasar por la Cámara de las Lágrimas, donde se le vistió con el hábito de color blanco, pidió un teléfono para llamar a Benedicto XVI, que había seguido el cónclave desde Castel Gandolfo. Al pa-

---

[6] John Cornwell, «Benedicto XVI vs. Francisco I: la guerra oculta que divide al Vaticano», *Vanity Fair*, 16 de febrero de 2019.

recer, no pudo hablar con él. Después, en el balcón de San Pedro, el nuevo papa pidió a los fieles que elevaran una plegaria al Señor y a la Virgen como gesto de gratitud al pontífice emérito... Pero ni mucho menos Benedicto XVI tenía patente de corso y, por supuesto, el pontífice entrante no iba a permitir intromisiones por parte del saliente. Los poderes del papa reinante son plenos y absolutos, aunque eso no significa que Francisco no le pueda pedir consejo a Benedicto. El padre Federico Lombardi, portavoz del Vaticano, explicó la situación: «Se ha recibido la indicación del prefecto de la Casa Pontificia, Georg Gänswein, de que habrá que dirigirse siempre a él [a Benedicto XVI] como "su santidad" y será considerado "papa emérito" o "romano pontífice emérito"».

Las conclusiones de un buen número de canonistas que han analizado la cuestión son variopintas. Por ejemplo, el jesuita Gianfranco Ghirlanda, uno de los principales expertos en derecho canónico e ideólogo de la nueva constitución apostólica, propuso como alternativa el puesto de «obispo emérito de Roma» para Ratzinger. Su explicación apareció en el mes de marzo de 2013, en la revista *La Civiltà Cattolica*:

> El que cesa en el ministerio pontificio no a causa de muerte, aun permaneciendo evidentemente obispo, ya no es papa, por cuanto pierde toda la potestad primacial, ya que ella no le había venido de la consagración episcopal, sino directamente de Cristo, mediante la aceptación de la legítima elección.

Tanto es así que el propio Francisco, en el balcón de San Pedro, se refirió a Benedicto como «obispo emérito»[7].

Sea como fuere, este precedente ha marcado también el pontificado de Francisco. La frase ofrecida por el propio Benedicto XVI a su biógrafo Peter Seewald en 2010 penderá del hilo de la historia del papado: «Cuando un papa llega a la cla-

---

[7] Saverio Gaeta, *The Life and Challenges of Pope Francis*, ob. cit.

ra convicción de que ya no es capaz física, mental y espiritualmente de desempeñar el cargo que se le ha confiado, tiene el derecho y en determinadas circunstancias el deber de dimitir»[8]. En los oídos de muchos miembros de la curia vaticana y del propio Francisco resuenan aún las palabras pronunciadas por Benedicto el 24 de abril de 2005, cuando pidió: «Rezad por mí, para que no huya, por miedo, ante los lobos». Lo que está claro para muchos es que la coexistencia, en un lugar tan pequeño como el Vaticano, de un papa emérito con un papa reinante es de todo menos fácil.

La renuncia programada

Aunque hay quien insiste en ello, no es cierto que Benedicto no preparase a conciencia su salida de la Cátedra de Pedro. A principios de la década de los años noventa, Juan Pablo II erigió una residencia en los jardines del Vaticano con una capilla adyacente para albergar una pequeña comunidad de monjas entregadas a la oración silenciosa para apoyar su pontificado. Benedicto XVI, cuatro meses antes de renunciar —y sin aclarar entonces el motivo—, ordenó que se reformara el convento, ahora ya sin monjas, para crear una residencia de retiro adecuada en el Vaticano, con despacho, capilla y mucho espacio para el secretario con el que convive. La gente afirma que es un monasterio, aunque el Mater Ecclesiae se parece más a un palacio.

La segunda medida la adoptó Ratzinger en julio de 2012, cuando nombró al ultraconservador Gerhard Müller prefecto de la Congregación de la Doctrina de la Fe. El papa alemán ya sabía que iba a renunciar, pero quería dejarlo todo bien atado.

---

[8] Peter Seewald, *Benedict XVI: A Life, Volume Two: Professor and Prefect to Pope and Pope Emeritus 1966-The Present*, ob. cit.

También nombró a su fiel Georg Gänswein prefecto de la Casa Pontificia, lo que significaba que su secretario sería el supervisor de todos los apartamentos y oficinas del nuevo pontífice en el Palacio Apostólico; es decir, Gänswein y Benedicto podrían controlar las reuniones de Francisco. Benedicto XVI estaba convencido de que el nuevo papa no cesaría a quienes él había nombrado hacía poco y, de hecho, Francisco tuvo que esperar al 1 de julio de 2017 para cesar al cardenal Gerhard Müller. El papa mantuvo a Gänswein en su puesto, pero, para sortear sus imposiciones, decidió no residir en los apartamentos papales —bajo el control de aquel—, sino en la Casa de Santa Marta, junto a la basílica de San Pedro, que sirve de alojamiento a los curas cuando van de visita al Vaticano. El actual pontífice tiene un apartamento modesto y un despacho improvisado. Francisco permitió que Gänswein organizase audiencias en los apartamentos papales con personajes destacados, pero él come en la cafetería y compra el café en una máquina[9].

Pero la guerra abierta entre «extrovertidos» —seguidores de Francisco— e «introvertidos» —enemigos acérrimos del papa— llegó tan lejos que los primeros decidieron utilizar la figura de Benedicto XVI para contraponerla a la de Francisco. Aunque Ratzinger dejó claro en más de una ocasión que «solo hay un papa, y es Francisco», lo cierto es que las pocas visitas que recibía en el monasterio vaticano donde residía son de los sectores más conservadores de la curia y, de hecho, las pocas declaraciones que hizo estaban alineadas, punto por punto, con los más rigoristas. La última prueba de ello fue la publicación de un documento, tras la famosa «cumbre antipederastia» de febrero de 2019, en el que Benedicto XVI culpaba a la teología surgida tras el Concilio Vaticano II del «colapso que

---

[9] John Cornwell, «Benedicto XVI vs Francisco I: la guerra oculta que divide al Vaticano», ob. cit.

permitió una laxa moral y que dejó la puerta abierta a abusadores y a la revolución sexual». Este texto molestó a los cercanos a Francisco y al propio pontífice. Muchos vieron en estos movimientos del papa emérito la mano de su secretario, el arzobispo Georg Gänswein, y del cardenal Robert Sarah, uno de los más duros opositores a Francisco y que hasta 2021 mantuvo un puesto relevante en la curia como prefecto de la Congregación del Culto Divino[10].

El 11 de septiembre de 2018, Gänswein pronunció un sonoro y polémico discurso en la biblioteca de la Cámara de los Diputados de Italia, frente a un grupo de analistas políticos, en el que expuso la visión de Benedicto XVI sobre la Iglesia. Esto no gustó en absoluto a la Secretaría de Estado del Vaticano, que lo interpretó como una clara intromisión en el actual pontificado. El discurso sirvió para lanzar la edición en italiano del libro *The Benedict Option. A Strategy for Christians in a Post-Christian Nation* («La opción Benedicto. Una estrategia para los cristianos en una nación poscristiana»), escrito por Rod Dreher, redactor de la revista *The American Conservative*, quien se definía a sí mismo como un «ferviente conservador»[11]. Georg Gänswein, tras la presentación de la obra, dijo que «nos encontramos en una nueva era de las tinieblas, en el 11-S del orbe católico». Muchos de los periodistas allí presentes pensaron que el secretario del papa emérito se estaba refiriendo al actual pontificado como una «era de las tinieblas» y que el «salvador» no era otro que Benedicto XVI. De este modo, Gänswein comenzaba a promover la idea del pontificado alternativo, que representaría Ratzinger, y el 20 de mayo de 2016 declaró que Francisco y Benedicto encarnaban entre los dos un papado único y «ampliado», con un miembro «activo»

---

[10] Jesús Bastante, «Estos son todos los enemigos del papa Francisco dentro de la Iglesia», *eldiario.es*, 4 de septiembre de 2019.

[11] Rod Dreher, *The Benedict Option, A Strategy for Christians in a Post-Christian Nation*, Sentinel, Nueva York, 2018.

y otro «contemplativo». Francisco le cerró la boca inmediatamente afirmando que «papa solo hay uno»[12].

Pero, antes, en julio de 2017, ya se había producido otro golpe, cuando Georg Gänswein leyó un panegírico en honor del fallecido cardenal Joachim Meisner, arzobispo emérito de Colonia y hombre fuerte del sector anti-Bergoglio. Recordemos que en noviembre de 2016 Meisner fue uno de los cuatro cardenales que decidieron redactar la *dubia* privada instando al sumo pontífice a corregir su exhortación *Amoris laetitia*. En el panegírico escrito por Benedicto XVI y leído por Gänswein, el emérito aseguraba que Meisner estaba convencido de que el «Señor no abandona a su Iglesia, aunque haya entrado tanta agua en el barco que esté a punto de naufragar». Al describir de este modo la institución, daba la impresión de que para Benedicto la Iglesia dirigida por Francisco se hundía. Aquello provocó un nuevo toque de atención del cardenal Pietro Parolin, secretario de Estado del Vaticano, a monseñor Gänswein. «El santo padre no quiere más interferencias del papa emérito», dicen que le espetó Parolin a Gänswein. Los vaticanistas coincidieron en señalar que el texto leído en el funeral de Meisner era un claro indicio de que Benedicto rechazaba el progresismo de Francisco.

El vaticanista Francesco Antonio Grana, en una entrevista con *Euronews*, afirmaría en el otoño de 2021 que, «seguramente, la figura de papa emérito puede ser normalizada, pero es difícil hacerlo con un papa emérito vivo porque sería una ley *contra personam*, es decir, contra Ratzinger. También es difícil hacerlo porque entonces se dispararían otra vez los rumores de que Bergoglio está listo para renunciar»[13].

---

[12] John Cornwell, «Benedicto XVI vs Francisco I: la guerra oculta que divide al Vaticano», ob. cit.

[13] Alberto de Filippis, «¿Podría convertirse Francisco en otro papa emérito por sus problemas de salud?», *Euronews*, 2 de septiembre de 2021.

En junio de 2022 comenzaron a aparecer los rumores sobre una posible renuncia por parte de Francisco. «No renunciaré estando el papa emérito aún vivo. Si ha sido ya difícil la relación de un papa emérito y un papa reinante, yo me pregunto cómo sería la relación de dos papas eméritos y un papa reinante», dijo Bergoglio, señal clara de las interferencias que habría tenido que sufrir el argentino por parte del alemán desde su llegada al Trono de Pedro en 2013.

Aunque Benedicto XVI decidió abdicar y prometió permanecer en absoluto silencio, no siempre el expontífice ha cumplido su palabra. La romántica amistad mostrada en el filme *Los dos papas*, donde incluso el cardenal Bergoglio enseña a bailar el tango a Ratzinger, no es del todo verosímil. Como ya dijimos, con motivo de la redacción del *Amoris laetitia* (marzo de 2016) se abrió una enorme brecha entre los sectores «extrovertidos» y los «introvertidos», y cuatro cardenales, Raymond Burke, Walter Brandmüller, Carlo Caffarra y Joachim Meisner, enemigos todos de Francisco, redactaron la mencionada *dubia* instando al papa a corregir su exhortación. También hemos hablado de la carta que llegó después, titulada «Buscando la claridad: una petición para desatar los nudos en *Amoris laetitia*», así como una petición de encuentro con el sumo pontífice. Ninguna de estas acciones obtuvo respuesta por parte de Francisco, aunque el alemán Meisner, antiguo arzobispo de Colonia, sí recibió una carta del papa emérito: algunas fuentes aseguran que en ella le ordenaba obediencia al sumo pontífice reinante, mientras otras dicen que se trataba de un apoyo tácito a la posición de los conservadores contra Francisco[14].

Ratzinger, quien, tras su renuncia, eligió llamarse «papa emérito Benedicto XVI», está en el centro de una guerra más

---

[14] Angela Giuffrida, «Two popes, plotting cardinals and the fallout of an explosive book», ob. cit.

entretenida que la mencionada película —nominada al Oscar— *Los dos papas*. La lucha comenzó con un libro del cardenal conservador Robert Sarah titulado *From the Depths of Our Hearts*: *Priesthood, Celibacy and the Crisis of the Catholic Church* («Desde lo más profundo de nuestros corazones: sacerdocio, celibato y la crisis de la Iglesia católica»), en el que defendía el celibato sacerdotal. El asunto no habría causado ningún revuelo si no fuera porque, en el momento de la publicación del libro, Francisco estaba dispuesto a permitir la ordenación de hombres casados en áreas remotas del Amazonas para hacer frente a la falta de sacerdotes. Además, el papa emérito firmó una carta felicitando al cardenal Joachim Meisner, tal vez sin pensar que este era un feroz crítico de Francisco y que se había pronunciado abiertamente en contra de que este permitiera que los divorciados que se habían vuelto a casar recibieran la sagrada comunión. La aparición del nombre de Benedicto como coautor del libro de Sarah llevó a numerosos vaticanistas pro-Bergoglio a acusar a Benedicto XVI, que aún residía en el interior de los muros del Vaticano y seguía vistiendo sotana blanca, de violar su voto de silencio, socavar la autoridad de su sucesor e inmiscuirse en asuntos papales que no le concernían[15].

En un extraño giro de los acontecimientos, tal vez huyendo de polémicas y después de que se publicaran extractos del libro en el periódico francés *Le Figaro*, Benedicto exigió que se eliminara su nombre como «coautor» para evitar el enfado de Francisco. El secretario personal del papa emérito, Georg Gänswein, dijo que «si bien Benedicto XVI sabía que el cardenal Sarah, quien se ha enfrentado con el papa Francisco en el pasado, estaba preparando un libro y le había enviado un ensayo sobre el sacerdocio, no había aprobado un proyecto en "coautoría" y no había visto ni autorizado la portada del li-

---

[15] *Ibid.*

bro». El cardenal Sarah negó las acusaciones de que había engañado al papa emérito y proporcionó pruebas del texto que le había entregado y afirmó que «Benedicto sabía que el proyecto tomaría la forma de un libro»[16].

La prepublicación en el diario francés llegó justo antes de que Francisco aprobase el documento final del «sínodo para la Amazonia», celebrado del 6 al 27 de octubre de 2019, en el que 135 asistentes de los 180 presentes dieron luz verde a una excepción para aquella remota región del mundo, donde los católicos ven a un cura una vez al año porque apenas hay sacerdotes. Los participantes decidieron que los diáconos «con una familia estable» podrían ser ordenados sacerdotes. El nombre del sínodo fue elegido con cuidado para abarcar a toda una región que incluye a Bolivia, Brasil, Colombia, Ecuador, Guayana Francesa, Guyana, Perú, Venezuela y Surinam, países con una mayoría de población católica.

Francisco anunció que la ordenación de sacerdotes casados no sería uno de los temas principales que se discutirían en el sínodo, sino que se trataba de, «simplemente, un punto más del *Instrumentum laboris*»[17], pero la polémica estaba servida. El «sínodo para la Amazonia» se convirtió en un arma de fuego para los antibergoglianos[18], que aseguraron que Francisco había redactado un «documento preparatorio», publicado en junio de 2018, en el que se identificaban los temas clave del sínodo: el papel de la mujer en la Iglesia, los derechos y tradiciones de los pueblos indígenas y la necesidad de proporcio-

---

[16] Benedicto XVI y cardenal Robert Sarah, *From the Depths of Our Hearts: Priesthood, Celibacy and the Crisis of the Catholic Church*, Ignatius Press, San Francisco, 2020.

[17] *Instrumentum laboris* fue el nombre del documento de trabajo del «sínodo de la Amazonia».

[18] Hanna Brockhaus, «Pope Francis: Ordination of married men 'absolutely not' main theme of Amazon synod», *Catholic News Agency*, 9 de agosto de 2019.

nar un mayor acceso a la eucaristía[19]. En las reuniones preliminares, entre los asuntos que se trataron estuvo el de la ordenación de hombres casados y la modificación de los requisitos eucarísticos, ya que la región se enfrentaba a una seria escasez de sacerdotes capaces de servir en poblaciones rurales remotas. En enero de 2019, Francisco se mostró partidario de la ordenación de hombres casados sacerdotes en las islas del Pacífico: «Es algo en lo que pensar cuando hay una necesidad pastoral», dijo. El cardenal Cláudio Hummes, exprefecto de la Sagrada Congregación para el Clero, exarzobispo de Fortaleza y Sâo Paulo, y un hombre muy cercano a la línea de Francisco, explicó que la carencia de sacerdotes en la región del Amazonas era debida «a la incultura de los pueblos y a que la Amazonia necesitaba su propia Iglesia con una cara amazónica y también una cara indígena en lugar de una Iglesia europea trasplantada en la Amazonia. ¿Cómo podemos pensar en una Iglesia indígena para los indígenas si no hay clero indígena?», preguntó.

Enseguida llegaron las duras críticas al *Instrumentum laboris* por parte de los enemigos del papa. El cardenal Walter Brandmüller, presidente emérito del Comité Pontificio de Ciencias Históricas, calificó el documento de «herético». El cardenal Gerhard Müller, exprefecto de la Congregación para la Doctrina de la Fe, apuntó en la misma dirección y afirmó que el documento de trabajo contenía «falsas enseñanzas» sobre la revelación de Dios[20]. Los conservadores Raymond Burke y Athanasius Schneider, obispo auxiliar de Astaná (Kazajistán), anunciaron a bombo y platillo una campaña de 40 días de oración para garantizar que «el error y la herejía no pervir-

---

[19] Elise Harris, «Brazil bishop says Pope's eco-agenda will loom large in Amazon synod», *Crux Now*, 2 de noviembre de 2018.

[20] «Cardinal Mueller criticizes 'false teaching' on revelation in Amazon synod doc», *Catholic News Agency*, 16 de julio de 2019.

tieran el sínodo inminente»[21]. El cardenal Jorge Urosa, arzobispo emérito de Caracas, describió el *Instrumentum Laboris* como «bastante bueno desde el punto de vista de la ecología, pero sufre de "muchos fracasos" en cuanto a eclesiología y cuestiones misioneras»[22]. Y, por último, hay que destacar el comentario del también cardenal ultraconservador Robert Sarah, entonces prefecto de la Congregación para el Culto Divino, que afirmó de forma tajante que temía «que algunos occidentales confiscaran esta asamblea para avanzar sus proyectos [...] pensando en particular en la ordenación de hombres casados, la creación de ministerios de mujeres o dando jurisdicción a los laicos. Estos puntos se refieren a la Iglesia universal y, por tanto, no pueden discutirse en un sínodo particular y local»[23].

Muchos afirmaron que tanto Sarah como Müller habían pedido «consejo» al papa emérito sobre las cuestiones que se tratarían en el sínodo y que muchas de las opiniones vertidas eran realmente las de Benedicto XVI. De nuevo los «introvertidos» situaban interesadamente el nombre del papa emérito en medio de su guerra contra Francisco.

Fayard, la editorial francesa del libro del cardenal Sarah y Benedicto XVI, siguió adelante y publicó el texto según lo planeado, aunque en ediciones futuras Benedicto XVI fue nombrado solo como «colaborador» y no como «coautor». Mientras tanto, Ignatius, el editor estadounidense, se negó a ceder y confirmó en un comunicado oficial que «la versión en inglés conservaría el nombre de Benedicto XVI como "coautor" y en la portada».

---

[21] Elise Harris, «Resistance amps up as Amazon synod approaches», *Crux Now*, 17 de septiembre de 2019.

[22] Inés San Martín, «Venezuelan cardinal: Synod document strong on ecology, weak on ecclesiology», *Crux Now*, 25 de septiembre de 2019.

[23] Edward Pentin, «Cardinal Sarah's Cri de Coeur: The Catholic Church Has Lost Its Sense of the Sacred», *National Catholic Register*, 23 de septiembre de 2019.

En medio de la tormenta, los vaticanistas se refirieron a los orígenes del libro de Sarah, y algunos incluso llegaron a afirmar que «ambos papas» fueron víctimas de la explotación por parte de las facciones conservadoras y liberales en plena guerra dentro de la Iglesia. Por ejemplo, el experto vaticanista Marco Politi afirmó que «fueron daños colaterales de una guerra abierta y cruenta entre dos bandos en conflicto». Todos sabemos que, a lo largo de su vida, Benedicto ha sido un prolífico escritor, pero muchos dentro y fuera de Roma cuestionaron su capacidad para construir un texto tan detallado a sus 93 años. Sectores conservadores cercanos al cardenal Burke aseguraron que había sido Francisco quien había exigido a Benedicto XVI que retirase su nombre de la portada del libro, pero esto es un rumor más de los miles que circulan en los pasillos vaticanos en tiempos de guerra.

EL SEXO, EL 11-S DEL ORBE CATÓLICO

Otro de los enfrentamientos que se han producido entre los dos papas se originó por el escándalo de los abusos sexuales perpetrados por religiosos. Los conservadores aseguraban que la culpa la tenía la homosexualidad e, incluso, al inicio de su mandato, Benedicto ordenó que se prohibiera la presencia de gais en seminarios y en el sacerdocio. Francisco mantuvo una postura más tolerante. Recordemos su respuesta cuando le preguntaron por la homosexualidad en una rueda de prensa celebrada durante un vuelo: «¿Quién soy yo para juzgar?», se preguntó.

En 2019, Benedicto XVI escribió que «la revolución sexual de la década de 1960 y las "camarillas homosexuales" entre los sacerdotes eran las culpables de los escándalos de sacerdotes pedófilos de la Iglesia», una afirmación que, como cabía esperar, no gustó demasiado a Francisco. Tal y como explica Iacopo Scaramuzzi, autor de *Tango Vaticano. La Chiesa al*

Tempo di Francesco («Tango vaticano. La Iglesia en tiempos de Francisco»), «todas las veces que Benedicto ha intervenido en algún asunto concreto, lo que ha escrito es siempre coherente con lo que piensa, así que esto no me sorprende. Dicen que pudo haber sido manipulado por su séquito, pero él fue quien eligió a ese séquito»[24]. Scaramuzzi dirige sus críticas directamente hacia el arzobispo alemán Georg Gänswein, a quien muchos definen como el «George Clooney del Vaticano» por su elegante apariencia: «No tengo la menor duda de que, en todo este drama, Gänswein ha jugado un papel decisivo. Es un duro conservador y se encuentra en el grupo de oponentes al papa Francisco».

Mientras el periodista y escritor italiano intentaba echar balones fuera, Robert Mickens, el editor en Roma del diario católico *La Croix*, afirmaba en junio de 2022 que «Benedicto nunca se ha desvinculado de "los secuaces" que lo utilizan. No ha sabido o no ha querido», y añade que, desde el primer momento, los «partidarios del ala más tradicional de la Iglesia que no estaban contentos con su renuncia lo presionaron para que mantuviese su voz y opinión en juego. Y, preocupantemente, él ha estado de acuerdo con todo esto. Estamos en esta situación porque no cumplió su promesa de guardar silencio»[25].

Varios de los más importantes vaticanistas han dado su opinión sobre las continuas interferencias del papa emérito sobre asuntos que solo conciernen al papa reinante. Según Marco Politi, autor de *Joseph Ratzinger: Crisis of a papacy* («Joseph Ratzinger: crisis de un papado»), sobre el asunto del celibato los dos papas «siempre han tratado de tener buenas relaciones para no presentar una gran división en la cúpula de la Iglesia,

---

[24] Iacopo Scaramuzzi, *Tango Vaticano. La Chiesa al Tempo di Francesco*, Edizioni dell'Asino, Roma, 2015.

[25] Robert Mickens, «Why Pope Francis could resign», *La Croix*, 10 de junio de 2022.

pero esta es la primera vez que el papa retirado toma partido, y esto es realmente serio». Por otra parte, Joshua McElwee, corresponsal en el Vaticano del *National Catholic Reporter*, dijo que los comentarios de Benedicto XVI sobre el celibato podrían arruinar el movimiento potencial en el Amazonas y dejar muchas preguntas sin respuesta, sobre todo sobre cómo debería ser el papel del papa emérito a partir de entonces[26].

Podría decirse que la discusión sobre el celibato entre seguidores de Francisco y seguidores de Benedicto XVI es una soberana idiotez, principalmente porque el celibato de los curas no se decidió hasta el año 692, durante el llamado Concilio Quinisexto o Trullano, convocado por el emperador Justiniano II, e incluso siguió sin aplicarse hasta mucho después del Concilio de Trento (1545-1563). Mientras, en Europa, la mayor parte de los curas se repartían entre casados y solteros, casi todos los miembros del segundo grupo ni siquiera cumplían el celibato. Lo cierto es que el documento final del Concilio excluía la obligación de la continencia sexual total a presbíteros, diáconos y subdiáconos, pero no a los obispos. Por eso los obispos debían ser elegidos entre los monjes. Se permitió también la ordenación hasta el presbiterado de hombres casados, pero no el matrimonio de clérigos[27].

Una señal clara de la defensa acérrima del celibato por parte de Benedicto XVI llegó justo un año antes de su renuncia, cuando canonizó a Catalina Tekakwitha, una mujer católica de la comunidad iroquesa, hija de un jefe mohawk y de una india algonquina cristiana, que decidió hacer un voto privado de virginidad perpetua o «virginidad consagrada».

La verdad es que las escenas de la película *Los dos papas* en las que los dos pontífices aparecen comiendo *pizza* en la Sala de

---

[26] Catherine Pepinster, «Ex-pope Benedict XVI blames sexual abuse on swinging sixties», *Associated Press*, 11 de abril de 2019.

[27] Eric Frattini, *Los papas y el sexo*, ob. cit.

las Lágrimas, viendo juntos la final de la Copa del Mundo de 2014 entre Alemania y Argentina, o bailando juntos un tango no son más que un ficticio e ideal retrato de cómo un papa conservador es capaz de entender a un papa liberal, y viceversa. En la vida real, la relación entre ambos pontífices poco ha tenido de amigable. Como mucho, podríamos dejarlo en una «relación cordial».

Varios vaticanistas calificaron el análisis de Benedicto sobre el celibato como «catastróficamente irresponsable y abiertamente en conflicto con los esfuerzos de su sucesor para sacar a la Iglesia de su crisis». «¿Por qué la pedofilia alcanzó tales proporciones? En última instancia, la razón es la ausencia de Dios», escribió Benedicto en un ensayo de 6.000 palabras publicado en el mensual alemán *Klerusblatt*, en la *Agencia Católica de Noticias* y en otros medios cercanos al grupo de cardenales conservadores y anti-bergoglianos. Así era fácil que el fuego de la discordia se extendiese. El papa emérito marcó el inicio de la crisis en la década de 1960 citando la aparición del sexo en diversas películas y la formación de «camarillas homosexuales que actuaron más o menos abiertamente y cambiaron significativamente el clima de los seminarios». También lo atribuyó a graves fallos en la teología moral de la época[28].

Benedicto criticaba también las leyes de la Iglesia que otorgaban protección indebida a los sacerdotes acusados de haber cometido abusos sexuales. En las décadas de los años ochenta y noventa afirmó que «el derecho a la defensa [para los sacerdotes] era tan amplio que hacía casi imposible una condena». Siendo aún cardenal, Ratzinger encabezó las más serias reformas de esas leyes con el fin de facilitar la destitución de religiosos que habían abusado de niños y seminaristas. Benedicto adoptó una «línea dura» contra el abuso sexual clerical como jefe doctrinal conservador del Vaticano y luego como papa, ex-

[28] Angela Giuffrida, «Former pope Benedict admits making false claim to child sexual abuse inquiry», *The Guardian*, 24 de enero de 2022.

pulsando a cientos de sacerdotes acusados de violar y abusar de niños[29]. Sin embargo, Francisco ha ido aún más lejos, ya que desde el comienzo ha culpado del escándalo y de la protección de los clérigos abusadores a «una anquilosada cultura clerical en la Iglesia que eleva a los sacerdotes por encima de los laicos»[30].

LAS INTROMISIONES DE BENEDICTO

Cuando Benedicto XVI renunció en febrero de 2013 dijo que dedicaría el resto de su vida a la penitencia y la oración, dejando a Francisco al mando de la Iglesia. En la introducción del polémico ensayo supuestamente coescrito con el cardenal Robert Sarah, afirmó «que Francisco y el secretario de Estado del Vaticano [Pietro Parolin] le habían dado permiso para publicar». Christopher Bellitto, importante historiador de la Iglesia, cuestionó que Benedicto XVI estuviera siendo manipulado por otros y añadió que el ensayo escrito por Benedicto omitía las conclusiones que surgieron de la cumbre sobre abuso sexual del papa Francisco en Roma, incluyendo la que dice que «los abusadores eran sacerdotes a lo largo del espectro ideológico, que el abuso era anterior a la década de 1960, que era un problema global y no simplemente occidental, y que la homosexualidad no era el tema de la pedofilia». «Es catastróficamente irresponsable, porque crea una narrativa contraria a cómo Francisco está tratando de avanzar con base en la cumbre de 2019. El ensayo esencialmente ignora lo que aprendimos allí», aclaró Bellitto[31].

---

[29] Eric Frattini, *Los papas y el sexo*, ob. cit.

[30] José Lorenzo, «¿Contradice Benedicto XVI a Francisco en su postura sobre los abusos?», *Vida Nueva*, 12 de abril de 2019.

[31] Joshua J. McElwee, «Benedict removes name from book on celibacy after dispute over his involvement», *National Catholic Reporter*, 14 de enero de 2020.

Estaba claro que dos papas en el Vaticano —aunque uno esté jubilado y asegure ser sumiso al pontífice reinante— son demasiados. Siglos atrás, hasta cuatro papas se disputaron el Trono de Pedro, aunque entonces el asunto se solucionaba a punta de espada, con frascos de veneno o con el encierro de la población en sus casas cuando las familias nobles de Roma se peleaban para alcanzar el liderazgo en el Vaticano. Sin embargo, desde 2013 se han producido diversos roces entre Francisco y Benedicto XVI, por lo que, probablemente, debido a la mayor duración de la vida en la actualidad, será necesario que el Vaticano regule legalmente cuál ha de ser el papel de un papa «dimitido», un asunto no previsto por el derecho canónico ni por la constitución vaticana.

Benedicto XVI se ha plegado ante quienes se oponen a la visión de Francisco sobre la modernidad en la vida en general y en el papado en particular. Antes de ser elegido, Joseph Ratzinger frecuentó universidades, escribió libros y dio conferencias en los círculos más ultraconservadores de los republicanos estadounidenses, mientras, como ya hemos dicho, Bergoglio viajaba en metro a las periferias de Buenos Aires y vivía en un pequeño apartamento donde se cocinaba su propia cena. Pero no nos engañemos: Francisco es un buen combatiente y un poderoso contrincante, y sabe cómo utilizar sus armas. Para muchos vaticanistas, Ratzinger y los suyos (Burke, Sarah, Müller, Gänswein y otros) no son enemigos tan poderosos para el papa reinante, aunque sí son ciertamente molestos.

Las «gargantas profundas», los proveedores de susurros anónimos que corren por los pasillos vaticanos son los mismos que describen la Santa Sede como «un océano de maledicencia». Pero los sectores proratzingerianos y antibergoglianos no tienen el menor reparo a la hora de acusar a Francisco de ser «blando con los homosexuales, las lesbianas y los transexuales. ¿Cómo se atreve a criticar a la curia? Nos acusa de padecer alzhéimer espiritual porque su papado se desmorona», afirman amplios sectores de la curia anti-Bergoglio[32]. Se dice que a Benedicto XVI le enfadó la reprimenda que Francisco soltó a los cardenales en 2015 por la «grave enfermedad» que suponían los «rumores». El pontífice advirtió a los suyos: «Hermanos, estemos en guardia contra el terrorismo de las habladurías». Tenía sentido que el papa reprendiera a los chismosos, porque con frecuencia él es el blanco de sus afiladas lenguas y envenenados comentarios[33].

El detalle que hace que este cisma en la Iglesia sea más serio y peligroso de lo que muchos creen es el hecho de que los dos papas que coexisten son residentes en el pequeño Estado del Vaticano, que cada uno de ellos cuenta con sus fieles seguidores y que cada cual cuenta con un grupo de acérrimos agitadores dispuestos a lo que sea por defender a su líder. El pontífice que ostenta el cargo es Francisco, pero Benedicto se niega a desaparecer del escenario. Y lo cierto es que la indignación de los conservadores por la forma en la que el papa gestiona los abusos sexuales ha ido en aumento.

Está claro que Francisco se ha esforzado mucho más que Juan Pablo II o Benedicto XVI a la hora de reconocer que la Iglesia tenía una vergonzosa responsabilidad en los escándalos que surgieron en todo el mundo. Aun así, la tendencia de Francisco a la empatía le ha llevado a cometer graves errores de cálculo. En agosto de 2018, un tribunal de Pensilvania dispuso que existían pruebas suficientes de que importantes líderes de la Iglesia encubrieron los abusos de forma continuada y que entre esos líderes se encontraba el cardenal Donald Wuerl, arzobispo de Washington. Francisco reaccionó de forma inmediata aceptando la renuncia de Wuerl, pero, al mismo tiempo, lo ensalzó por su «nobleza» y le rogó que siguiera al frente

---

[32] Josephine McKenna, «Vatican bureaucracy has 'spiritual Alzheimer's'», *Religion News Service*, 22 de diciembre de 2014.

[33] John Cornwell, «Benedicto XVI vs. Francisco I: la guerra oculta que divide al Vaticano», ob. cit.

de su archidiócesis hasta que le encontraran sustituto. Incluso con un buen número de pruebas en su contra, el pontífice lo nombró el 12 de octubre de 2018 administrador apostólico de Washington, aunque lo cesó siete meses después.

Otra situación que provocó reacciones contrarias al papa Francisco tuvo lugar a principios de 2018, cuando el sumo pontífice defendió a varios obispos chilenos acusados de encubrir abusos, pero se vio obligado a cambiar de opinión cuando un informe de más de 2.000 páginas encargado por él mismo dejó claros varios comportamientos encubridores por parte de la jerarquía eclesiástica chilena.

Sin embargo, la escisión entre los fieles a Francisco y los insurgentes de Benedicto amenaza con provocar el mayor cisma en la Iglesia católica desde la Reforma del siglo XVI, cuando Martín Lutero y otros reformadores encabezaron la revuelta protestante contra el Vaticano. Tal y como asegura Diarmaid MacCulloch, profesor de Historia de la Cristiandad y de la Iglesia en Oxford, «que haya dos papas es la mejor manera de que se produzca un cisma»[34].

Debido a las posiciones contrapuestas de los dos pontífices, los católicos se encontraban ante el dilema de, o bien observar la ortodoxia ferviente que defiende Benedicto, o bien aceptar la versión humanística y amable que predica Francisco. Francisco o Benedicto, esa es la cuestión. Pero, sin duda, muchos creyentes se preguntaban: ¿por qué Ratzinger decidió retirarse con la sotana blanca, como si aún fuera papa?, ¿por qué se dejó tratar como «su santidad»?, ¿por qué se prestó a firmar textos que ponían en discusión cuanto estaba haciendo su sucesor? A sus 95 años, era difícil que Benedicto respondiese a estas cuestiones, pero a buen seguro seguiría dando argumentos a quienes llevaban mal el aperturismo de Jorge

---

[34] Harriet Sherwood, «After 500 years of schism, will the rift of the Reformation finally be healed?», *The Observer*, 30 de octubre de 2016.

Mario Bergoglio. La lista de discrepancias era larga y, aunque el fuerte carácter del argentino y el inmovilismo del alemán podrían ser motivo de muchas de ellas, lo que se puso de manifiesto era el enfrentamiento entre dos claros modelos de Iglesia: la que, por simplificación, podría llamarse «ortodoxa» —anclada en una doctrina inmutable— y la que consideraba que el catolicismo era una religión en evolución, tesis sostenida desde siempre por los jesuitas, de los que Jorge Mario Bergoglio formaba parte. La cuestión ahora es qué clase de Iglesia saldrá elegida en el próximo cónclave.

7

CURIA, LA LEPRA DEL PAPADO

[...] Siempre se habla del oro del Vaticano, pero eso es un museo. También hay que distinguir el museo de la religión. Una religión necesita dinero para manejar sus obras, y eso se hace a través de instituciones bancarias. No es ilícito. El tema es el uso que uno hace del dinero que recibe en calidad de limosna o contribuciones. El balance vaticano es público, siempre da déficit: lo que entra en donaciones o por visitas a museos va a leprosarios, a escuelas, a comunidades africanas, asiáticas, americanas.

Estas declaraciones las hizo el papa Francisco cuando aún era arzobispo de Buenos Aires, durante una conversación con su amigo el rabino Abraham Skorka, director del Seminario Rabínico Latinoamericano. Pero ¿realmente creía lo que decía?[1]

En la catedral de la ciudad italiana de Salerno reposan los restos Gregorio VII (1073-1085) envueltos en un lujoso manto.

---

[1] Jorge Bergoglio y Abraham Skorka, *Sobre el cielo y la tierra. Las opiniones del papa Francisco sobre la familia, la fe y el papel de la Iglesia en el siglo XXI*, Sudamericana, Buenos Aires, 2013.

Bajo su pontificado se redactó el *Dictatus papae*, que no es sino la proclama oficial del absolutismo papal. El texto dice que «solo el pontífice romano puede ser llamado, en justicia, universal. Solo él puede utilizar las insignias imperiales. Su nombre es único en el mundo, sus sentencias no pueden ser retractadas por nadie y solo él puede retractar a todos». El papa Pío IX (1846-1878), en su encíclica *Pastor eternus*, impuso el dogma que dice que el sumo pontífice habla ex cátedra en cuestiones de fe o costumbres, goza de infalibilidad «y tales definiciones del romano pontífice son por sí mismas, y no por consenso de la Iglesia, irrefutables». Es decir, quien desafíe al poder papal puede ser excomulgado.

Para muchos pontífices, la infalibilidad ha sido una pesada carga. La idea de una cabeza de la Iglesia católica que jamás se equivoca está profundamente arraigada, aunque en los dos últimos papados algunos miembros de la curia la han puesto en cuestión. Cuando se produjo la renuncia de Benedicto XVI, el cineasta Ermanno Olmi publicó la «Carta a una Iglesia que se ha olvidado de Jesús», donde describía así a la institución:

> [La Iglesia es como una] madre distraída, más atenta a los fastos del ceremonial, apegada a los bienes temporales, sacudida por los escándalos y las intrigas, olvidada de la primavera del Concilio Vaticano II. [...] ¿Y del pobre de Asís qué hemos aprendido y descuidado? ¿Eres tú, en verdad, Iglesia católica, la casa abierta no solo para los cristianos obedientes, sino también para aquellos que buscan a Dios con libertad, más allá de dudas? Muéstranos, Iglesia, que quieres más que nadie a los débiles, que son más numerosos, y vienen al mundo solo para morir[2].

Solo dos años antes, en 2011, otro famoso director de cine, Nanni Moretti, dirigió la película *Habemus papam*, en la que

---

[2] Ermanno Olmi, *Lettera a una Chiesa che ha dimenticato Gesù*, Casale Monferrato, Piemme, 2013.

se cuenta cómo el cardenal Melville (Michel Piccoli) es elegido papa en un cónclave pero se niega a «reinar» tras sufrir un ataque de pánico justo antes de salir al balcón de San Pedro. Melville se expresa con las siguientes palabras: «En este momento la Iglesia necesita un conductor con la fuerza para producir grandes cambios, que busque el encuentro con todos, que tenga hacia todos amor y capacidad de comprensión»[3]. El paralelismo con el punto de vista de Francisco resultaba evidente, más aún cuando, en agosto de 2013, el papa hizo estas declaraciones al director de *La Civiltà Cattolica*, Antonio Spadaro:

> Veo con claridad que lo que la Iglesia necesita con mayor urgencia hoy es una capacidad de curar heridas y dar calor a los corazones de los fieles, cercanía, proximidad. Veo a la Iglesia como un hospital de campaña tras una batalla. ¡Qué inútil es preguntarle a un herido si tiene altos el colesterol o el azúcar! Hay que curarle las heridas. Ya hablaremos luego del resto. Curar heridas, curar heridas... Y hay que comenzar por lo más elemental[4].

Después de pronunciar estas palabras podemos imaginar lo que el pontífice sintió cuando descubrió que se habían desviado 438.000 euros —en principio destinados a la construcción de un hospital infantil— para reformar el lujoso apartamento de 400 metros cuadrados y la azotea del cardenal Tarcisio Bertone en la Santa Sede. ¿Qué debió de pensar Francisco de la mansión de 1,9 millones de euros que el arzobispo estadounidense Wilton Gregory se construyó en Atlanta en 2014?[5]

---

[3] Nanni Moretti, *Habemus papam*, 2011.

[4] Antonio Spadaro, «Entrevista al papa Francisco», *La Civiltà Cattolica*, 19 de agosto de 2013.

[5] Al parecer, Francisco ordenó al cardenal Wilton Gregory que pidiera perdón y que la vivienda fuera vendida y los fondos destinados a un asilo de ancianos sin recursos. De todas formas, seis años después del escándalo el propio papa le concedió la púrpura cardenalicia.

¿Y cuando supo que el obispo alemán Franz-Peter Tebartz-van Elst se había gastado 37,7 millones de euros en unas «pequeñas» reformas de su residencia?[6]... El clérigo alemán había desembolsado 15.000 euros para hacerse una bañera, 350.000 para cambiar el alicatado y 783.000 en la instalación de un jardín «mariano». Por si fuera poco, el *Frankfurter Allgemeine Somntagszeitung* descubrió que monseñor Tebartz-van Elst había fraccionado el presupuesto en diez proyectos diferentes con el fin de saltarse los controles financieros del Vaticano. Pero sigamos... ¿Qué debió de sentir Francisco cuando, el 31 de julio de 2013, tuvo que cesar al obispo de Maribor (Eslovenia), Marjan Turnsek, y al de Liubliana, Anton Stres, tras causar un *crack* financiero de casi 800 millones de euros en sus diócesis? ¿Y cuando dos días antes, el 29 de julio de 2013, se vio obligado a destituir al arzobispo de Yaundé (Camerún), Simon-Victor Tonyé Bakot, tras recibir varias denuncias por mala gestión de los fondos de la Iglesia?[7]

En 1963, poco después de ser elegido sumo pontífice, Pablo VI escribió:

> La sensación de soledad se vuelve completa y abrumadora. Mi deber consiste en trazar planes: decidir, asumir toda la responsabilidad de guiar a los demás, incluso cuando esto parezca algo ilógico y puede que hasta absurdo. Y sufrir a solas... Solo estamos Dios y yo.

Quizá Francisco pensó también sobre la solitaria carga que tendría que soportar al hacer frente a casos como los de Bertone, Gregory o Tebartz-van Elst. Y eso que aún no había comenzado a escarbar en las oscuras y putrefactas finanzas vati-

---

[6] El obispo Franz-Peter Tebartz-van Elst fue obligado a dimitir como obispo de Limburg el 26 de marzo de 2014.

[7] Marco Politi, *Pope Francis Among the Wolves: The Inside Story of a Revolution*, ob. cit.

canas... «Reformar Roma es como querer limpiar la esfinge de Egipto con un cepillo de dientes», había dicho Francisco en cierta ocasión.

Durante los ocho años que duró el papado de Benedicto XVI, este tuvo que presenciar la aparición de lo que él mismo denominó «la suciedad» de la curia. Se filtraron muchos documentos en los que quedaban al descubierto episodios de corrupción y tramas de lavado de dinero, e incluso salieron a la luz informaciones sobre extensas redes de prostitución en el Vaticano. De hecho, en 2010 un miembro del coro de la basílica de San Pedro fue despedido por haberle conseguido prostitutos —entre los que se encontraba un seminarista— a un camarero papal[8].

En un artículo publicado en *Famiglia Cristiana* se explicaba que la renuncia de Benedicto XVI «debía relanzar a la Iglesia para que esté al servicio de la humanidad, en el espíritu de apertura y dentro del diálogo iniciado por el Concilio Vaticano II y para ofrecer palabras de verdad y esperanza a los hombres de hoy». Y no era un simple deseo, sino una clamorosa petición que llegaba desde diferentes sectores católicos, eruditos e intelectuales autorizados que seguían mirando a la Iglesia como una luz de valores capaz de guiar a la sociedad por un nuevo camino. Y no olvidemos que incluso el todopoderoso Angelo Sodano llegó a declarar, justo antes del inicio del cónclave de 2013, que «todos nosotros estamos llamados a cooperar con el sucesor de Pedro, fundamento visible de la unidad eclesial».

En efecto, Francisco se encontró con una gran carga sobre sus espaldas. La obra de limpieza estaba en marcha —la había iniciado Benedicto—, pero se trataba de limpiar, y a fondo, todas las estancias, una tarea que en absoluto le resultaría fácil al papa argentino.

---

[8] Eric Frattini, *Los cuervos del Vaticano. Benedicto XVI en la encrucijada*, ob. cit.

El apego al dinero aleja de Dios

Francisco habla constantemente contra los robos, los sobornos y los evasores de impuestos. También contra la idolatría del dinero, como en la misa que dio en la capilla de Santa Marta el 20 de septiembre de 2013:

> El apego al dinero aleja de Dios. El dinero enferma el pensamiento, aparta de la fe [...]. Esto sucede también en la Iglesia. El amor al dinero hizo cometer pecados a sacerdotes y obispos. Y si la codicia termina dominando, los hombres se vuelven corruptos en su mente y corren el riesgo de considerar la religión como una fuente de ganancias. [...] El Señor nos ayude a todos nosotros a no caer en la trampa de la idolatría del dinero[9].

En este sentido, el cardenal Francesco Coccopalmerio, presidente dimisionario del Pontificio Consejo para los Textos Legislativos, destacó la urgencia de conseguir una mayor conexión entre el papa y los líderes de los dicasterios: «Es necesario que haya un mayor acceso y un intercambio de opiniones constante con el pontífice». De hecho, como ya dijimos, una de las peticiones del Colegio Cardenalicio fue la instauración de las llamadas «audiencias de *tabella*», que no eran sino unas reuniones informales a las que podían acceder no solo los prefectos de las congregaciones, sino también los secretarios para informar directamente al sumo pontífice sobre problemas concretos y adoptar decisiones rápidas. Estas audiencias, creadas durante el pontificado de Benedicto XVI, quedaron suspendidas en 2006 tras la llegada de Tarcisio Bertone a la Secretaría de Estado, que se convirtió en el irremediable «filtro» —para muchos, una barrera infranqueable— que había que pasar para hablar con Benedicto XVI.

---

[9] Francisco, misa matutina en la capilla de Santa Marta, 20 de septiembre de 2013.

Coccopalmerio pidió recuperar las audiencias de *tabella* para lograr una mayor coordinación y un intercambio de información e ideas más fluido. También propuso que las relaciones entre la Santa Sede y las conferencias episcopales fueran más estrechas: «Ya es hora de actualizar la *Pastor Bonus*, la constitución apostólica con la que en 1988 Juan Pablo II reformó la curia», dijo. Estaba claro: el primer caballo de batalla del papa argentino —más aún tras la explosión del «caso Vatileaks»— era la reforma de la curia[10], que, más que aparato de gobierno, es una corte cuyos poderes e influencias se mueven entre las largas sombras de los «favoritos».

La sentencia al traidor Paolo Gabriele por el «caso Vatileaks» podía sonar a cierre en falso si Francisco no llevaba a cabo la reforma que la curia necesitaba y que una buena parte del Colegio Cardenalicio exigía. Recordemos que Benedicto XVI dejó a Francisco el famoso «libro negro», que es como los vaticanistas llamamos al informe sobre el caso redactado por los cardenales Julián Herranz, Salvatore De Giorgi y Jozef Tomko, los tres octogenarios. El documento reposaba en el interior de una caja fuerte en el apartamento que Benedicto XVI ocupaba en el Palacio Apostólico, sellado por la Cámara Apostólica y protegido por un retén de la Guardia Suiza, desde que se inició la sede vacante hasta que el cardenal Bergoglio se convirtió oficialmente en pontífice. Podría decirse que cuando Francisco rompió los sellos de la Cámara Apostólica, accedió al apartamento pontificio, abrió la caja fuerte, extrajo el informe —con el sello de «secreto pontificio»— y descubrió los casos de corrupción, se dio por iniciado su gobierno, aunque, como veremos, no su reinado[11]. Solo el papa podía acceder a esos informes, que recogían meses de interrogatorios a

---

[10] Christopher Lamb, *The Outsider: Pope Francis and His Battle to Reform the Church*, Orbis, Nueva York, 2020.

[11] Eric Frattini, *Los cuervos del Vaticano. Francisco en la encrucijada*, ob. cit.

clérigos de todos los niveles, a laicos y a periodistas. Según la prensa italiana, su contenido revelaba profundos problemas en el interior de la curia, pero Benedicto XVI no quiso levantar el secreto y no permitió que los documentos fueran entregados a los cardenales durante las congregaciones previas al cónclave de 2013. Aun así, en la que fue su última decisión como jefe de la Iglesia, estableció que los investigadores podían contestar preguntas y contar lo que habían descubierto en las reuniones de los purpurados.

Las preguntas sobre el contenido del informe se sucedían, y muchos cardenales se quejaron por el silencio impuesto a su alrededor. Por ejemplo, el brasileño Raymundo Damasceno, presidente de la Conferencia Episcopal Brasileña, dijo que no era necesario «entregar el documento a cada uno de nosotros. Conocer el corazón del informe es responsabilidad de la Iglesia. Sobre todo cuando se trata de tomar una decisión tan importante. "Vatileaks" tendrá un peso en las votaciones». Por su parte, el cardenal de Boston, Seán Patrick O'Malley, señaló que «Vatileaks dio titulares durante mucho tiempo. Es importante que los cardenales compartamos la información para tomar esta importante decisión [...] y no creo que vaya a condicionar el cónclave». Según Marco Politi, biógrafo de Juan Pablo II y Benedicto XVI, «el escándalo va a pesar en la definición del tema de fondo que atraviesan las congregaciones: la reforma de la curia. Finalmente va a esculpir el perfil del hombre que buscan, que debe tener la fuerza de llevarla a cabo».

Las 33 intervenciones de los investigadores registradas en las congregaciones generales no entraron en el detalle y tan solo se limitaron a evidenciar que existía un problema de gobierno en el corazón de la Iglesia. Muchos de los documentos filtrados contaban que en la curia había corrupción, opacidad en el Banco Vaticano, luchas entre cardenales y odio hacia el secretario de Estado, Tarcisio Bertone. No había duda de que la situación únicamente se revertiría si se llevaba a cabo una reforma estructural de la institución[12]. «Un cambio no solo de hombres, sino una racionalización cabal», escribió Carlo Marroni, vaticanista del periódico *Il Sole 24 Ore*. El caso es que con la renuncia de Benedicto XVI todos los cargos quedaron anulados y la curia debía volver a ser esbelta y transparente, un ágil instrumento en las manos del papa a salvo de los venenos de los grupos de presión y de las luchas de poder. Este fue uno de los temas centrales de los diálogos mantenidos en las diez congregaciones generales que se celebraron antes del cónclave y uno de los asuntos más importantes que Francisco debía afrontar si no quería que el número de católicos en el mundo (1.285 millones) siga reduciéndose de forma drástica, sobre todo en Latinoamérica.

En diciembre de 2015, Francisco pronunció su tradicional discurso navideño a la curia y no se anduvo con rodeos: acusó a sus miembros de «arrogancia, alzhéimer espiritual, hipocresía típica de los mediocres y un progresivo vacío espiritual que los títulos académicos no pueden llenar». También los criticó por ser servidores del «materialismo vacío» y por la gran «adicción a los chismes y murmuraciones», palabras que nadie desea escuchar en boca de su jefe en la fiesta de Navidad en la oficina.

Sin embargo, cuatro años después la resistencia «pasiva» del Vaticano parecía haber triunfado sobre la energía de Francisco y en febrero de 2022 aparecieron carteles en las calles de Roma que preguntaban: «Francisco, ¿dónde está tu misericordia?», refiriéndose directamente a su «indigno» trato al cardenal Raymond Burke. Las críticas solo podían provenir de los sectores más ultraconservadores del Vaticano, que se negaban a ceder el poder a los reformadores leales a Francisco.

---

[12] Marco Politi, *Joseph Ratzinger: Crisi di un papato*, Editori Laterza, Bari, 2013.

La ofensiva de Bergoglio

La ofensiva de Francisco contra la vieja guardia comenzó cinco días después de su elección, cuando convocó al hondureño Óscar Rodríguez Maradiaga y le ordenó coordinar a un grupo de nueve cardenales de todo el mundo cuya misión sería «limpiar el lugar». Todos fueron elegidos por su energía y porque en el pasado estuvieron en desacuerdo con la forma en que Juan Pablo II y Benedicto XVI dirigieron el Vaticano.

Durante la última década de su vida, las facultades de Juan Pablo II se vieron muy mermadas por la enfermedad de Parkinson y las pocas energías que le quedaban no estaba dispuesto a gastarlas en luchas burocráticas con la curia, que se había vuelto cada vez más poderosa, estancada y corrupta. Se adoptaron muy pocas medidas contra los obispos que acogieron a sacerdotes que abusaban de niños y el Banco Vaticano se hizo famoso por los servicios que ofrecía a los blanqueadores de dinero, como Matteo Messina Denaro, jefe de la mafia siciliana, y a numerosos banqueros rusos sin escrúpulos que limpiaban el dinero de los *vory v zakone*, es decir, de los jerarcas de la mafia rusa.

El proceso de «hacer santos» que Juan Pablo II desarrolló a un ritmo sin precedentes se convirtió también en una estafa monumental y costosa. El periodista Gianluigi Nuzzi estimó que la tarifa (con fecha de 2015) para una canonización era de medio millón de euros por halo[13]. Las finanzas del Vaticano eran un desastre organizativo y nadie estaba interesado en corregirlo. El propio Francisco habló de «una corriente de corrupción continua en el interior de la curia», cuyo estado de putrefacción era ampliamente conocido. Nueve meses después de

---

[13] Gianluigi Nuzzi, *Merchants in the Temple: Inside Pope Francis's Secret Battle Against Corruption in the Vatican*, Henry Holt and Co., Londres, 2015.

asumir el cargo, en noviembre de 2013, Francisco aseguró ante un grupo de monjas que «en la curia también hay gente santa, de verdad, hay gente santa», aunque, poco después, en declaraciones al diario *La Repubblica*, aseguró:

> La curia ve y vela por los intereses del Vaticano, que siguen siendo, en su mayor parte, intereses temporales. Esta visión centrada en el Vaticano descuida el mundo que nos rodea. No comparto esta opinión y haré todo lo posible para cambiarla. [...] Los líderes de la Iglesia a menudo han sido narcisistas, halagados y emocionados por sus cortesanos. La corte es la lepra del papado.

Apuntando en la misma dirección, el cardenal Rodríguez Maradiaga describía así la situación:

> La reforma es irreversible. No hay marcha atrás. El papa me dijo hace tiempo que le pedía al Señor que, cuando le llame, la reforma estuviera concluida. Vivimos en la cultura de la velocidad, pero el Espíritu Santo tiene unos tiempos que no son los nuestros, y el papa va respondiendo según los tiempos y sin prisa, porque la reforma va saliendo adelante. El Espíritu Santo no está de vacaciones, ni echándose la siesta[14].

Para el vaticanista Robert Mickens, la tarea de limpieza de la curia es enormemente compleja precisamente por su carácter piramidal y su férrea jerarquía:

> Lo cierto es que la cultura jerárquica de la curia no puede sino ser un impedimento para una sinodalidad sana, especialmente porque se basa en un modelo piramidal de liderazgo de la Iglesia y lo protege. Agregar no clérigos a las estructuras jerár-

---

[14] Rubén Cruz, «"Me entristece que mis hermanos cardenales pierdan tiempo en buscar herejías en *Amoris laetitia*", dice Maradiaga», *Vida Nueva*, 7 de abril de 2018.

quicas no necesariamente cambiará eso. En cierto sentido, ¿no es esta la justificación del papa para no agregar mujeres al Colegio Cardenalicio de hombres?[15]

Sea como fuere, de lo que no hay duda es que reformar la anacrónica estructura del papado, la curia romana y el paradigma de liderazgo jerárquico de la Iglesia no es nada fácil. E incluso podría pensarse que no será posible hasta que la estructura no se derrumbe por sí sola. «Los papas pasan, pero la curia permanece» es una frase muy oída hoy en día en el Vaticano, y puede que esté cargada de razón.

Paradójicamente, en la Santa Sede todos saben que o Francisco consigue llevar adelante la reforma, o la Iglesia se verá arrastrada a una especie de destrucción[16]. Y, pese a todo, el borrador de la gran reforma de la curia ha sido constantemente torpedeado por un interesado sector del gobierno de la Santa Sede. Por ejemplo, a Domenico Giani, guardaespaldas del papa, jefe de la policía vaticana y uno de los hombres de máxima confianza de Francisco, se la jugaron cuando alguien le acusó de filtrar el nombre de cinco empleados del Vaticano supuestamente acusados de irregularidades financieras. Pese a que el propio papa le recomendó que se mantuviera en su cargo, Giani se vio obligado a dimitir. Más tarde alguien filtró a la prensa que entre 90 y 200 millones de euros procedentes de las limosnas de los fieles habían sido «invertidos» en la compra de un inmueble de lujo en plena *City* londinense. Desde 2015, todos los *think tanks*, wcbs, blogs y redes sociales de personas ultraconservadoras han aumentado su actividad, recogiendo acusaciones de todo tipo contra el papa Francisco: que si el Vaticano está por declarar quiebra técnica, que si

---

[15] Robert Mickens, «Pope Francis has failed to change the 'hierarchicalist' ethos at the Vatican», *La Croix*, 22 de julio de 2022.

[16] John Cornwell, *Church, Interrupted: Havoc & Hope: The Tender Revolt of Pope Francis*, ob. cit.

Bergoglio padece de un tumor cerebral o de colon, que si le falta un pulmón, que si su cadera no resiste más y necesita una silla de ruedas...[17].

Y, mientras tanto, Bergoglio había seguido en su línea, destituyendo a cardenales y obispos, a responsables de la lucha contra el blanqueo de dinero y a otros cargos financieros, algunos vinculados a los sectores más conservadores del Partido Republicano estadounidense, que no aceptaban a un pontífice que no perdía ocasión para criticar a una economía de mercado que mata, que crea desechos humanos e inmigración ilegal, que priva de derechos a otros y que organiza guerras para enriquecerse.

Lo que los «hombres del papa» no sabían era que la reforma que le pedían a Francisco era una labor ingente y, como tal, necesitaba tiempo. Mucho tiempo. Como bien explica el periodista Emiliano Fittipaldi en su libro *Avarizia. Le carte che svelano ricchezze scandali es segreti della Chiesa di Francesco* («Avaricia. Los documentos que revelan las fortunas, los escándalos y secretos del Vaticano de Francisco»), se trata de una lucha desigual que, teniendo en cuenta las experiencias pasadas, resulta doblemente dificultosa: todas las tentativas de reforma interna que quisieron llevar a cabo la mayor parte de los papas del siglo XX no obtuvieron ningún éxito. ¿Quizá las cosas cambiarían con Francisco? ¿Quizá él sí podría alcanzar el objetivo de limpiar la curia?

A quienes intentaban sabotear las reformas, Francisco siempre les decía que «el cardenal entra en la Iglesia de Roma, no en una corte. Evitemos intrigas, habladurías, camarillas, favoritismos, preferidos», precisamente las situaciones con las que debía convivir a diario el maltés Alfred Xuereb, fiel secre-

---

[17] Marco Politi, *Pope Francis Among the Wolves: The Inside Story of a Revolution*, ob. cit.

tario del papa[18] que sabía que la política fiscal de la Santa Sede ha creado verdaderos monstruos entre la curia. El propio sistema fiscal autorizado por el *Governatorato* del Estado del Vaticano es lo que ha ayudado a corromper el propio corazón de la Santa Sede. Ejemplo de esto serían las «exenciones fiscales» que permiten a los funcionarios y a los miembros de la curia adquirir cualquier tipo de bienes y servicios dentro del Vaticano sin tener que pagar impuestos por ello. La única condición que pone el *Governatorato* es que dichos bienes —desde una aspirina hasta un litro de gasolina— sean consumidos dentro de los muros de la Santa Sede.

Gianluigi Nuzzi, en su magnífico *Merchants in the Temple: Inside Pope Francis's Secret Battle Against Corruption in the Vatican* («Mercaderes en el templo: la lucha secreta del papa Francisco contra la corrupción en el Vaticano») explica esta situación con un caso concreto. Un monseñor de la curia, aprovechando su «exención fiscal», decidió adquirir 23 ordenadores portátiles, para un departamento del Vaticano no especificado, que estaban exentos de IVA. Cuando monseñor recibió la mercancía la puso en venta en Italia, cargándole el correspondiente 20 % de IVA, que, por supuesto, nunca ingresó en las arcas fiscales de Italia ni de ningún otro país de la Unión Europea. Se calcula que monseñor pudo obtener un beneficio cercano a los 9.000 euros. Un auténtico fraude. ¿Nadie hizo preguntas?, ¿nadie alertó a ninguna autoridad económica de la Santa Sede de la cantidad de ordenadores adquiridos?, ¿nadie informó sobre esta operación?... Los miembros de la Comisión Pontificia de Referencia sobre la Estructura Económico-Administrativa de la Santa Sede (COSEA), dirigidos por el maltés Joseph Zarah, redactaron un informe para alertar sobre este tipo de situaciones, afirmando que «un individuo podría adquirir cualquier producto y consumirlos fuera

---

[18] *Ibid.*

del Vaticano o directamente venderlos en Italia sin control alguno, lo que implica un considerable riesgo para la reputación de la Santa Sede»[19]. Los auditores —de los que hablaremos en detalle en el siguiente capítulo— alertaron a Francisco sobre la posibilidad de que la reputación política y diplomática del Vaticano se viera afectada si estos casos salían a la luz y la incisiva prensa italiana se hacía eco de ellos. Nuzzi destaca que, por ejemplo, en el año fiscal de 2012, se registraron —según la autoridad competente del *Governatorato*— 598 declaraciones de salida de bienes y 1.782 de entradas desde Italia. Por el contrario, la Guardia di Finanza de Italia revela que en el mismo periodo se registraron solo 13 declaraciones de entrada de bienes desde el Vaticano y solo cuatro de salida de bienes desde Italia. Sin duda, uno de los dos miente, pero ¿quién? La COSEA elevó una recomendación al papa Francisco, indicándole que «el único camino a seguir es el mejoramiento de la política fiscal para reducir el riesgo de que la Santa Sede sea declarada por las autoridades europeas un paraíso fiscal, con las consecuencias que ello podría acarrear».

Pero lo que en un principio eran tan solo miedos y dudas se hizo realidad cuando, el 20 de mayo de 2014, la Fiscalía de Roma investigó a una productora de televisión, Lux Vide, vinculada con un delito fiscal supuestamente cometido por el exsecretario de Estado, el cardenal Tarcisio Bertone, en el marco de otra investigación abierta al IOR por supuestas violaciones de la normativa contra el blanqueo de capitales. La operación estaba dirigida por los fiscales romanos Nello Rossi, Stefano Rocco Fava y Stefano Pesci, y desarrollada por la unidad especial de la policía monetaria de la Guardia di Finanza (policía de delitos fiscales y de frontera). Durante las pesquisas, las autoridades se encontraron con que el Banco Vaticano estaba interesado en formar parte del accionariado de la productora,

---

[19] Informe COSEA del 18 de febrero de 2014.

lo que llevó a investigar sus operaciones. Descubrieron que la empresa era propiedad de una persona muy cercana a Bertone, pero, tal y como señalaron los medios de comunicación italianos, la Fiscalía romana no estaba haciendo ninguna investigación concreta sobre Bertone. Fue el rotativo alemán *Bild* el que informó de que la Autoridad de Información Financiera (AIF) del Vaticano estaba investigando al que fuera secretario de Estado del Vaticano durante el pontificado de Benedicto XVI por una presunta malversación de 15 millones de euros, que habrían ido a parar a la productora Lux Vide. La información fue rápidamente desmentida por el propio Bertone y por el portavoz de la Santa Sede, Federico Lombardi, pero el daño a la reputación de la Santa Sede ya estaba hecho.

Joseph Zahra, presidente de la COSEA, alertó a Francisco de que si la Santa Sede no conseguía normalizar la política fiscal de la curia la situación acabaría en los tribunales de Roma y en las portadas de la prensa italiana. En sus propias palabras, «a nadie le interesa ver a un alto miembro de la curia, cardenal u obispo, en un banquillo italiano por haber cometido un delito fiscal. Si esto ocurriese, la principal perjudicada sería la propia Santa Sede. No puede suceder ningún otro caso más como el de Balducci», en referencia al funcionario del Ministerio de Obras Públicas italiano que utilizó el IOR para esconder dinero recibido ilegalmente. Este caso dio lugar a una doble investigación —por parte de las autoridades vaticanas y de las italianas—, pero los fiscales italianos Nello Rossi y Stefano Rocco Fava se encontraron con que no podían intervenir en el Banco Vaticano porque, a todos los efectos, era una entidad extranjera. De hecho, no se descartó una rogatoria internacional para investigar los fondos fraudulentos de Balducci.

Marco Ansaldo, periodista del diario *La Repubblica*, afirmaba que, desde 2004,

[...] cerca de 180 millones de euros circularon en tan solo dos años [desde Italia al Vaticano] sin que se haya informado sobre la identidad de los autores de estas transacciones. En las operaciones de supuestos miembros de la curia romana y que realizó el IOR con los institutos de crédito italianos no aparece casi nunca la persona física o jurídica de los intervinientes. Según la legislación italiana y los fiscales, se podrían haber infringido hasta tres de las obligaciones de los intermediarios financieros: identificación de quien hace una transacción, registro de los datos en un único archivo informatizado y comunicación de operaciones sospechosas a los países involucrados. Francisco, alertado por la COSEA, necesitaba regular la situación fiscal tanto de los miembros de la curia como de los 836 ciudadanos vaticanos, incluido el propio papa[20].

Francisco, siguiendo las recomendaciones de la COSEA y de los auditores de Ernst & Young, podría estar pensando en una medida sin precedentes: la creación de una especie de IVA para todos aquellos bienes adquiridos en el interior de la Santa Sede, lo que exigiría una reforma urgente... El pontífice sabía que, si se aplican impuestos a los bienes adquiridos en el Vaticano, podría acabarse de una vez por todas con uno de los mayores gérmenes de corrupción entre los altos miembros de la curia romana, entre los cuales la medida —o el rumor de la medida— fue recibida con escepticismo, sorpresa y absoluto rechazo. Si se aprobase la medida sería el fin de los beneficios fiscales y, sin duda, afectaría a las ventas en los locales comerciales del Vaticano y, por supuesto, a quienes obtienen turbias ganancias en ello. Muchos amigos —y, sobre todo, enemigos— se preguntaban si lograría el papa crear un nuevo régimen fiscal con impuestos a los productos vendidos en el interior del Vaticano, o si la Santa Sede seguirá siendo un «paraíso fiscal» en pleno corazón de Europa.

---

[20] Marco Ansaldo, «Chi e perché rema contro Bergoglio», *La Repubblica*, 12 de marzo de 2014.

El informe de la COSEA del 18 de febrero de 2014 se preguntaba:

> ¿Todas estas actividades comerciales son necesarias? Perfumería, ordenadores, tabaco, gasolina, ropa, tabaco. Los auditores recomiendan al papa: «Es necesario examinar las actividades comerciales y culturales para reducir el riesgo financiero y de reputación, y ponerlas en sintonía con la misión de la Iglesia. Es necesario cesar toda aquella actividad que perjudique la imagen de la Santa Sede»[21].

Como consecuencia, Francisco ordenó de forma inmediata el cese absoluto de todos aquellos comercios «inapropiados», y exigió mejorar aquellos que podían reforzar la imagen de la Iglesia, como la filatelia, la numismática o los *souvenirs*. El vaticanista Marco Ansaldo hizo pública en el diario *La Repubblica* una carta, fechada el 26 de marzo de 2014, del padre Fernando Vérgez Alzaga, entonces secretario del *Governatorato*, al cardenal George Pell, hombre de Francisco y nuevo responsable máximo de la economía vaticana. Vérgez, hombre de confianza del pontífice, pertenecía a los Legionarios de Cristo y había sido elevado a cardenal en el consistorio del 27 de agosto de 2022. En la misiva se podía leer lo siguiente:

> [...] 15 % de descuentos en productos alimenticios; 20 % de descuento en 200 paquetes de cigarrillos; 20 % de descuento en ropa o productos textiles; 400 litros mensuales a precio especial: gratis 100 litros y 15 % de descuento en los otros 300; bonos especiales de color blanco para los cardenales para que puedan cargar gasolina en las estaciones de Agip, siempre y cuando circulen en vehículos bajo matrículas SCV (Ciudad-Estado del Vaticano), CV (Ciudad del Vaticano) y CD (Cuerpo Diplomático)[22].

---

[21] Informe COSEA del 18 de febrero de 2014.

[22] Marco Ansaldo, «"Sigarette scontate per i cardinali". Ecco i benefit del Vaticano», *La Repubblica*, 9 de octubre de 2014.

George Pell se quedó perplejo cuando conoció los privilegios de los que disfrutaban sus colegas del Colegio Cardenalicio, pero decidió archivar la carta y no hacerla pública. Ni siquiera se lo comunicó al papa. Sin embargo, alguien la encontró y se la hizo llegar al periodista de *La Repubblica*. Marco Ansaldo, que aseguró que nunca antes había visto fumar a un cardenal, se preguntaba:

> ¿Adónde van a parar todos esos cigarrillos? [...] ¿Pero cuánto fuma un cardenal? [...] En el Vaticano hay quienes aseguran que los cigarrillos son «solo» un pequeño beneficio para los cardenales, que suelen traer estos paquetes como regalo. Para los que no pueden permitírselo, es un buen ahorro, y los cardenales están felices de dar estos regalos. [...] Pero también hay quienes insinúan perversamente que quienes reciben los paquetes luego los revenden en eBay. Finalmente, otros prelados de la curia, la mayoría de ellos, admiten que «nunca pidieron un paquete de cigarrillos o un litro de gasolina». Pero ¿quién fuma, entonces, entre los cardenales de la curia? No hay nombres en el Vaticano. Sin embargo, hay quienes invitan a identificar olfativamente a los que «huelen a humo, quizás incluso solo a pipa o a puro»[23].

Uno de los casos que mejor representa esa «lepra del papado» es el de monseñor Giuseppe Sciacca, secretario general del *Governatorato* desde el 3 de septiembre de 2011. Nacido en Aci Catena, Sicilia, en 1955, Sciacca es profesor, teólogo, canonista y filósofo, pero también un verdadero experto en medrar en la jungla de la curia romana desde 1999, año desde el que ha venido ocupando diferentes cargos en la Santa Sede: prelado auditor del Tribunal de la Rota Romana, obispo titular de Victoriana, secretario general del *Governatorato* de la Ciudad del Vaticano, consultor de la Congregación para la Doctrina de la Fe, auditor general de la Cámara Apostólica y secretario del Tribunal Supremo de la Signatura Apostólica.

---

[23] *Ibid.*

Sciacca tiene una gran afición por las residencias de gran tamaño y, desde su puesto en el *Governatorato*, podía manipular a su antojo el registro de viviendas.

El siciliano residía en un gran apartamento de 190 metros cuadrados en el palacio San Carlo, un elegante y lujoso edificio barroco situado en el Trastevere romano, por el que no pagaba un solo euro de alquiler. Aficionado a la vida social y a las fastuosas fiestas, a Sciacca le parecía que su residencia era demasiado «pequeña» y se planteaba si hacer obras de ampliación o trasladarse a un piso más amplio. Para ello contaba con el apoyo de su jefe directo, el cardenal Giuseppe Bertello, y de su íntimo amigo, el todopoderoso secretario de Estado, el cardenal Tarcisio Bertone. Puesto que en ese momento encontrar una casa más grande era casi imposible en Roma, Sciacca puso sus ojos en la residencia de su vecino, un humilde y anciano sacerdote jubilado que residía con una monja que le atendía. A los pocos días descubrió que el anciano había sido hospitalizado en la Clínica Gemelli en estado grave y que, por tanto, su piso había quedado abandonado. Sciacca llamó entonces a un contratista y le ordenó que derribase el muro que separaba ambas viviendas. Resultado: no solo consiguió un apartamento de 380 metros cuadrados, sino que, además, el entonces secretario general del *Governatorato* se quedó con todos los muebles del sacerdote y ordenó a sus asistentes que metieran en cajas de cartón sus enseres personales. Con lo que no contaba Sciacca era con que el anciano se recuperaría unas semanas después y que decidiera regresar a su casa. Cuando descubrió que el poderoso Sciacca estaba residiendo en ella, optó por no protestar, aunque no lo hizo así la monja que lo cuidaba, que consultó a sus superioras y recomendaron que «mantuviera silencio», pues sabían quién era el okupa y los contactos que tenía con Giuseppe Bertello y Tarcisio Bertone[24].

---

[24] Gianluigi Nuzzi, *Merchants in the Temple: Inside Pope Francis's Secret Battle Against Corruption in the Vatican*, ob. cit.

Entonces la religiosa decidió escribir una indignada carta al papa Benedicto XVI pero este estaba ya en la fase final de su pontificado a la Cátedra de Pedro. Unas semanas después, Ratzinger dimitió, el anciano religioso falleció y Jorge Mario Bergoglio fue elegido sumo pontífice bajo el nombre de Francisco. Giuseppe Sciacca creía haberse salido con la suya, pero no sabía que la carta de la valiente monja había llegado hasta la mesa del nuevo papa. Cinco meses después Francisco destituyó a Sciacca y le dio tan solo tres días para abandonar el palacio San Carlo. La destitución se hizo con tanta rapidez que Sciacca ni siquiera tuvo tiempo de recurrir la decisión. Desde el 24 de agosto de 2013, Sciacca ejerce el cargo de secretario adjunto en el Tribunal Supremo de la Signatura Apostólica.

Con el «corte de cabeza» de monseñor Sciacca, el papa demostró que no estaba dispuesto a ceder ante ningún caso de corrupción, ya fuera un obispo, un laico o un cardenal. «El hacha del sumo pontífice es alargada. Mucho más que su sombra», me dijo hace poco un funcionario de la Secretaría de Estado mientras tomábamos un café muy cerca de la puerta de Santa Ana.

El cardenal Pietro Parolin lo dejó bien claro apenas unos meses después de que Francisco fuese elegido sumo pontífice:

> Se dice siempre que la Iglesia no es una democracia, pero es bueno que en estos tiempos exista un espíritu más democrático en el sentido de una escucha atenta [...]. La conducción colegiada de la Iglesia significa que se puede expresar todas las posiciones. Luego le tocará al papa tomar una decisión[25].

Pero, a pesar de las apreciaciones de su fiel secretario de Estado, el papa Francisco es un «cabeza dura», como lo des-

---

[25] Roberto Giusti, «Cardenal Parolin: "Se dice siempre que la Iglesia no es una democracia, pero es bueno que en estos tiempos exista un espíritu más democrático"», *El Universal*, 8 de agosto de 2013.

cribe un antiguo colega de los tiempos en que aquel era arzobispo de Buenos Aires. En solo un año, el papa comenzó a «limpiar» de «hombres de Bertone» los departamentos vaticanos más importantes. Hay quien lo llama «purgas»; otros, «ejecuciones sumarísimas». Los seguidores de Francisco sencillamente las denominan «designaciones a tiempo» o «alejamientos».

Una de ellas fue la del cardenal Mauro Piacenza (en septiembre de 2013), que entonces ocupaba el cargo de prefecto de la Congregación para el Clero, es decir, en la primera línea de defensa del conservadurismo en la curia. En una de las congregaciones generales precónclave se llegó a hablar de Piacenza como secretario de Estado en el caso de que el brasileño Odilo Pedro Scherer saliese elegido sumo pontífice. Sin embargo, Francisco lo relegó a un cargo menos importante en la Penitenciaría Apostólica, uno de los tres tribunales ordinarios de la Santa Sede. En octubre del mismo año cayó el cardenal Tarcisio Bertone como secretario de Estado, y en enero de 2014, al más puro «estilo Bergoglio», también fue apartado de la Comisión Cardenalicia de Vigilancia del IOR. Junto a Bertone cayeron sus escuderos: el cardenal Domenico Calcagno, presidente de la Administración del Patrimonio de la Sede Apostólica (APSA), y el mencionado cardenal Scherer —el «papable» brasileño— por su estrecha relación con Bertone.

Otro «ejecutado» fue el español Antonio Cañizares Llovera, que ocupaba el cargo de presidente de la Congregación del Culto Divino y la Disciplina de los Sacramentos y un férreo defensor de la dura y estricta línea teológica de Joseph Ratzinger. Fue enviado como arzobispo a una diócesis menor, la de Valencia. También fue «apartado» monseñor Francesco Camaldo, decano de los maestros ceremoniales del papa, que acompañó a Francisco al balcón de San Pedro la noche del 13 de marzo de 2013. Al parecer, Camaldo tenía vínculos estrechos con el *lobby* de Diego Anemone y Angelo Balducci, ambos «caballeros de su santidad» y manchados en diferentes casos de corrupción. Anemone ya había sido investigado en 2010 por la Fiscalía de Perugia por un posible caso de corrupción en el que estuvo implicado el cardenal Crescenzio Sepe, arzobispo de Nápoles. Por su parte, Angelo Balducci era el presidente del Consejo Superior de Obras Públicas y estaba implicado en una enorme y lucrativa red de intereses privados con otros altos funcionarios de Italia y del Vaticano. El papa nombró a monseñor Camaldo canónigo de la Basílica del Vaticano[26].

LA SOLEDAD DEL PODER

Benedicto XVI presenció los esfuerzos de Francisco por sanear las finanzas de la Santa Sede y lograr que el Banco Vaticano rinda cuentas por sus actividades y sus inversiones. También había sido testigo de cómo Bergoglio había llevado a cabo importantes reformas en la burocracia vaticana, eliminando departamentos enteros de la curia con la consiguiente reducción de costes. Seguramente, el papa emérito también leyó las duras palabras que empleó Francisco en el discurso de Navidad de 2017, en el que, como ya vimos, acusó a los miembros de la curia de crear «camarillas e intrigas», algo que calificó de «desequilibrado y degenerado», asegurando, además, que padecían un «cáncer por culpa del cual uno siempre se está mirando a sí mismo». Ahora Benedicto asistía al progresivo distanciamiento entre Francisco y la curia, mientras se destapaban nuevos escándalos de abusos sexuales por parte de religiosos.

El diario *The Times* publicó en 2020, en plena pandemia mundial por la COVID-19, una imagen en la que aparecía Fran-

---

[26] Marco Politi, *Pope Francis Among the Wolves: The Inside Story of a Revolution*, ob. cit.

cisco caminando solo por el Vaticano, sin ningún equipo de seguridad, ni asistentes, ni secretarios. Catherine Pepinster, exdirectora del influyente semanario católico *The Tablet*, escribió en una columna de opinión en *The Guardian* que esa imagen «simboliza el aislamiento del pontífice. [...] Estamos ante un hombre al que le cuesta encontrar aliados o apoyo entre los fieles católicos para llevar a cabo sus atascados intentos de reformar la Iglesia, y que tampoco ha logrado abordar con eficacia la crisis de los abusos»[27]. De hecho, muchos progresistas, a los que ya había decepcionado la tibia actitud mostrada con los curas díscolos, se desilusionaron aún más cuando Francisco dijo que abortar era como «contratar a un sicario».

Alberto Melloni, historiador de la Iglesia y columnista en el *Corriere della Sera* y la RAI, describe a la perfección el Vaticano que se encontró Francisco tras su llegada al pontificado en 2013:

> Una curia cuyo personal heredó la idea de ser el mismo tiempo un centro y un todo. Un ambiente en el cual prospera el afán de hacer carrera, impregnado de adulación y maledicencia, y que se ha hecho posible por una sobrestimación del yo y un desprecio de la dimensión institucional, de la cual se sirve. [...] La degradación se ha agudizado en el tercio de siglo que va desde la elección de Wojtyla a la renuncia de Benedicto XVI[28].

En el Vaticano se cuenta una anécdota que bien podría representar lo que la Iglesia post-Francisco necesita. Un día, el cardenal Oscar Rodríguez Maradiaga, como ya hemos dicho, hombre de máxima confianza del papa, preguntó a Francisco:

---

[27] Catherine Pepinster, «The pope's liberal supporters feel that he's let them down», *The Guardian*, 14 de febrero de 2020.

[28] Alberto Melloni, *Quel che resta di Dio*, Giulio Einaudi Editore, Turín, 2013.

«¿Por qué quiere volver a convocar un sínodo de la familia cuando ya se había celebrado uno en 1980?». El sumo pontífice respondió así:

> Eso fue hace más de treinta años. La familia de entonces ya no existe para la mayor parte de las personas. Hoy hay divorciados, familias homoparentales, familias con un solo progenitor, también el fenómeno de los vientres de alquiler, las parejas sin hijos, las uniones del mismo sexo. [...] Ciertamente, la doctrina tradicional permanecerá, pero los desafíos pastorales exigen respuestas contemporáneas, que ya no pueden provenir del autoritarismo y del moralismo[29].

La descripción que aquí hace Francisco de la familia bien podría aplicarse a todos los desafíos a los que la Iglesia deberá enfrentarse en el próximo medio siglo. Pocos meses antes de la renuncia de Benedicto XVI, el cardenal Carlo Maria Martini se preguntaba:

> La Iglesia se ha quedado atrás doscientos años. ¿Cómo no despierta? ¿Tenemos miedo en vez de coraje? Nuestra cultura ha envejecido, nuestras iglesias resultan grandes, nuestras casas religiosas están vacías, el aparato burocrático de la Iglesia aumenta, nuestras ceremonias y nuestras vestimentas son pomposas. [...] Debemos preguntarnos si la gente escucha todavía los consejos de la Iglesia en materia sexual. ¿La Iglesia es todavía una autoridad de referencia en ese terreno o solo una caricatura en los medios?[30]

Está claro que el papa Francisco corrió el riesgo de quedarse completamente solo, pero también demostró que sabía es-

---

[29] «Entrevista al cardenal Óscar Rodríguez Maradiaga», *Kölner Stadt Anzeiger*, 20 de enero de 2014.

[30] Cardinal Carlo Maria Martini y Georg Sporschill, *Night Conversations with Cardinal Martini: The Relevance of the Church for Tomorrow*, Paulist Press, Nueva Jersey, 2013.

perar para dar el golpe de gracia, un golpe que, quizá, ni siquiera llegase durante su papado. El 27 de agosto de 2022 nombró a 16 nuevos cardenales electores muy cercanos a su pensamiento y puede que, tal vez, entre ellos se encontrase el papa 267.º de la Iglesia católica, que deberá culminar la labor iniciada por Francisco. Quizá los «extrovertidos» puedan esperar, pero la Iglesia no.

8
«CLA-RI-DAD, CLA-RI-DAD» CON LOS GASTOS

Gastos fuera de control, contratos con trampas que nadie lee, proveedores deshonestos que hinchan los precios, aumento de gastos en obras y servicios sin haber entregado antes un presupuesto, realización de tareas de mantenimiento sin necesidad, pagos realizados sin ninguna firma autorizada de la APSA (Administración del Patrimonio de la Sede Apostólica) o por cualquier otro organismo económico de la Santa Sede... Estos son algunos de los muchos obstáculos con los que se encontró Francisco cuando se puso manos a la obra y comenzó su particular proceso de limpieza de las finanzas vaticanas. Sin duda, la administración que había heredado era una patata caliente que debía manejar, y es que, como reconoció el cardenal Agostino Vallini, miembro del Consejo para la Economía del Vaticano, «es cierto que existen administraciones paralelas y estas deben ser combatidas».

En cuanto fue elegido sumo pontífice, Francisco decidió reunir a todos los miembros de la curia relacionados con los departamentos financieros de la Santa Sede: la APSA, el *Governatorato* (del que dependen los Museos Vaticanos, las contratas, el mantenimiento de edificios, etc.), la Prefectura de

Asuntos Económicos (supervisor de la gestión financiera de la Santa Sede), el IOR, responsable de administrar las finanzas destinadas a las obras de religión, y el Óbolo de Pedro, es decir, las aportaciones que los fieles ofrecen al santo padre para hacer frente a las necesidades de la Iglesia y a las obras de caridad en favor de los más necesitados. En resumidas cuentas, el papa necesitaba conocer la situación real de las finanzas vaticanas, pero no sería tan sencillo... Tampoco lo fue para Benedicto XVI y, de hecho, muchos aseguran que fue por ello por lo que tuvo que renunciar.

Los datos sobre las malversaciones de la Santa Sede iban llegando a la mesa de Francisco con cuentagotas. Cuando, en 2012, publiqué *Los cuervos del Vaticano. Benedicto XVI en la encrucijada*, y, un año después, *Los cuervos del Vaticano. Francisco en la encrucijada*, puse al descubierto muchas de las tramas financieras creadas por altos miembros de la curia a las que el papa debía hacer frente. El periodista Gianluigi Nuzzi lo explicó son suma claridad en 2015: «Estos secretos revelados no constituyen una defensa del papa [Francisco], sino un análisis de los graves problemas que afectan a la Iglesia, provocados por una jerarquía eclesiástica y unos *lobbys* enemigos de cualquier cambio»[1]. Ni el trabajo de Nuzzi ni el mío se asientan sobre una base anticlerical; por el contrario, nuestro propósito es aportar algo de transparencia al opaco mundo del Vaticano e informar a los fieles de lo que allí sucede y por qué.

Para muchos, Francisco pretendió llevar a cabo una «revolución dulce pero firme»; sin embargo, lo que en realidad consiguió fue abrir la caja de Pandora. A aquella primera reunión convocada por el pontífice en 2013 asistieron Giuseppe Versaldi, presidente de la Prefectura de Asuntos Económicos de la Santa Sede; Giuseppe Bertello, presidente del *Governatorato*

---

[1] Gianluigi Nuzzi, *Merchants in the Temple: Inside Pope Francis's Secret Battle Against Corruption in the Vatican*, ob. cit.

del Estado-Ciudad del Vaticano, y Domenico Calcagno, presidente de la Administración del Patrimonio de la Sede Apostólica (APSA) y hombre de Bertone. Entre los tres cardenales controlaban casi el 95 % de las finanzas de la Santa Sede, así que comenzaron a sacar los documentos pertinentes sobre sus respectivas áreas... Sin embargo, antes de iniciar la reunión, Francisco expresó su deseo de «reformar la curia de arriba abajo». Versaldi, Bertello y Calcagno miraron a Francisco con incredulidad, aunque no era la primera vez que escuchaban estas palabras en boca de un pontífice. Ya en el mes de abril de 2013, Francisco había creado una «comisión» cuyo propósito era ayudarle a dirigir el gobierno de la Iglesia[2], para lo cual nombró a ocho cardenales (dos europeos, dos sudamericanos, un norteamericano, un africano, un asiático y un australiano) que representarían el afán de descentralización de la Iglesia que el papa pretendía realizar.

Apenas dos meses después, Francisco ordenó la creación de la Comisión Pontificia sobre el IOR, cuyo objetivo era «recoger informaciones sobre el funcionamiento del Banco Vaticano y presentar los resultados al santo padre», tal y como se explicaba en la nota de prensa que emitió el Vaticano. El nuevo Consejo estaba formado por cuatro religiosos y una laica, y lo presidía el cardenal Raffaele Farina, antiguo archivista del Archivo Secreto Vaticano. El segundo al mando era el español Juan Ignacio Arrieta, miembro del Opus Dei y secretario del Consejo Pontificio para los Textos Legislativos, y tras él estaban monseñor Peter Bryan, un experto diplomático; el cardenal Jean-Louis Tauran, presidente del Consejo Pontificio para

---

[2] El «Consejo de los ocho» estaba formado por el cardenal Giuseppe Bertello (Italia), el cardenal Francisco Javier Errázuriz (Chile), el cardenal Óscar Rodríguez Maradiaga (Honduras), el cardenal Seán Patrick O'Malley (Estados Unidos), el cardenal Oswald Gracias (India), el cardenal Reinhard Marx (Alemania), el cardenal Laurent Pasinya (R. D. del Congo) y el cardenal George Pell (Australia).

el Diálogo Interreligioso, y, por último, Mary Ann Glendon, exembajadora de Estados Unidos ante la Santa Sede entre 2008 y 2009, bajo la administración de George W. Bush.

El caso es que la creación de estos dos consejos encendió todas las alarmas en la curia. El 27 de junio de 2013, el papa recibió un informe de dos páginas —clasificado como «subsecreto pontificio»— que supuso un torpedo en la línea de flotación de la Sante Sede. Tan solo el cardenal Giuseppe Versaldi conocía su contenido. A continuación exponemos las principales líneas argumentales del controvertido documento:

> Hay una falta total de transparencia en los presupuestos de la Santa Sede y el *Governatorato*. [...] Solo sabemos que los datos examinados muestran un funcionamiento realmente anómalo, y sospechamos que el Vaticano en su complejidad tiene un serio déficit estructural. [...] La gestión financiera general dentro del Vaticano se puede definir, en la mejor de las hipótesis, como deficiente. [...] Los gastos están fuera de control. Esto se aplica particularmente a los gastos de personal. [...] No hemos logrado identificar líneas claras que podamos seguir en lo referente a las inversiones del capital financiero[3].

El informe terminaba con un párrafo dirigido directamente al papa:

> Sabemos que hemos presentado duros y, en algunos casos, severos consejos y sugerencias. Sinceramente, esperamos que vuestra santidad comprenda que actuamos de este modo motivados por el amor a la Iglesia y el sincero deseo de ayudar y mejorar el aspecto temporal del Vaticano.

Francisco leyó el informe delante de los miembros de la curia. Estaba claro que a partir de ese momento ya nada sería igual.

---

[3] Gianluigi Nuzzi, *Merchants in the Temple: Inside Pope Francis's Secret Battle Against Corruption in the Vatican*, ob. cit.

El pontífice comenzó criticando el aumento desenfrenado del número de funcionarios, que en los últimos cinco años había aumentado un 30 %. El cardenal Calcagno, hombre de la vieja guardia, se excusó diciendo que, en realidad, en el Vaticano no hay un único «departamento de recursos humanos» encargado de seleccionar y controlar las contrataciones, sino 14, atendidos por varios centenares de funcionarios que reportan a los cardenales responsables de cada departamento, lo que hace que se dupliquen, se tripliquen y cuadrupliquen las personas encargadas de realizar un mismo trabajo. «Cla-ri-dad. Cla-ri-dad», dijo Francisco, y añadió:

> Esto se practica en la empresa más pequeña y lo practicaremos también en la Santa Sede. [...] Daré un ejemplo. El presupuesto decía 100 y luego se pagaron 200. ¿Qué pasó? ¿Un poco más? De acuerdo. ¿Pero estaba en el presupuesto o no? Sin embargo, debemos pagarlo... ¡Pues no, no se paga! Que lo paguen ellos... ¡No se paga! Esto para mí es importante. ¡Por favor, disciplina!

Los tres cardenales «económicos» estaban boquiabiertos: jamás un sumo pontífice les había hablado de manera tan poco protocolaria.

Después se dirigió a los miembros de la curia que dirigían los dicasterios, las comisiones y los departamentos. Según Gianluigi Nuzzi, que pudo acceder a las grabaciones de la reunión, Francisco utilizó un tono acusador, sin concesiones e incluso humillante. Las palabras más duras se las dirigió al cardenal Tarcisio Bertone, todavía secretario de Estado, de quien Francisco no se fiaba lo más mínimo[4], pues sabía que todos los

---

[4] Francisco cesaría definitivamente a Bertone como secretario de Estado el 15 de octubre de 2013, el mismo día en el que fue nombrado para el cargo de «número 2» vaticano a monseñor Pietro Parolin. Parolin dejaba el puesto de nuncio papal en Venezuela, en donde había sido muy criticado por la oposición debido a sus estrechas relaciones con el presidente Hugo Chávez. Francisco lo elevó a cardenal el 22 de febrero de 2014.

gastos eran controlados por la Secretaría de Estado. En efecto, cuatro meses después de aquel encuentro, el papa lo apartó de su puesto y en diciembre de 2014 lo cesó como camarlengo de la Cámara Apostólica, cargo que ocupó el cardenal Jean-Louis Tauran[5].

OBJETIVO: SANEAR LA ECONOMÍA VATICANA

Uno de los ejemplos más claros de la mala gestión del Vaticano era la pérdida de casi 50 millones de euros de los 100 millones entregados a UBS (Unión de Banca Suiza), BlackRock (banco estadounidense de inversiones) y Goldman Sachs. Nadie en la Santa Sede se responsabilizaba de la pérdida, por lo que el papa decidió tomar cartas en el asunto: «Manos a la obra», dijo, refiriéndose a que había llegado la hora de contratar a auditores independientes capaces de llegar al fondo del misterioso mundo financiero del Vaticano.

El grupo auditor estaría formado por cinco laicos (cuatro europeos y un canadiense), que debían reunirse cada seis meses con los miembros de la Prefectura para los Asuntos Económicos de la Santa Sede, sobre todo con Giuseppe Versaldi, con el español Lucio Vallejo Balda y con Alfredo Abbondi. Francisco ordenó que las reuniones fueran reservadas, así como los asuntos tratados en ellas, y solo se permitiría el acceso a dos intérpretes y a una taquígrafa, que se encargaría de preparar las actas de cada reunión.

Los cinco expertos eran el maltés Joseph Zahra; el alemán Jochen Messemer, exconsultor en McKinsey; el español Josep

---

[5] El 14 de febrero de 2019, el cardenal Kevin Farrell sustituyó al cardenal Tauran, como camarlengo tras el fallecimiento del francés en 2018. El camarlengo es el «papa en funciones» tras el fallecimiento o renuncia del papa reinante y el responsable de convocar el cónclave y de administrar la Santa Sede hasta el nombramiento del nuevo papa.

Maria Cullell; el italiano Maurizio Prato, y el canadiense John Kyle[6]. Fue este último el que hizo la crítica más dura tras la primera reunión, asegurando que «durante décadas se han hecho más esfuerzos para que el resultado sea prácticamente nulo que para que realmente se pueda sanear la economía de la Santa Sede».

Lo primero que descubrieron los auditores fue que, desde 2010, las recomendaciones y consejos de las diferentes comisiones habían sido completamente ignorados por los cardenales responsables. Esto generó una enorme frustración en todos ellos, y, tras la frustración, comenzaron a llegar las renuncias. Se sabía que, en diciembre de 2010, un grupo de auditores había enviado a Benedicto XVI un grueso informe sobre la mala situación económica de la Santa Sede, pero ni siquiera llegó a la mesa del pontífice. La prensa especializada lanzó diversas conjeturas, pero la más comentada fue la de que el informe había acabado en la mesa del cardenal Tarcisio Bertone, quien lo hizo desaparecer.

El canadiense John Kyle, dirigiéndose directamente al cardenal Versaldi, dijo que, para que la comisión fuera efectiva, «es oportuno que exista un grupo estrechamente cercano al papa Francisco que sepa actuar con decisión y firmeza, y tomar las medidas necesarias contra todos aquellos que no sigan las indicaciones y órdenes dadas». Versaldi se sintió ofendido por el tirón de orejas que acababa de recibir y sus quejas llegaron a oídos del papa, que se limitó a decir que «la Iglesia, para ser creíble, debe ser pobre y la Prefectura debe tener el coraje y el valor de afrontar la problemática del presupuesto». Muchos analistas creen que de este modo le decía a Versaldi que dejara de quejarse y se pusiera a trabajar de verdad[7].

---

[6] http://www.paess.va/content/affarieconomici/es/il-personale/i-collaboratori/i-revisori-internazionali.html.

[7] Gianluigi Nuzzi, *Merchants in the Temple: Inside Pope Francis's Secret Battle Against Corruption in the Vatican*, ob. cit.

El auditor alemán Messemer explicó a los cardenales de la prefectura que el problema era que muchos departamentos de la Santa Sede estaban «completamente desinformados con respecto a criterios y protocolos del presupuesto. A menudo sus presupuestos no coinciden con la realidad». Ni siquiera sabían cuántos departamentos de la curia debían auditar y controlar, por lo que el alemán recomendó «completar y actualizar la lista de todos los departamentos y organismos que dependen de la Santa Sede. [...] Solo así la Prefectura puede efectuar un control financiero efectivo de las realidades económicas y de su funcionamiento»[8].

La auditoría demostró que las normas impuestas por Benedicto XVI y Francisco no se cumplían, o bien porque no se quería, o bien porque no se sabía cómo hacerlo. Y, a modo de conclusión, los expertos dijeron que, que a pesar de haberse introducido un nuevo sistema para toda la administración de la Santa Sede, algunos departamentos tenían su propio equipo contable, que operaba ajeno al sistema central. Por tanto, la Prefectura debía «imponer» el sistema y no solo «recomendar» su uso, ya que la situación podría desembocar en una «anarquía» financiera y contable.

Según Gianluigi Nuzzi, el español Josep Maria Cullell fue el más duro en sus conclusiones:

A decir verdad, la Prefectura no puede permitirse ser indulgente e ingenua, sino que debe establecer las prioridades y hacer respetar el reglamento. [...] De hecho, el presupuesto ya es insostenible dentro del desorden más completo. El Vaticano se ha caracterizado siempre por una suerte de ambigüedad, al igual que en los reinos de taifas, respecto a la definición de una institución precisa que concentre los poderes, gobierne y establezca las prioridades, no solo las referentes al aspecto económico [...]. El IOR podría ser cerrado y sustituido por la APSA. De hecho, el

---

[8] *Ibid.*

IOR tiene poco que ofrecer y podría ser reemplazado por otra institución. Si este instituto se cerrara, podrían resolverse muchos problemas del papa y de la Iglesia de Roma[9].

Al final, los cinco auditores internacionales estuvieron de acuerdo en que era necesario «avisar al papa de forma inmediata».

LA COSEA Y LA BÚSQUEDA DE LOS FONDOS PERDIDOS

No son pocos los miembros de la curia que tienen muy presente el recuerdo de la famosa carta de Carlo Maria Viganò en la que alertaba a Benedicto XVI de los extravagantes gastos que se llevaban a cabo en la Santa Sede. Fue esa carta la que provocó la destitución de Viganò, que, como ya dijimos, terminó en el exilio dorado de la nunciatura en Washington. Fue a raíz de aquellos sucesos cuando Paolo Gabriele, mayordomo del sumo pontífice, filtró varios documentos secretos, filtración que desembocó en el «caso Vatileaks»[10], que puso en jaque a la Iglesia en su conjunto y que, en definitiva, llevó a la dimisión del papa alemán.

Así pues, ¿quiénes serían ahora los encargados de analizar las finanzas del Vaticano? ¿A quién había elegido Francisco para dar la voz de alarma sobre la pésima gestión de la Santa Sede?

El grupo de auditores, creado en julio de 2013, estaba liderado por el economista maltés Joseph Zahra y el alemán Jochen Messener. El primero es el fundador de un grupo de inversiones que opera en Malta, Chipre e Italia, y fue director del Banco Central de Malta (1992-1996) y el responsable de la

---

[9] *Ibid.*

[10] Eric Frattini, *Los cuervos del Vaticano. Benedicto XVI en la encrucijada*, ob. cit.

entrada del país en la zona euro. En 2010 comenzó a trabajar en el Vaticano como miembro del consejo de la Fundación Centesimus Annus Pro-pontífice, y en 2011 se incorporó a la Prefectura de Asuntos Económicos de la Santa Sede. Sin temor a equivocarnos, podemos afirmar que Zahra contaba con la plena confianza del papa[11]. Por su parte, Jochen Messener, doctorado en Economía y Administración de Empresas, reside en Düsseldorf y fue socio de la consultora McKinsey entre 1993 y 2003, mientras trabajaba como asesor de diversas organizaciones católicas en Alemania. En 2009 comenzó a trabajar en el Vaticano como auditor de la Prefectura de Asuntos Económicos de la Santa Sede[12].

El 18 de julio de 2013 el papa firmó el acta oficial para la creación de la comisión de investigación, conocida por las siglas COSEA (Comisión encargada de la Organización de la Estructura Económica Administrativa de la Santa Sede)[13]. Muchos enemigos de Francisco se burlaron del acrónimo, ya que Cosea es el nombre de una antigua ciudad griega (Esteban de Bizancio la ubicaba en la región de Tracia) que, al parecer, formaba parte de la Liga de Delos, pues sus habitantes aparecían en el registro de pago de tributos a Atenas desde el año 425 a. C. Ahora eran los auditores de la COSEA quienes exigían el pago de tributos a la curia romana... Pero, bromas aparte, la misión de la nueva comisión estaba clara, y así constaba en el documento de su fundación, que se resumía en siete puntos. Pero Francisco, al más puro «estilo Bergoglio», escribió personalmente el punto 3, que dice:

---

[11] http://www.paess.va/content/affarieconomici/es/il-personale/i-collaboratori/i-revisori-internazionali/DottJosephFXZAHRA.html.

[12] http://www.paess.va/content/affarieconomici/es/il-personale/i-collaboratori/i-revisori-internazionali/DottJochenMessemer.html.

[13] Federico Lombardi, *Vatileaks 2: Il Vaticano alla prova della giustizia degli uomini*, Rizzoli, Milán, 2017.

Las administraciones investigadas deben colaborar estrechamente con la comisión. El secreto de oficio y otras eventuales restricciones establecidas por el ordenamiento jurídico no inhiben o limitan el acceso de la comisión a las informaciones y documentos necesarios para el desarrollo de las tareas confiadas.

Dicho con otras palabras: se acabaron los secretos de la curia a las preguntas incómodas.

La comisión trabajaría con un coordinador (Lucio Ángel Vallejo Balda) y seis consejeros —expertos en economía, finanzas, contabilidad, administración y auditorías— nombrados personalmente por el papa, aunque el presidente de la COASA, Joseph Zahra, tendría solo dos interlocutores: monseñor Lucio Ángel Vallejo Balda y el propio papa Francisco[14]. Los otros miembros de la COSEA eran George Yeo, experto en finanzas de Singapur y protegido por el cardenal George Pell; Francesca Immacolata Chaouqui, que trabajó para Ernest & Young en el sector de las relaciones públicas, por lo que su labor sería la unificación financiera de los medios del Vaticano, desde *L'Osservatore Romano* y Radio Vaticano hasta la Sala de Prensa de la Santa Sede; Jean-Baptiste de Franssu, economista francés experto en el sector de la consultoría estratégica; Enrique Llano, español y exejecutivo de KPMG; Jean Videlain-Sevestre, también francés y experto en el área de inversiones, que trabajó durante años para Citroën y Renault, y Nicola Maio, que actuaría como secretario.

El grupo se instaló en una modesta estancia en la residencia Santa Marta, en la primera planta, a muy pocos pasos de las estancias del propio papa. La oficina fue bautizada con el nombre de «Área 10», debido al número de personas que trabajan allí. Sin embargo, Maio bautizó al grupo como «Los soldados de san Miguel», el famoso santo que defendió la fe de Dios contra las huestes del diablo. La discreción y el secreto con el que debía operar la COSEA eran esenciales, hasta el

---

[14] Marco Politi, *Francesco tra i lupi*, Laterza Edizioni, Bari, 2014.

punto de que a cada miembro de la Comisión se le entregó un Iphone de color blanco y un número de teléfono de Vodafone Malta para impedir que hubiera intervenciones telefónicas. Además, la COSEA tendría un servidor único desconectado de la red vaticana y contaría con un armario blindado en cuyo interior se custodiarían los documentos secretos.

El 22 de julio de 2013, la maquinaria de la COSEA se puso en marcha[15]. Francisco pidió que se centrasen en los siguientes siete puntos clave:

1. La ampliación de personal.
2. La falta de transparencia en los gastos.
3. Los procedimientos administrativos.
4. El control insuficiente de los proveedores y sus contratos.
5. Los inmuebles.
6. Las administraciones paralelas.
7. Las operaciones financieras de algunos dicasterios.

El primer documento que comenzó a circular fue una petición a todos los departamentos exigiendo los presupuestos de los últimos cinco años, una relación de empleados, la lista de colaboradores externos, las nóminas y los contratos de servicios firmados desde el 1 de enero de 2013, cuando Benedicto XVI era aún el sumo pontífice. La primera reacción llegó de la Congregación para la Causas de los Santos, liderada por el cardenal Angelo Amato, uno de los hombres de hierro del cardenal Tarcisio Bertone. La COSEA pidió a Amato los presupuestos, los movimientos contables y los documentos bancarios de las entidades financieras relativos a los postuladores[16] de las cau-

---

[15] John Cornwell, *Church, Interrupted: Havoc & Hope: The Tender Revolt of Pope Francis*, ob. cit.

[16] Personas en las que confía la Congregación para las Causas de los Santos para la supervisión de los procedimientos para las santificaciones y beatificaciones.

sas de beatificación o canonización. En aquel momento la Congregación tenía abiertas 2.511 causas de 453 postuladores.

Que la primera petición de la COSEA fuera a un departamento liderado por un hombre de Bertone fue interpretado como «un golpe de efecto» del papa Francisco. Y, además, se les daba tan solo ocho días para entregar toda la documentación requerida, pues de ese modo se evitaría que esta fuera manipulada.

La primera reunión entre el papa y la COSEA tuvo lugar el 3 de agosto de 2013. «Sin reformas, el pontificado caerá en la bancarrota», fue lo primero que escuchó el santo padre, que encargó a la comisión seis nuevas tareas:

1. Un análisis del sector inmobiliario que depende de la APSA.
2. El estado de la gestión de cuentas bancarias de los «postuladores» que trabajan para la Congregación para las Causas de los Santos.
3. El estudio de las actividades comerciales dentro de los muros de la Santa Sede, como supermercados o farmacias.
4. El estado de la gestión de hospitales vaticanos.
5. Una valoración de todas y cada una de las obras de arte propiedad del Vaticano.
6. Un estudio de los fondos de pensiones del personal de la Santa Sede.

Para realizar tan ardua tarea se unieron las auditoras KPMG, McKinsey, Ernst & Young y Promontory, y alrededor de 70 personas.

El 31 de julio, a última hora de la tarde, llegó la respuesta de la Congregación para las Causas de los Santos en una escueta nota firmada por el cardenal Amato:

La Congregación es completamente ajena a la administración de los postuladores. Por tanto, este dicasterio no está en posesión de la documentación requerida.

Fdo.: Cardenal Angelo Amato

Joseph Zahra explicó al papa que podían seguir presionando a Amato, pero que, en síntesis, los documentos requeridos no existían. La Congregación no tenía ningún recibo, ningún documento fiscal..., y hablamos de un departamento que exige la cantidad de 50.000 euros para iniciar el proceso de canonización o beatificación, y otros 15.000 para registrar el caso en la Congregación. Ante esta información, Francisco preguntó: «Si hay 2.511 causas abiertas, ¿dónde están los 163.215.000 euros de los registros correspondientes?». «Nadie lo sabe», respondió Zahra.

Lo cierto es que la escueta respuesta de Amato causó cierto desconcierto en los miembros de la COSEA. Aun así, el maltés Joseph Zahra, arropado por todos los poderes papales, ordenó a Giuseppe Versaldi que se bloquearan las cuentas corrientes numeradas correspondientes a los postuladores y a las Causas de los Santos, tanto en la APSA como en el IOR. También se le exigió a Amato que entregase la documentación de cada postulador. Los auditores de la COSEA descubrieron así dos nombres: Andrea Ambrosi y Silvia Correale, que gestionaban hasta 180 causas, es decir, unos 11.700.000 euros. Ni Ambrosi ni Correale entregaron jamás un solo documento, recibo o justificante contable a la Congregación para las Causas de los Santos[17]. Además, era sabido por todos que cada postulante solo podía dirigir un máximo de cinco o seis causas, y, sin embargo, estas dos personas habían creado una especie de monopolio con el permiso de Amato.

---

[17] La investigación llega hasta el 21 de febrero de 2014 y los datos recogidos son alarmantes.

El cardenal Versaldi volvió a dar la orden de intervenir las cuentas en la APSA y en el IOR de la Congregación para las Causas de los Santos y de todos los postuladores. La carta fue dirigida al cardenal Domenico Calcagno, presidente de la APSA; a Ernst von Freyberg, presidente del IOR; al cardenal Raffaele Farina, responsable de la Comisión Pontificia sobre el IOR, y a monseñor Juan Ignacio Arrieta, coordinador de esta última. El 5 de agosto, el alemán Von Freyberg, director general de la consultora de inversiones Daiwa Corporate Advisory de Frankfurt y presidente del astillero Blohm+Voss de Hamburgo, pidió a los funcionarios del IOR que comenzasen a bloquear las cuentas. La operación duró un día entero y, finalmente, fueron paralizadas más de 400 cuentas corrientes —una cifra cercana a los 40 millones de euros[18]—. Como era de esperar, este primer y contundente golpe de la COSEA provocó el pánico en los pasillos vaticanos y entre los altos miembros de la curia.

Se sabe que, a finales de 2012, último año del pontificado de Benedicto XVI, el IOR administraba 5.200 cuentas corrientes pertenecientes a órdenes religiosas, fundaciones, etc., y 13.700 de clientes individuales, entre los que se encontraban 8.000 monjes y 700 diplomáticos. La cantidad de dinero de este segundo grupo ascendía a un monto cercano a los 1.100 millones de euros. Casi un año después, Von Freyberg ordenó bloquear 396 cuentas que estaban a nombre de clientes sin derecho a tener su dinero en el IOR. También se cerraron 2.600 cuentas «durmientes» que desde hacía años no mostraban movimiento alguno, incluida la del papa Juan Pablo I.

El 6 de agosto de 2013, la COSEA exigió al IOR que paralizase las tarjetas VISA conectadas a cuentas corrientes de la propia entidad, lo que afectó a importantes miembros de la curia. La Comisión pidió los nombres de los religiosos-postu-

[18] Gianluigi Nuzzi, *Merchants in the Temple: Inside Pope Francis's Secret Battle Against Corruption in the Vatican*, ob. cit.

ladores que estaban detrás de 46 cuentas secretas del IOR, entre los que estaban Georg Gänswein, secretario de Benedicto XVI y prefecto de la Casa Pontificia; Vicenzo Paglia, presidente del Pontificio Consejo para la Familia; monseñor Karel Kasteel, funcionario holandés de la Congregación para el Clero, o monseñor Németh László Imre[19].

La COSEA ordenó que se bloqueasen todas las cuentas asociadas a los mencionados Ambrosi y Correale. El primero tenía 1.383.454 euros en tres cuentas numeradas[20], pero, además, los auditores descubrieron que poseía una gestoría —codirigida con su hija Angelica— desde hacía más de 40 años, con sede en el Vaticano, en la que 20 trabajadores se dedicaban única y exclusivamente a la «Causa de los Santos». Entre los procesos más famosos llevados por la gestoría se encontraban el del papa Juan XXIII[21] o el del emperador Carlos I de Austria y IV de Hungría[22]. La familia Ambrosi también controlaba la imprenta Nova Res, una de las tres recomendadas por los departamentos vaticanos, que tenía la exclusiva de impresión de los expedientes de la mayoría de las causas.

El 11 de diciembre de 2013, la COSEA ordenó el desbloqueo de 114 de las 409 cuentas numeradas investigadas en el IOR. El resto (295) quedaron paralizadas «hasta nuevas instrucciones». A finales de junio de 2022, las cuentas, con cerca de 28 millones de euros, seguían bloqueadas[23].

---

[19] Antonio Socci, *Il dio Mercato, la Chiesa e l'Anticristo*, Rizzoli, Milán, 2022.

[20] Las cuentas en el IOR paralizadas a Andrea Ambrosi son las número 19878001, 19878002 y 19878003.

[21] Juan XXIII fue beatificado el 3 de septiembre de 2000 por el papa Juan Pablo II y canonizado el 27 de abril de 2017 por Benedicto XVI.

[22] Carlos I de Habsburgo fue beatificado por el papa Juan Pablo II en 2004.

[23] Marco Politi, *Pope Francis Among the Wolves: The Inside Story of a Revolution*, ob. cit.

A pesar de las órdenes del papa sobre el secretismo que debía rodear a las actuaciones de la COSEA, el silencio se rompió en septiembre de 2013, cuando varios documentos y cartas privadas acabaron en manos del periodista Antonio Socci, del diario *Libero*. ¿Quién estaba filtrando documentos a la prensa? La respuesta debía conseguirla el arzobispo maltés Alfred Xuereb, exnuncio papal en Corea y Mongolia y secretario del papa Francisco.

El 14 de septiembre llegó la segunda reunión de los miembros de COSEA con el papa, tras la celebración de una misa en la capilla de Santa Marta a la que asistieron solo miembros muy cercanos al pontífice. En la reunión se trataría el espinoso asunto de las filtraciones, pero, para tranquilizar al santo padre, Zahra le dijo que todo había sido por un fallo de seguridad. Al parecer, la carta publicada por *Libero* formaba parte de varias adjuntas a otra principal que el cardenal Amato envió a los postuladores de todo el mundo, lo que, como dijo Zahra, incrementaba «el riesgo de difusión del documento».

La siguiente reunión se celebró el 12 de octubre de 2013, y en ella el papa ordenó la creación de tres nuevas secciones en la COSEA, si bien la principal tarea sería el análisis de la relación de la Comisión con los medios de comunicación. Francisco pretendía cortar de raíz la filtración de documentos desde el Vaticano. El francés Jean Videlain-Sevestre, miembro de la COSEA, se mostró contundente: «Nuestras actuaciones pondrán en evidencia las carencias financieras y administrativas que los enemigos de la Iglesia tratan de revelar. [...] Vivimos un clima de asedio»[24].

---

[24] Gianluigi Nuzzi, *Merchants in the Temple: Inside Pope Francis's Secret Battle Against Corruption in the Vatican*, ob. cit.

EL RENTABLE NEGOCIO DEL DINERO DE LOS POBRES

Francisco había descubierto que «hacer santos» era un negocio para muchos en la Santa Sede, pero ni mucho menos la cosa se quedaba ahí... Pronto averiguó que el famoso Óbolo de San Pedro era otra gran estafa. El dinero destinado a los más necesitados que llega a la Santa Sede no acababa en los pobres, sino que era utilizado para tapar agujeros financieros de un selecto grupo de cardenales y de laicos de alto nivel. Esa fue la conclusión a la que llegó la COSEA.

Como se explica en la propia página de la Santa Sede, el Óbolo de Pedro «es una ayuda económica que los fieles ofrecen al sumo pontífice como expresión de apoyo a la solicitud del sucesor de Pedro por las múltiples necesidades de la Iglesia Universal y las obras de caridad en favor de los más necesitados». Es decir, el papa, como pastor de la Iglesia, debe cubrir las necesidades materiales de las diócesis más pobres. En palabras de Benedicto XVI, se trata de «la expresión más típica de la participación de los fieles en las iniciativas del obispo de Roma». Sin embargo la COSEA descubrió que la gestión del dinero recaudado en el Óbolo era un «absoluto misterio». La cifra total de lo recaudado se publica cada año, pero nada se dice sobre en qué se gasta ese dinero. Solo sabemos que la carta que el cardenal Giuseppe Versaldi envió a todos los departamentos vaticanos ordenando que entregasen la lista de gastos abonados con el Óbolo de Pedro no recibió ni una sola contestación, un silencio que causó extrañeza no solo en la COSEA, sino también en las auditorías implicadas (KPMG, McKinsey y Promontory), y que llevó a los investigadores a quejarse ante el propio papa por las trabas impuestas desde la Secretaría de Estado y la APSA.

El pánico en el interior de la curia se desató cuando el auditor independiente Filippo Sciorilli Borrelli, perteneciente a la delegación de McKinsey-Zúrich, dijo que enviaría un cuestionario a monseñor Alberto Perlasca, que era quien se ocupaba del Óbolo de san Pedro en la Oficina Administrativa de la Secretaría de Estado y un hombre absolutamente fiel al cardenal Bertone. Las preguntas del cuestionario se enviaron primero a tres auditores, Ulrich Schlickewei (McKinsey), Claudia Ciocca (KPMG) y Carlo Comporti (Promontory), que serían los encargados de preguntar personalmente a Perlasca. La reunión duró dos horas y 17 minutos pero los auditores salieron de la sala con la misma cara con la que entraron. Alberto Perlasca era un absoluto muro de silencio.

En el informe que los auditores dirigieron a Joseph Zahra se explicaba lo sucedido:

> La reunión ha sido muy cordial. Pero no hemos tenido más información sobre este punto [Óbolo de Pedro]. [...] Se dice que parte del Óbolo ha sido utilizado para sufragar el déficit de la curia y otra parte para las obligaciones del santo padre, pero no para acumular reservas. A la petición de más datos, [Alberto Perlasca] no nos ha querido revelar nada más.

El presidente de la COSEA y el sumo pontífice buscaban una explicación para esos casi 40 millones de euros que no se sabía adónde habían ido a parar..., pero no la había. El 3 de enero de 2014, monseñor Lucio Ángel Vallejo Balda, en nombre de la COSEA, envió una carta aún más perentoria al recién nombrado secretario de Estado Pietro Parolin, a quien pedía que diera instrucciones «a fin de que sea puesta a disposición de los investigadores toda la documentación, sea en papel o en soporte digital, concerniente a la lista adjunta». En la carta, Vallejo incluía un listado con 25 organismos vaticanos que aún no habían remitido la documentación requerida: cuentas corrientes, actividades económicas, gestión de fondos e ingresos o gastos del Óbolo de Pedro.

Trece días después, la COSEA seguía sin recibir respuesta de Parolin. Zahra decidió entonces escribir directamente al papa Francisco:

Con pena le comunico que su Comisión no está en condiciones de completar un cuadro de la situación financiera vigente de la Santa Sede debido a la falta de datos fundamentales. Hemos pedido a monseñor Parolin una lista de las cuentas corrientes de la Secretaría de Estado y de las inversiones efectuadas en obligaciones, fondos y acciones, además de informaciones relativas a otras cuentas, como el Óbolo de San Pedro, pero estas nunca nos han sido remitidas. Somos conscientes de que se podrían mantener reservadas algunas de estas cuentas, pero la Secretaría no está dispuesta a compartir las informaciones financieras sobre todas las cuentas.

El secretario de Estado Parolin, el arzobispo Xuereb y el propio pontífice presionaron a los funcionarios de la Secretaría de Estado y, finalmente, el 30 de enero llegó la información en un extenso documento en el que se explicaba —en 29 páginas— lo que es el Óbolo de San Pedro. Y en un párrafo aparte:

Si bien se ha publicado una rendición de cuentas de las entradas relativas al Óbolo de San Pedro, es cierto que se ha mantenido hasta ahora una absoluta reserva por respeto a las indicaciones de los Superiores y sobre su uso, ya que el Óbolo está excluido del presupuesto consolidado de la Santa Sede.

¿Entonces? ¿Dónde va todo ese dinero?

El informe contenía cientos de datos sin importancia, algo que suelen hacer muchos organismos para evitar que te centres en la información concreta que necesitas o que tardes más tiempo en dar con lo que buscas. El informe afirmaba que 14,1 millones de euros fueron a proyectos del santo padre; 6,9 millones, a gastos con una finalidad específica (sin especificar); 28,9 millones, al mantenimiento de la curia (sin concretar a qué miembros o a qué departamentos), y 6,3 millones, al fondo del Óbolo de San Pedro. Es decir, de los 56,2 millones de euros recaudados entre los fieles de todo el mundo para ayuda a los más necesitados tan solo 6,3 millones fueron utilizados para este fin[25]. Lo curioso del caso es que ni siquiera esos 6,3 millones llegaron a manos de los más pobres, ya que el informe indicaba que dicha cantidad había quedado depositada en una cuenta numerada del IOR como «fondo del Óbolo de San Pedro»[26].

RIGOR Y TRANSPARENCIA. POBREZA Y CARIDAD

«Rigor y transparencia» fueron las palabras que Francisco usó para describir sus objetivos como jefe de Estado de la Santa Sede. «Pobreza y caridad» fueron las que utilizó para marcar sus objetivos como sumo pontífice. En febrero de 2014, el papa decidió, mediante un *motu proprio*, una nueva estructura de coordinación de los asuntos económicos y administrativos de la Santa Sede, para lo cual creó un «superministerio» vaticano de Economía. El nuevo organismo estaría dividido en una Secretaría de Economía, liderada por el cardenal George Pell, hombre de confianza de Francisco, y un Consejo para la Economía, compuesto por ocho cardenales y siete laicos de reconocido prestigio en asuntos financieros. A este superministerio se uniría la Oficina del Auditor General (OAG), dirigida por un auditor de cuentas nombrado directamente por el papa. También las actividades de la APSA, bajo control del cardenal Giuseppe Versaldi, serían rediseñadas. Así, por ejemplo, todas las actividades inmobiliarias y el control del personal de la Santa Sede pasarían a estar bajo el paraguas del nuevo ministerio, que «tendrá la responsabilidad de salvaguardar y gestionar diligentemente los bienes [de la Santa Sede], a la luz de su misión evangelizadora y con particular solicitud hacia los necesitados», explicó el pontífice.

---

[25] Cifras de 2012 del Óbolo de San Pedro.
[26] Marco Politi, *Pope Francis Among the Wolves: The Inside Story of a Revolution*, ob. cit.

En un mensaje dirigido a jóvenes monjas y sacerdotes, Francisco dijo: «Si os viene la tentación de compraros un buen coche, pensad en los niños que se mueren de hambre. [...] Justamente a vosotros, jóvenes, os asquea cuando un cura o una monja no son coherentes». Muchos cardenales tomaron buena nota y, en lugar de las grandes y lujosas berlinas Mercedes-Benz o BMW, comenzaron a usar pequeños Fiat para desplazarse. Pero lo cierto es que su nivel de vida no bajó un ápice... La prensa de todo el mundo se hizo eco del apartamento de 700 metros cuadrados del cardenal Tarcisio Bertone, situado en la última planta del palacio San Carlo del Vaticano. El exsecretario de Estado ha intentado justificarlo con el argumento de que necesita todo ese espacio, pero lo cierto es que está compuesto por dos viviendas que el propio Bertone decidió requisar: la que pertenecía a Camilo Cibin, comandante de la Gendarmería Vaticana, fallecido en 2009, donde residía su viuda, y la del monseñor Bruno Bertagna, vicepresidente del Consejo Pontificio para los Textos Legislativos, fallecido en 2013[27].

El informe de la COSEA también dice que el cardenal Marc Ouellet, prefecto de la Congregación para los Obispos, vive en un piso de 500 metros cuadrados; que el cardenal Velasio de Paolis, amigo personal de Benedicto XVI y presidente emérito de la Prefectura para los Asuntos Económicos de la Santa Sede, lo hace en otro de 445 metros cuadrados; que el cardenal Sergio Sebastiani, de la Congregación para los Obispos y Congregación para las Causas de los Santos, reside en una vivienda de 424 metros cuadrados; que el cardenal Raymond Leo Burke, líder de los enemigos del papa, vive en otra de 417 metros cuadrados; que el cardenal Franc Rodé, exarzobispo de Liubliana y uno de los máximos protectores de Marcial Maciel, en otra de 409 metros cuadrados, o que el cardenal

---

[27] Francesco Antonio Grana, *Cosa resta del papato: Il futuro della Chiesa dopo Bergoglio*, Edizioni Terra Santa, Milán, 2021.

Kurt Koch, miembro del Pontificio Consejo para la Promoción de la Unidad de los Cristianos, reside en un piso de 356 metros cuadrados. Y, mientras tanto, Francisco reside en una vivienda de 50 metros cuadrados[28]. El papa descubrió que los cardenales no desembolsaban absolutamente nada por sus viviendas, y si lo hacían, pagaban unos precios irrisorios. Por ejemplo, el cardenal Bertone abonaba por su dúplex alrededor de 2.800 euros de alquiler (tres euros el metro cuadrado); el cardenal Burke, 2.085 euros (cinco euros el metro cuadrado), y el cardenal Rodé, 1.636 euros (cuatro euros el metro cuadrado), si bien la mayoría de los cardenales y obispos mantienen el «coste cero», ya que, aunque abandonen sus puestos de responsabilidad, se mantienen como «eméritos» y continúan gozando de los privilegios económicos del cargo que ocupaban.

Los cardenales Bertone y Burke alegaron ante los medios que necesitaban vivir en esas estancias tan amplias porque tenían que alojar a dos o tres religiosas que hacían las tareas de la casa, a sus respectivas secretarias y a sus cocineras, que, por supuesto, no recibían paga alguna por su trabajo. La mayor parte de estas religiosas proceden de países en vías de desarrollo, principalmente de África o Latinoamérica.

Según datos de la propia APSA, en su sección inmobiliaria, que administra las residencias de los miembros de la curia, el déficit del organismo ronda los 66 millones de euros. Otros departamentos papales también tienen un importante déficit, como Radio Vaticano, que debe cerca de 25 millones de euros. Lo que ocurre es que la Secretaría de Estado, al no disponer de un control de ingresos, recurre al Óbolo de Pedro para cubrir pérdidas y reducir el déficit de sus departamentos.

Los tipos de interés que se aplican a los fondos depositados por el Vaticano en diversas entidades fueron también motivo

---

[28] Gianluigi Nuzzi, *Merchants in the Temple: Inside Pope Francis's Secret Battle Against Corruption in the Vatican*, ob. cit.

de investigación para los auditores de la COSEA. Fue McKinsey-Zúrich la que tomó la iniciativa. En Credit Suisse, el Vaticano tiene depositados 46,5 millones de euros, lo que les produjo un interés de 2.979.013 de euros, menos del 1 % de interés. En el IOR hay depositados 89,5 millones de euros, a los que se les ha aplicado un interés de casi un 3 %; en Merrill Lynch, 58 millones, al 1,1 %; en Fineco Unicredit, 78,5 millones de euros, al 1,4 %. El auditor de McKinsey se preguntaba: ¿por qué estos tipos de interés tan bajos?, ¿quién decide esos depósitos en esas entidades concretas? Según los auditores, en 2012, último del pontificado de Benedicto XVI, el Vaticano recibió 3 millones de euros de intereses sobre una cantidad de casi 378 millones de euros depositados[29].

Otro de los obstáculos que los auditores de la COSEA debieron sortear fueron las actuaciones del IOR en el blanqueo de capitales. Francisco informó directamente al presidente Joseph Zahra sobre su conversación con Ernst von Freyberg, presidente del IOR, pocos meses después de ser elegido sumo pontífice. «Nos enfrentamos a un grave problema, que se trata fundamentalmente de personas físicas que utilizan sus cuentas para operaciones ilegítimas: lavado de dinero, dicho con todas las letras. Puede tratarse de miembros del clero, pero también de laicos; no existe una regla donde el riesgo sea más alto», había dicho el presidente del IOR al papa. Von Freyberg pensaba que sus palabras no saldrían de los muros vaticanos, pero los medios se hicieron eco de ellas, así como de sus acusaciones directas:

> No creo que sean tantos casos, y todos los denunciados por la prensa fueron controlados por mí personalmente. Lo que sí es cierto es que había una cuenta de [monseñor Nunzio] Scarano que no estaba en orden desde hace diez años. Es un verdadero profesional del blanqueo de dinero.

---

[29] Gianluigi Nuzzi, *Merchants in the Temple: Inside Pope Francis's Secret Battle Against Corruption in the Vatican*, ob. cit.

En efecto, monseñor Nunzio Scarano recibía el apodo de «Monseñor 500» porque siempre portaba billetes de 500 euros en su cartera. Se dice que el clérigo ofreció a sus amigos y empresarios cambiar billetes en efectivo por cheques cruzados. Ya había un caso contra Scarano en la Fiscalía de Salerno por «lavado de dinero» a través de una de sus cuentas en el IOR; en 2009 traspasó de contrabando 560.000 euros desde su cuenta del Banco Vaticano a Italia con el fin de pagar la hipoteca de su nueva residencia en Salerno. A finales de octubre de 2013 fue liberado de su arresto domiciliario, pero en enero de 2014 los cargos se ampliaron para incluir nueve acusaciones más de lavado de dinero y fraude de donaciones, por lo que se emitió una nueva orden de detención. En febrero de 2019, el Alto Tribunal de Roma confirmó la condena y encontró a Scarano culpable de otros nueve cargos más de corrupción que habían sido desestimados en primera instancia. Monseñor Nunzio Scarano fue condenado a tres años de prisión. Lo que poca gente sabe es que fue el papa Francisco quien autorizó a la justicia italiana la detención del religioso[30]. «¿Cómo era posible que durante tanto tiempo un hombre tan influyente hubiera podido actuar sin que nadie se diera cuenta?, ¿quiénes fueron sus cómplices?, ¿quiénes fueron sus socios?», se preguntaban los auditores de la COSEA. Nadie tenía una respuesta[31].

GOVERNATORATO, UN AGUJERO NEGRO

Los problemas y las críticas seguían llegando a la mesa de la COSEA, como los del *Governatorato*, los Museos Vaticanos,

---

[30] Giulio Segreti, «Suspended banker-turned-priest spent career managing money», *Financial Times*, 28 de junio de 2013.

[31] Inés San Martín, «Mixed verdicts for ex-Vatican official in corruption trial», *Crux*, 19 de enero de 2016.

los locales comerciales, las obras, las contratas... Francisco había pedido «cla-ri-dad» y los auditores eran conscientes de que debían seguir investigando.

Una de las reformas que intentó realizar Benedicto XVI fue la del sistema informático de los Museos Vaticanos, que, sencillamente, consistía en la unificación informática de sus datos contables y administrativos. Las acciones resultaron carísimas y al poco tiempo el sistema quedó completamente obsoleto porque no estaba conectado al sistema informático de la APSA, el IOR, la Secretaría de Estado y el *Governatorato*. Es decir, se podía saber cuántos turistas habían entrado en un solo año en los Museos Vaticanos pero no cuánto dinero se había ingresado por ello ni a dónde había ido a parar. Los Museos dependen del *Governatorato*, por lo que era imprescindible reformar este departamento si se pretendía agilizar y modernizar una de sus secciones más importantes.

En septiembre de 2010, por orden de Benedicto XVI, la auditoría McKinsey llevó a cabo un análisis de la situación financiera del *Governatorato* y, como era de esperar, el resultado fue catastrófico: las partidas de gastos, como la del mantenimiento o los servicios de limpieza de los edificios del *Governatorato*, estaban hinchados hasta en un 375 % del precio de mercado, y lo mismo ocurría con otros servicios. Fue el cardenal Giovanni Lajolo, presidente del *Governatorato*, quien pidió ayuda a Ettore Gotti Tedeschi, quien, a su vez, contrató los servicios de McKinsey. Uno de los auditores que participó en la investigación hizo una curiosa comparación al afirmar que «parecía que le habían cortado la femoral [al *Governatorato*], y a pesar del fuerte sangrado que sufría desde hacía décadas, tan solo habían intentado cortar la hemorragia poniendo tirita tras tirita».

Por tanto, el *Governatorato* debía ser reformado de arriba abajo. Esa fue la orden de Francisco cuando llegó al Trono de Pedro, y se decidió que sería la sede española de Ernst & Young quien se ocuparía de ello. El 12 y el 13 de noviembre de 2013 se celebró una reunión maratoniana con todo el equipo de analistas y unos días después se trasladaron a Roma, donde se unieron a la investigación Enrique Llano Cueto, Joseph Zahra, Vallejo Balda y Jean Videlain-Sevestre. Se trataba del cuarto equipo de auditores después de los creados para analizar los balances, el Óbolo de Pedro y el de los gastos para las causas de los santos.

Para Francisco, el *Governatorato* era el motor del Estado-Ciudad del Vaticano y controlaba a cerca de 2.000 empleados, encargados de cientos de actividades culturales, del mantenimiento del patrimonio inmobiliario y de las contrataciones de transportes y suministros, como electricidad, teléfonos u ordenadores. También del *Governatorato* dependían las ganancias procedentes de los Museos, tiendas, numismática, filatelia, supermercados, gasolineras (hay dos en el Vaticano, una junto a la Villa Pontificia y otra junto a la sede de Radio Vaticano, y tres más en Roma), perfumerías, estancos y una tienda de aparatos electrónicos. «Todo debe ser auditado, incluso la tienda de ropa», ordenó Francisco. Los auditores solicitaron información detallada sobre las gestiones del *Governatorato*, pero no obtuvieron respuesta[32].

El muro de silencio más grueso lo habían levantado el propio presidente del *Governatorato*, el cardenal Giuseppe Bertello, y el secretario general, monseñor Giuseppe Sciacca, amigo de toda la vida de Tarcisio Bertone y nombrado por Benedicto XVI. El 31 de julio de 2013, Giuseppe Versaldi, presidente de la Prefectura de Asuntos Económicos, ordenó a Bertello que abriera todos sus despachos, puerta por puerta, para registrar los armarios y hacerse con los archivos. El resultado fue demoledor: los auditores descubrieron, por ejemplo, un agujero de 700.000 euros en el supermercado, de 500.000

---

[32] Emiliano Fittipaldi, *Avarizia. Le carte che svelano ricchezze scandali es segreti della Chiesa di Francesco*, Feltrinelli, Roma, 2015.

en la tienda de ropa, de 300.000 en la farmacia, o de 100.000 en el estanco. En cuanto a los tradicionales *souvenirs*, se encontraron con que faltaban 11.680 libros en formato de lujo que trataban sobre las principales piezas artísticas expuestas en los Museos Vaticanos. Nadie sabía dónde estaban, a quién se entregaron ni quién los pagó. Sencillamente, habían desaparecido[33].

A finales de 2014 e inicios de 2015, la COSEA ya estaba en situación de valorar el patrimonio inmobiliario de la Santa Sede. A precio de mercado, los 5.000 inmuebles (en Roma y en la Ciudad del Vaticano) superaban los 2.700 millones de euros y, gracias a las investigaciones de la COSEA, se pudieron identificar todos los inmuebles, uno a uno, por primera vez en la historia. Curiosamente, la mayor parte —al menos, los más lujosos— mantiene el código «A0», es decir, «alquiler cero», y se supo que hay inquilinos que por un piso de 150 metros cuadrados situado en el centro de la capital italiana pagan 100 euros al mes.

Otro caso sangrante es el de la Banca Intesa S.p.A., nacida de la fusión del Banco Ambrosiano, Cariplo y Banca Commerciale Italiana. En 2005 se convirtió en el primer banco de Italia y en el decimocuarto de Europa por volumen de fondos. Pues bien: Intesa ha pagado por su sede central, perteneciente al Vaticano, 1.864 euros en concepto de fianza. Después no se registra pago alguno en materia de alquiler.

Un capítulo delicado para los auditores de la COSEA es el del patrimonio de la Santa Sede en diferentes países europeos, asunto que fue sacado a la luz por el periodista Emiliano Fittipaldi[34]: elegantes dúplex en los mejores distritos de París —medio millar de propiedades inmobiliarias solo en el

---

[33] Gianluigi Nuzzi, *Merchants in the Temple: Inside Pope Francis's Secret Battle Against Corruption in the Vatican*, ob. cit.

[34] Emiliano Fittipaldi, «Un Vaticano de 10.000 millones», *L'Expresso*, 24 de julio de 2014.

área de la capital francesa—, impresionantes *lofts* en las zonas más caras de la *City* londinense, fabulosas residencias en Lausana y otras ciudades de Suiza. Su valor de mercado rondaría los 591 millones de euros. Según la investigación llevada a cabo por Fittipaldi, era una sociedad llamada Sopridex la que se encargaba de administrar el valioso patrimonio inmobiliario de la Santa Sede en el extranjero. La empresa tenía un director general, tres agentes inmobiliarios, 11 personas de limpieza y servicios y 16 porteros de inmuebles. Sus sueldos iban desde los 56.000 euros del presidente del Consejo a los 6.825 euros mensuales que se abonaban a los tres agentes inmobiliarios[35].

En Suiza los inmuebles vaticanos eran administrados por la compañía Profima S. A., fundada en 1926 por orden del papa Pío XI y cabeza de un gran entramado de empresas y sociedades, varias de ellas fantasma. Según la COSEA, estas empresas eran las responsables de administrar el patrimonio inmobiliario propiedad del Vaticano en Lausana y Ginebra, así como de realizar inversiones en compañías tan importantes como la farmacéutica Roche.

En Londres operaba una empresa llamada British Grolux Investments Ltd., fundada en 1933 con el fin de administrar viviendas y locales comerciales de lujo por un valor cercano a los 73 millones de euros, aunque la compañía controlaba y administraba también varias propiedades de la Santa Sede fuera de la capital británica. Según los auditores de Promontory, solamente el capital inmobiliario propiedad de la APSA en Italia, Suiza, Francia y Reino Unido, ascendía a 2.700 millones de euros[36].

---

[35] Emiliano Fittipaldi, *Avarizia. Le carte che svelano ricchezze scandali es segreti della Chiesa di Francesco*, ob. cit.
[36] *Ibid.*

Un conveniente robo en la COSEA

Francisco se puso como objetivo prioritario reconducir y reunificar todos los organismos económicos del Vaticano, tanto desde el punto de vista contable como desde el punto de vista operativo y administrativo. Además, pretendía apuntalar los cimientos para dejar en herencia al nuevo pontífice —el que saliese elegido en el siguiente cónclave— una estructura estable y rígida en un nuevo Vaticano. Sin embargo, los golpes llegarían pronto, apenas un año después de llegar al Trono de Pedro.

El 30 de marzo de 2014, aún de madrugada, el silencio reinaba en las calles de la Santa Sede. El portal del número 3 de Largo del Colonnato estaba cerrado y la portería vacía. El edificio, de cuatro plantas, estaba ocupado en su mayor parte por oficinas pertenecientes a diferentes organismos del Vaticano. En la última se encuentra la Prefectura de Asuntos Económicos de la Santa Sede, donde, en una zona apartada, trabajan los auditores de la COSEA y se guardan, en una cámara acorazada, los documentos secretos relativos a sus investigaciones.

Un pequeño grupo formado por tres ladrones profesionales accedieron al interior del edificio y subieron por las escaleras hasta la última planta. Rápidamente traspasaron la puerta de las oficinas de la APSA y se dirigieron, soplete en mano, hacia la zona ocupada por la COSEA. Los ladrones sabían qué armario blindado debían abrir: en su interior no encontraron un solo céntimo, sino 22 carpetas llenas de documentos reservados de la COSEA. El robo se descubrió la mañana del día siguiente, el lunes 31 de marzo. La investigación la dirigió la Gendarmería vaticana y su servicio de inteligencia, la conocida como Entità, puesto que el interior del edificio asaltado es, según lo establecido en los «Pactos de Letrán», suelo vaticano. Muy pronto se descubrió que las entradas subterráneas al edificio, los portones principales, las alarmas y las cámaras de circuito cerrado de televisión no habían sido manipulados, por lo que se dedujo que los asaltantes tenían las claves de seguridad para acceder a las oficinas de la COSEA. El mismo 31 de marzo por la tarde, tanto la Gendarmería como el servicio de inteligencia papal estaban seguros de que se trató de un ataque planificado: los ladrones conocían el lugar, abrieron las puertas con llaves, burlaron sistemas de seguridad con claves autorizadas y llevaron las herramientas adecuadas para abrir la cámara acorazada y robar los documentos secretos.

El siguiente golpe se produjo en noviembre de 2015, cuando monseñor Luis Ángel Vallejo Balda, junto a Francesca Chaouqui, la seglar italiana también miembro de la COSEA, fueron detenidos por miembros de la Gendarmería vaticana y de la Entità. La mujer fue puesta en libertad sin cargos, pero no así el religioso español. El Vaticano informó que ambos habían sido detenidos después de ser interrogados durante dos días con motivo de las investigaciones relativas a una supuesta filtración de archivos reservados de la Santa Sede. El comunicado oficial explicaba que las pesquisas seguían abiertas y recordaba que «la divulgación de noticias y documentos reservados era un delito contemplado en la legislación del Estado-Ciudad del Vaticano». La Santa Sede también hizo referencia a la próxima publicación de dos libros y señaló que eso sería una «una grave traición a la confianza del papa». Los medios italianos se apresuraron en informar sobre la aparición de dos obras en las que aparecían citados documentos «secretos y confidenciales» supuestamente procedentes de los archivos vaticanos. Los libros eran *Avaricia*, de Emiliano Fittipaldi, y *Vía Crucis*, de Gianluigi Nuzzi. El Vaticano indicó también que las personas involucradas en este tipo de actos sacaban provecho de unas acciones ilícitas y que «las publicaciones de este tipo no ayudan de ninguna manera a la claridad y a la verdad, sino que generan confusión e interpretaciones parciales y tendenciosas. Es necesario evitar la equivocación de pensar que eso ayuda de alguna manera a la misión del papa».

Según la Gendarmería, en febrero de 2014, el español Lucio Ángel Vallejo Balda filtró a varios medios que iba a ser nombrado número dos de la Secretaría de Economía, el nuevo superministerio creado por Francisco para ocuparse de la gestión de las actividades económicas y administrativas de la Santa Sede. Finalmente, el nombramiento no se produjo, y en el mes de mayo Vallejo Balda asistió a un lujoso almuerzo en la azotea de la Prefectura de Asuntos Económicos, durante la canonización de Juan XXIII y Juan Pablo II, al que también asistieron religiosos, empresarios y periodistas italianos. Diversos medios de comunicación aseguraron que el acto no contaba con la simpatía del papa.

El 1 de noviembre de 2015, el Vaticano denunció a la Gendarmería vaticana y a la Entità el intento de robo del ordenador del auditor general de la Santa Sede, Libero Milone, encargado de supervisar la contabilidad de la curia, según informó *Il Corriere della Sera*. Se explicaba además que los autores del delito podrían haber accedido a «documentos sobre las revisiones contables o sobre la reorganización en curso de los dicasterios»[37]. Los medios italianos comenzaron a hablar de «Vatileaks 2» por su similitud con el escándalo que causó en 2012 la filtración de la correspondencia privada de Benedicto XVI por parte de su mayordomo, Paolo Gabriele. Pero había una diferencia sustancial: Lucio Ángel Vallejo Balda habría filtrado los documentos secretos por «despecho» al enterarse de que no se había contado con él como número dos en el nuevo superministerio de Economía.

El 30 de noviembre de 2015, Francisco habló del asunto con los periodistas durante el viaje de regreso tras su labor pastoral en Kenia, Uganda y República Centroafricana. El papa consideraba «un error» la elección para desempeñar car-

---

[37] «El Vaticano detiene al español Vallejo Balda por sustraer documentos reservados», *La Vanguardia*, 2 de noviembre de 2015.

gos en el Vaticano de las personas imputadas por la difusión de secretos, y aseguró que continuaría con su «labor de limpiar» la Iglesia de corrupción:

> Se ha cometido un error. Lucio Vallejo entró en la COSEA por ser el secretario de la Prefectura de Asuntos Económicos. ¿Cómo entró ella [Francesca Chaouqui]? No estoy seguro, pero creo que no me equivoco si digo que fue él quien la presentó como una mujer que conocía el mundo de las relaciones comerciales. Los miembros de la COSEA permanecieron en diferentes cargos en el Vaticano. La señora Chaouqui no se quedó en el Vaticano. Algunos dicen que se enfadó por eso. Los jueces nos dirán la verdad sobre los hechos, cómo lo hicieron[38].

Pero lo cierto es que sí se sabe cómo se incorporó Francesca Immacolata Chaouqui a la COSEA. Con tan solo 31 años, se proclamaba devota del fundador del Opus Dei, Josemaría Escrivá de Balaguer, pero también del papa Francisco. Procedente de la consultora Ernst & Young, donde, como dijimos, trabajaba en el sector de las Relaciones Públicas, tenía una importante agenda en la que figuraban nombres de personajes muy relevantes de la política —Giulio Andreotti era uno de ellos—, de la nobleza romana y de altos cargos de empresas, como las energéticas ENI y ENEL. Si se analizaban los currículos de los miembros de la COSEA, no se podía entender cómo una laica como Chaouqui pudo entrar en un Consejo pontificio de tanta importancia. En la APSA y en el IOR, de hecho, se lo preguntaban, y la respuesta la tenía el miembro del Opus Dei Luis Ángel Vallejo Balda, secretario de la Comisión, quien, al parecer, se había encargado de redactar un deslumbrante currículo para Chaouqui que nadie en el

---

[38] «El papa admite "un error" en relación con el caso "Vatileaks 2"», *La Vanguardia*, 30 de noviembre de 2015.

Vaticano comprobó[39]. «No fue una elección oportuna, y la persona que la recomendó deberá dar explicaciones», dijo el papa Francisco.

La investigación sobre «Vatileaks 2» condujo a un proceso judicial sobre la filtración y difusión de documentos confidenciales de la Santa Sede en el marco de las investigaciones de la policía judicial realizadas por la Gendarmería vaticana y divulgadas el 2 de noviembre de 2015[40]. Se presentaron cinco imputaciones: dos miembros de la COSEA (Francesca Immacolata Chaouqui y monseñor Lucio Ángel Vallejo Balda), dos periodistas (Gianluigi Nuzzi y Emiliano Fittipaldi), autores de los libros *Vía Crucis* y *Avarizia*, y Nicola Maio, secretario ejecutivo de la COSEA, entonces completamente ajeno a lo ocurrido. La primera audiencia del proceso tuvo lugar el 24 de noviembre de 2015 y finalizó el 7 de julio de 2016 con la libre absolución de Nicola Maio y de los periodistas Nuzzi y Fittipaldi, mientras que monseñor Lucio Ángel Vallejo Balda y Francesca Immacolata Chaouqui fueron condenados a 18 y diez meses de prisión, respectivamente, aunque la condena de la segunda fue finalmente suspendida[41].

Han pasado ya más de doce años desde que el papa Francisco crease la COSEA, pero con la perspectiva que da el tiempo no parece que los resultados hayan sido los deseados. Al menos, tras lo descubierto sobre la Congregación para las Causas de los Santos, el Óbolo de Pedro, el APSA, el IOR o las malversaciones realizadas durante décadas por cardenales

---

[39] Marco Politi, *Pope Francis Among the Wolves: The Inside Story of a Revolution*, ob. cit.

[40] Delito previsto en la ley número IX del Estado de la Ciudad del Vaticano (13 de julio de 2013), art. 10 (artículo 116 bis del Código Penal).

[41] «Dispositivo della Sentenza del Tribunale SCV per il processo sulla divulgazione di documenti e notizie riservate», 07/07/2016, en: https://press.vatican.va/content/salastampa/it/bollettino/pubblico/2016/07/07/0504/01158.html.

y laicos poderosos, el próximo papa encontrará algo menos de resistencia que la que encontró Francisco.

El papa no ha conseguido imponer el control financiero en ciertos departamentos, congregaciones y dicasterios, que siguen dirigidos por algunos de sus enemigos. Parece que los «agujeros negros» financieros continuarán existiendo en el Vaticano, sea quien sea el próximo sumo pontífice de la Iglesia católica. Como bien decía Gianluigi Nuzzi, «las preguntas continúan y continuarán sin respuestas. Así pues, debemos contentarnos con informaciones parciales y a menudo desconcertantes».

9
LA SALUD DE FRANCISCO

Pablo VI dejó la Ciudad del Vaticano el 14 de julio de 1978 para ir a la residencia pontificia de Castel Gandolfo y, en su camino, visitó la tumba del cardenal Giuseppe Pizzardo, obispo de Albano y responsable de que el futuro papa hubiera ingresado en la curia como sustituto en la Secretaría de Estado el 13 de diciembre de 1937. Aunque se encontraba enfermo, tuvo tiempo de reunirse con el nuevo presidente del Gobierno italiano, Sandro Pertini. El papa tenía graves problemas respiratorios y necesitaba oxígeno debido a sus años de fumador. Al día siguiente, domingo 15 de julio, se encontraba tan cansado que le fue imposible rezar el ángelus. No fue capaz siquiera de levantarse de la cama. Desde su dormitorio participó en la misa del domingo a las 6 de la tarde y comulgó. Pocas horas después sufrió un infarto de miocardio. Finalmente, el 6 de agosto de 1978, Pablo VI murió en su habitación de Castel Gandolfo a las 21:41 horas.

Al día siguiente, la imagen del papa fallecido ocupaba las portadas de todos los periódicos del mundo. En aquella época yo tenía 15 años y me preguntaba: «¿Es que acaso los papas enferman y mueren como cualquier otra persona?», «¿estaba tan enfermo Pablo VI?». Salvo en el caso de Juan Pablo II, el estado de salud de los antecesores de San Pedro siempre ha sido un secreto guardado bajo siete llaves.

Desde hace siglos los médicos son personajes centrales en la vida de sus pacientes, sobre todo cuando estos son personas relevantes e influyentes. Pero cuando el paciente es el sumo pontífice romano lo son aún más, pues su salud interfiere directamente en la dirección de la Iglesia. Los médicos personales son los únicos testigos de la intimidad y las debilidades de los grandes hombres a quienes atienden, hasta el punto de que podríamos decir que se convierten en su sombra. Así, por ejemplo, lord Charles McMoran Wilson lo fue para Winston Churchill; Theodor Morell para Adolf Hitler; Max Jacobson para John F. Kennedy; Vladimir Vinogradov para Iósif Stalin; Li Zhisui para Mao Zedong; y Liu Ming (de 2005 a 2013), Fabrizio Soccorsi (de 2015 a 2021) y Roberto Bernabei (desde 2021) para el papa Francisco.

El chino Liu Ming llegó a Argentina en 2002. En un primer momento se instaló en la ciudad de Santiago del Estero, pero dos años después se trasladó a Buenos Aires, donde comenzó a impartir clases de Tai Chi en el templo de un amigo y comenzó a atender a domicilio.

Una tarde recibió una llamada de un hombre que le solicitaba una consulta. Cuando Ming llegó a la dirección indicada se encontró frente a un templo imponente, la catedral de la Ciudad de Buenos Aires. Allí conoció al entonces cardenal Jorge Mario Bergoglio, que fue su paciente durante los ocho años siguientes, hasta que el 13 de marzo de 2013 fue nombrado sumo pontífice. Cuando Bergoglio lo recibió, Ming le tomó el pulso y le explicó que la medicina china buscaba alcanzar el equilibrio del cuerpo, porque un «cuerpo equilibrado» tiene la capacidad de lograr la sanación de un mal. Esta idea caló tanto en Bergoglio que hacía pocas semanas, desde el Vaticano, el papa le escribió una carta a Ming en la que le confesaba que «gracias a su ayuda he podido superar varias dificultades de salud»[1].

El doctor Ming relató a la revista argentina *Noticias* lo que ocurrió en aquel primer encuentro con Jorge Mario Bergoglio:

> Inmediatamente noté que había cosas que no estaban bien y se lo dije. Él fue hasta el cajón del escritorio y lo abrió. Estaba lleno de pastillas, de todos los colores y tamaños. Fue entonces cuando le propuse hacer una prueba: mientras hiciéramos el tratamiento dejaría de tomar pastillas. Así tuvimos la primera sesión y me fui. Al segundo día lo llamé para ver cómo estaba y me dijo que perfecto. Al menos hasta que se fue al Vaticano no había tomado ningún medicamento más.

Tras su elección como sumo pontífice, Francisco nombró a Fabrizio Soccorsi su médico personal. Graduado en Medicina y Cirugía en la Universidad de la Sapienza en 1968, Soccorsi ejerció como médico y como profesor hasta obtener la dirección del departamento de Hepatología, Enfermedades Hepáticas y Aparato Digestivo y Nutrición, así como del de Medicina Interna y Especializada del hospital San Camillo Forlanini de Roma. Además, era asesor de la Dirección de Salud e Higiene de la Gobernación del Estado del Vaticano y consultor médico en la Congregación para la Causa de los Santos[2]. En 2015, Soccorsi se convirtió en la sombra del sumo pontífice y de su «arquiatra» (del griego *arki*, 'primero', y *iatros*, 'médico'), es decir, su médico principal. Íntimo entre

---

[1] Pablo Berisso, «El médico chino del papa: "Me preocupa su salud"», *Noticias*, 10 de septiembre de 2013.

[2] A finales de 2020, Fabrizio Soccorsi fue ingresado en el hospital Agostino Gemelli de la capital italiana tras dar positivo por COVID-19. Debido a las complicaciones generadas por un cáncer de pulmón que había sufrido con anterioridad, sufrió serias complicaciones respiratorias. Finalmente falleció de pulmonía a causa de la COVID-19 el 9 de enero de 2021 a la edad de 78 años.

los íntimos, siempre relegado a un segundo plano y presente en todos los viajes, Soccorsi fue un espectador privilegiado de la vida cotidiana del santo padre.

Sergio Rubin y Francesca Ambrogetti, en la biografía titulada *El papa Francisco. Conversaciones con Jorge Bergoglio*, describen así la preocupación reinante sobre la salud del papa desde el momento de su elección:

> Pocos días después de haber iniciado su pontificado, el 266.º de la Iglesia católica, la salud del papa Francisco, de 76 años, suscitó los primeros interrogantes y corrillos cardenalicios, sobre todo por la extirpación parcial de un pulmón derecho a la que se sometió hace más de medio siglo, cuando solo contaba con 21 años[3].

En efecto, en 1957, el joven Jorge Mario Bergoglio cursaba el segundo año en el Seminario de Devoto cuando enfermó durante una terrible epidemia de gripe que afectó a miles de personas, incluido el joven seminarista. Aunque en un primer momento la enfermedad parecía inofensiva, los síntomas —sobre todo, una fiebre muy alta— fueron agravándose con el paso de los días, hasta el punto de que el director del seminario decidió enviar a Bergoglio al hospital Sirio Libanés para que lo examinasen. El cuadro era bastante grave y decidieron llamar al neumólogo Carlos Zorraquín, que ordenó varias pruebas de laboratorio y radiografías de tórax[4], gracias a las cuales se descubrieron tres quistes en el lóbulo superior del pulmón derecho. También se vio que se había producido un derrame pleural bilateral que le provocaba un intenso dolor al respirar. El doctor Zorraquín ordenó llevar a cabo varias pun-

---

[3] Sergio Rubin y Francesca Ambrogetti, *El papa Francisco. Conversaciones con Jorge Bergoglio*, Ediciones B, Barcelona, 2013.

[4] Nelson Castro, *La salud de los papas. Medicina, complots y fe, desde León XIII hasta Francisco*, Sudamericana, Buenos Aires, 2020.

ciones para intentar extraer el líquido, pero, finalmente, decidió extirpar el lóbulo afectado. Bergoglio tenía solo 21 años, pero recuerda con suma claridad aquella intervención:

A esa edad uno se siente omnipotente. [...] El posoperatorio también fue muy doloroso. Me dejaron un drenaje conectado a un pequeño tubo para que la presión negativa que se producía al abrirla generara un efecto de aspiración. Eso me producía un dolor fuertísimo, al igual que las curas con suero que me hacía el propio cirujano cada mañana. Eso era lo más difícil[5].

La evolución fue lenta y no obtuvo el alta médica hasta varios meses después. Le recomendaron que la recuperación la hiciera en Tandil, una ciudad del centro de Argentina situada cerca de las sierras del sistema de Tandilia y famosa por su clima seco. Cuando regresó a Buenos Aires, Bergoglio estaba completamente recuperado.

«¿Es verdad que usted tiene un solo pulmón?», le preguntó un cardenal durante el cónclave del que salió elegido sumo pontífice. En realidad, como explicó Federico Lombardi al día siguiente, su «dolencia pulmonar no supone una minusvalía en su vida cotidiana [...]. Los que lo conocen siempre le han visto con buena salud», pero el asunto siguió dando que hablar, sobre todo entre sus principales adversarios. Así lo explicó el cardenal Óscar Andrés Rodríguez Maradiaga:

Ciertamente, no puedo decir qué sucedió dentro de la Capilla Sixtina durante el cónclave [de 2013], pero puedo decir esto: cuando la figura del arzobispo de Buenos Aires comenzó a emerger como el nuevo posible papa, ellos [los enemigos de Bergoglio] comenzaron a moverse para frenar el plan de Dios que estaba a punto de concretarse. Alguien que estaba apoyando a otro

---

[5] Sergio Rubin y Francesca Ambrogetti, *El papa Francisco. Conversaciones con Jorge Bergoglio*, ob. cit.

cardenal papable, en efecto, difundió el rumor en Santa Marta de que Bergoglio estaba enfermo, alegando que le faltaba un pulmón. Fue en este punto donde yo tomé coraje. Hablé con otros cardenales y les dije: «OK, voy a ir a preguntarle al arzobispo de Buenos Aires si estas cosas son realmente ciertas». Cuando fui a verlo, le pedí perdón por la pregunta que estaba a punto de formularle. El cardenal Bergoglio se sorprendió mucho, pero confirmó que, aparte de un poco de ciática y una pequeña operación en su pulmón derecho para la remoción de un quiste cuando era joven, no tenía ningún problema de salud de importancia. Su respuesta fue un verdadero alivio: el Espíritu Santo, a pesar de los obstáculos de las camarillas, estaba soplando sobre la persona correcta[6].

El destacado vaticanista Gerard O'Connell, autor de *The Election of Pope Francis*, recogió otro testimonio de gran valor sobre las intrigas alrededor de la afección pulmonar de Francisco. Al parecer, el cardenal español Santos Abril y Castelló también se acercó a Bergoglio y le formuló la misma pregunta al final del almuerzo. «¿Es verdad que usted tiene un solo pulmón?», le dijo. El entonces aún arzobispo de Buenos Aires lo negó y le explicó que en 1957 se había sometido a una cirugía para la extirpación del lóbulo superior del pulmón derecho a causa de tres quistes, pero desde entonces «el pulmón funciona con total normalidad», contestó el argentino[7].

Los medios comenzaron a consultar a eminentes especialistas en la materia. «Si su pulmón y medio está sano, no hay ninguna razón para no vivir normalmente como alguien de su edad», explicó el famoso neumólogo francés Yves Martinet a la Agencia France Presse. El profesor Bertrand Dautzenberg, profesor de Medicina Torácica en el hospital CHU Pitié-Sal-

---

[6] Nelson Castro, *La salud de los papas. Medicina, complots y fe, desde León XIII hasta Francisco*, ob. cit.

[7] Gerard O'Connell, *The election of pope Francis*, Orbis Books, Nueva York, 2020.

pêtrière y en la Universidad de la Sorbona de París, afirmó: «Se puede vivir normalmente. Aunque se tengan menos reservas, se puede nadar o viajar en avión»[8].

EL DÍA QUE CREYÓ QUE MORÍA

El segundo problema serio de salud ocurrió cuando era superior provincial de los jesuitas. En palabras del propio Bergoglio:

> Era la hora del almuerzo y yo estaba pasando la sopa. De repente, tuve un dolor agudo y fuerte en la espalda que me paralizó. Por un instante no me pude mover. Tuve que dejar de hacer la tarea que estaba realizando y sentarme. Ante semejante dolor tomé la determinación de ingerir un calmante. Yo creía que se trataba de un problema muscular. Pero lo cierto es que las horas pasaban y el dolor no cedía. Decidí entonces acudir al médico. Me vio un clínico que me hizo una serie de estudios para evaluar principalmente la vesícula y los riñones[9].

En las pruebas parecía que todo estaba bien, pero el dolor, la fiebre y la deshidratación no cedían. El doctor José Di Iorio, médico que trataba a Bergoglio, decidió derivarlo a un cirujano, quien, después de examinarle, le indicó que era necesario hacer una colecistografía, técnica radiológica que consiste en la opacificación de la vesícula biliar mediante la introducción de un contraste por vía intravenosa u oral. Por desgracia, el estudio tuvo que ser suspendido porque, en mitad de la prueba, Bergoglio tuvo una grave reacción alérgica al yodo.

---

[8] «La salud del papa es la única preocupación en el Vaticano», *Diario Popular*, 16 de marzo de 2013.

[9] Nelson Castro, *La salud de los papas. Medicina, complots y fe, desde León XIII hasta Francisco*, ob. cit.

Ante este hecho y la persistencia del cuadro clínico, el cirujano me informó que había que operar de urgencia. Y no fue solo eso lo que me dijo, sino también que la operación era muy delicada y de alto riesgo, porque no sabía con qué se iba a encontrar al abrir. Comprendí lo grave de la situación y que no dejaba alternativa. Le respondí que procediera. En ese momento, me encomendé a Dios, que me ayudó a enfrentar la operación con absoluta serenidad[10].

Si no hubiera sido operado de urgencia, su situación se habría agravado e incluso habría podido morir: Bergoglio sufría de gangrena —necrosis— en la vesícula, y lo cierto es que el cirujano Juan Carlos Parodi le salvó la vida. Después del cónclave de 2013, el papa Francisco invitó al doctor Parodi a visitarlo en el Vaticano. En una entrevista, el médico relató así el encuentro: «El papa me dijo: "Aquel día creía que me moría. Y en eso apareciste vos. Eras un médico joven con cara de loco, pero, al verte, supe que me ibas a salvar la vida"».

Otra de las dolencias de Francisco se manifestó en 2004:

Era un sábado y comencé a sentirme mal. Me encontraba muy cansado. Después del almuerzo hice varias cosas. Me tomé un café y media hora después, un segundo. Después tomé el autobús 70 para ir hasta la Villa 21 para dar la salida de una maratón. Cuando llegué, el padre Pepe Di Paola me dijo: «Estás muy pálido. ¿Qué te pasa?». «No sé, me siento muy cansado»[11].

El enfermero de la maratón le tomó la tensión y le recomendó que acudiera al hospital Penna, donde le podrían hacer análisis y un examen en profundidad. Cuando llegaron al hospital le esperaban el director y el jefe de cardiología, el doctor Jorge Bilbao, que describió así el estado del papa:

---

[10] *Ibid.*

[11] Nelson Castro, «La salud de Francisco», *Perfil*, 28 de febrero de 2021.

Me encontré con un paciente en buen estado general, sin dolores de tipo anginoso. Al examen no presentaba alteraciones del ritmo cardíaco. Le indiqué que había necesidad de hacerle un cateterismo cardíaco. Al principio se negó terminantemente, pero terminó aceptando.

En palabras del propio Bergoglio:

Según recuerdo, me informaron que había sufrido un preinfarto y que había una estrechez moderada de la coronaria descendente anterior. Me llevaron entonces al sanatorio San Camilo, donde estuve dos o tres días en observación. Allí comencé el tratamiento con el cardiólogo doctor Mario Roberto Kenar, quien incluso vino aquí a controlarme dos veces. Nunca más tuve problemas cardíacos. Según me dijo el cardiólogo, la arteria se había recanalizado tras realizarme un cateterismo[12].

Desde que fue elegido sumo pontífice hasta 2019, Francisco no sufrió ningún problema de salud. En ese año se sometió a una sencilla operación de cataratas en el hospital Pío XI de Roma. Sin embargo, su salud comenzó a complicarse en 2021, cuando el pontífice sufrió una estenosis diverticular sintomática del colon que le causaba un fuerte dolor abdominal e inflamación. En la tarde del 4 de julio, después de comparecer en la plaza de San Pedro y anunciar un viaje oficial para el mes de septiembre a Hungría y Eslovaquia, el papa fue ingresado de urgencia en el hospital policlínico Gemelli de Roma, donde el eminente doctor Sergio Alfieri le realizó una cirugía programada de colon.

Durante la pandemia por la COVID-19, que llegó a Italia con mucha fuerza en febrero de 2020, el martes 25 de ese mes el papa comenzó a sentir los síntomas de un fuerte proceso catarral: estornudos, dolor de garganta y fiebre. Por su edad —83 años— se encontraba en el grupo de alto riesgo, y el pe-

---

[12] «Someten al papa a una intervención quirúrgica», *Télam*, 4 de julio de 2021.

riódico *Il Messaggero* reveló que el servicio médico vaticano le había sometido a una prueba para descartar el coronavirus. El 3 de marzo, misteriosamente, el servicio de prensa señaló que «el resfriado seguía su curso sin otros síntomas atribuibles a otras patologías», aunque no descartaba la posibilidad de que el pontífice hubiera contraído la COVID. A finales de ese mismo año, dos cardenales muy cercanos al sumo pontífice dieron positivo en las pruebas: el polaco Konrad Krajewski, de 57 años, conocido como «cardenal Robin Hood», que fue ingresado en la clínica Gemelli de Roma tras los primeros síntomas de neumonía[13], y el gobernador de la Ciudad del Vaticano, Giuseppe Bertello, de 78 años, de quien no se dieron detalles sobre cómo le había afectado la enfermedad[14].

En noviembre de 2021, el papa impartió una misa en nombre de los clérigos fallecidos víctimas del coronavirus. Según la web www.gcatholic.org, solo en enero de 2021 fallecieron 16 obispos (incluido un cardenal) por COVID-19, entre ellos el arzobispo castrense de España Juan del Río Martín, de 73 años.

Otro cardenal afectado por la pandemia fue el estadounidense Raymond Burke, de 73 años, famoso por su férrea oposición al papa y por su «escepticismo» ante la pandemia y las vacunas. Burke se contagió en el mes de agosto de 2021 y tuvo que ser ingresado de urgencia en un hospital de Wisconsin —estaba de vacaciones en Estados Unidos—, donde necesitó la ayuda de un respirador para seguir con vida[15].

---

[13] El papa Francisco lo nombró limosnero el 3 de agosto de 2013, elevándolo inmediatamente a la dignidad de arzobispo. Luego le designó cardenal en el consistorio el 22 de junio de 2018. A pesar de ser cardenal, Krajewski no ha dejado de salir continuamente a distribuir ayudas a los más necesitados de la capital italiana.

[14] «Dos cardenales cercanos al papa dan positivo en coronavirus», *El Plural*, 22 de diciembre de 2020.

[15] «El cardenal Burke, entubado tras contagiarse de coronavirus», *Vida Nueva*, 17 de agosto de 2022.

En mayo de 2022, la inquietud sobre la salud del papa (de 85 años) regresó cuando apareció en público en silla de ruedas —unos días antes había asegurado que sufría un fuerte dolor de rodilla que le impedía caminar—. Él mismo explicó su dolencia en una entrevista con el *Corriere della Sera*: «Estoy a punto de someterme a una intervención con infiltración menor debido a una distensión de ligamento». Al final de una audiencia con varios obispos de Eslovaquia, el pontífice se disculpó por no poder ponerse en pie para saludar a sus invitados. «Hay un problema, esta rodilla no funciona. Tengo que obedecer al médico, que me dijo que no caminara», explicó a sus invitados. Francisco aseguró al *Corriere della Sera* que estaba «listo para viajar a Moscú». Había solicitado una reunión con el presidente Vladimir Putin por la guerra en Ucrania, pero aún no había obtenido respuesta.

Rumore, rumore, rumore

En septiembre de 2021, el papa aseguró que no pensaba renunciar. Pero los rumores sobre su precaria salud tras la operación de colon preocupaban —y mucho— tanto en Roma como en el Vaticano. Una fuente cercana al servicio médico del pontífice confirmaba lo evidente:

Ciertamente, cualquiera puede ver sus dificultades motoras. Esto es evidente. Pero ya las habíamos visto antes de la operación de colon. Su cadera derecha ha estado esperando durante años una prótesis que no es probable que llegue después de la operación del 4 de julio. Hacía poco que le habían quitado 33 centímetros de intestino y para un hombre de 85 años eso supone una dieta muy estricta[16].

[16] Alberto de Filippis, «¿Podría convertirse Francisco en otro papa emérito por sus problemas de salud?», *Euronews*, 2 de septiembre de 2021.

«Estoy todavía vivo, aunque algunos me querían muerto. ¡Paciencia!», dijo el papa en tono sarcástico el 14 de septiembre de 2021 en un encuentro a puerta cerrada —y sin periodistas— con los miembros de la Compañía de Jesús durante su viaje a Eslovaquia. La revista *La Civiltà Cattolica* publicó lo que se contó en aquella reunión: por ejemplo, que durante su operación de colon, algunos prelados y altos miembros de la curia se reunieron para preparar el nuevo cónclave, pensando que el estado de salud del sumo pontífice era más grave de lo que informaba el servicio médico del Vaticano.

En octubre de 2021, en un artículo para *The Spectator* titulado, «Is the Pope a Protestan?» («Es el papa un protestante?»), el periodista Damian Thompson afirmaba que cuando se le preguntó al papa cómo se encontraba tras la operación de colon, respondió con una frase que dejó perplejos a muchos: «Sigo vivo, aunque algunas personas deseaban que muriera». Los informes médicos habían asegurado que no tenía cáncer, pero lo cierto es que había permanecido en el hospital más tiempo de lo esperado y, además, los médicos italianos no se han caracterizado nunca por decir la verdad sobre el estado de salud de los pontífices[17].

Bergoglio también ha padecido problemas de ansiedad y nunca ha negado que, siendo aún cardenal, los trató con una psiquiatra:

> A las neurosis hay que cebarles mate. [Busqué la ayuda de una psiquiatra para] ayudarme a ubicarme en cuanto a la forma de manejar los miedos de aquel tiempo. [...] El tratamiento me ayudó además a ubicarme y a aprender a manejar mi ansiedad y evitar el apresuramiento a la hora de tomar decisiones. El proceso de toma de decisiones es siempre complejo. [...] Sus enseñanzas me son de mucha utilidad hoy en día[18].

---

17 Damian Thompson, «Is the Pope a Protestan?», ob. cit.
18 Nelson Castro, «La salud de Francisco», ob. cit.

Sobre el asunto de la ansiedad habló con los periodistas en el vuelo en el que regresaba a Roma desde Corea, el 18 de agosto de 2014:

> El querer hacer todo ya y ahora. Por eso hay que saber frenar. Tengo bastante domada la ansiedad. Cuando me encuentro ante una situación o debo enfrentar un problema que me produce ansiedad, la atajo. Tengo distintos métodos. Uno de ellos es escuchar a Bach. Le confieso que con los años he logrado poner una barrera a la entrada de la ansiedad en mi espíritu. Sería peligroso y dañino que yo tomara decisiones bajo un estado de ansiedad. [...] Es también importante dominarla [la tristeza] y saber manejarla. Sería igualmente nocivo tomar determinaciones dominado por la angustia y la tristeza[19].

LOS PROBLEMAS SE ACRECIENTAN

En julio de 2021, el papa también padeció una esteatosis hepática —conocida comúnmente como «hígado graso»— que le causó un importante aumento de peso. Los médicos vaticanos le advirtieron de que debía guardar una dieta muy estricta, ya que la enfermedad podría afectarle al corazón. Después de unos meses bajó de peso y el funcionamiento de su hígado se normalizó. El doctor Roberto Bernabei dijo entonces que el sumo pontífice era sometido a un exhaustivo chequeo médico una vez cada seis meses, que dormía profundamente, que era algo terco, que además dormía la siesta 40 minutos diarios, que tiene los pies planos —por eso lo de los zapatos ortopédicos—, que se enojaba a veces y que solía somatizar los problemas, lo que le provocaba fuertes dolores de cabeza.

En una entrevista con el periodista Nelson Castro, justo cuando este preparaba su libro *La salud de los papas*, Francis-

---

[19] *Ibid.*

co le confesó que padecía una estrechez intervertebral entre la cuarta y quinta vértebra lumbar, y entre esta y el sacro.

> En el chequeo médico que me realizaron cuando asumí el pontificado, los servicios médicos vaticanos me realizaron una radiografía de toda la columna vertebral. Al verlas consultaron con un especialista, que dijo: «Esto es muy serio. El paciente necesita un tratamiento intensivo a base de kinesiología, rehabilitación postural y gimnasia. ¿Entiendo que estamos hablando de una persona que está en silla de ruedas?», preguntó el especialista. Cuando supo que era yo el paciente, pidió verme personalmente[20].

Al parecer, el especialista descubrió que los músculos paravertebrales se habían fortalecido, impidiendo el aplastamiento entre las vértebras. Las sesiones intensivas de fisioterapia a las que se somete dos o tres veces por semana en el Vaticano han conseguido que el papa ya no sufra de dolores de espalda. «Los médicos son muy buenos, pero hay que tenerlos lo más lejos posible. [...] Lo mejor es que el médico esté en su casa y yo en la mía», confesó el pontífice entre risas.

El 15 de junio de 2022, Francisco habló en su discurso sobre el valor de la vejez y sobre la enfermedad.

> La enfermedad pesa sobre las personas mayores de una manera diferente y nueva respecto a cuando se es joven o adulto. Es como un duro golpe que te cae en un momento ya difícil. La enfermedad del anciano parece acelerar la muerte y, en todo caso, disminuir ese tiempo de vida que ya consideramos corto. Se trata de un momento delicado, pues asaltan las dudas de que no nos recuperaremos y no se puede soñar con la esperanza en un futuro que ahora parece inexistente.

---

[20] Nelson Castro, *La salud de los papas. Medicina, complots y fe, desde León XIII hasta Francisco*, ob. cit.

Pero ¿quién quería que el papa muera? ¿Era solo paranoia, o era el humor negro de Francisco? ¿Cuántos católicos habrían estado felices, o, al menos, no angustiados, viendo al sumo pontífice salir de la clínica Gemelli en el interior de un ataúd? La respuesta era más sencilla de lo que la mayoría creía, pues, aunque no eran muchos los que lo expresaban con palabras, existían bastantes personas que decían que «no sería malo si este papa jesuita fuera reunido para su recompensa celestial». El vaticanista Damian Thompson, por ejemplo, recordaba un almuerzo con dos sacerdotes, uno de los cuales usó la fórmula de «recompensa celestial», a lo que el otro dijo: «¿Qué te hace pensar que sería celestial?». Este religioso pertenecía al grupo que odiaba tanto al papa como para que no le importase el modo en que acabase su pontificado siempre y cuando acabase pronto. «Espero que caiga muerto esta noche», concluyó el sacerdote.

El 5 de mayo de 2022, como dijimos más arriba, el papa, que en diciembre cumpliría 86 años, apareció en silla de ruedas en una audiencia en el Aula Pablo VI del Vaticano para reunirse con los participantes de la XXII Asamblea Plenaria de la Unión Internacional de Superioras Generales (UISG). Fueron muchos los que se preguntaron si de ese modo el propio pontífice alimentaba los rumores de una posible renuncia.

El 21 de junio el rumor fue desmentido por el propio Francisco, un rumor alimentado principalmente por la prensa estadounidense y, probablemente, por los hombres del disidente cardenal Raymond Burke. En una audiencia con los obispos brasileños en visita *ad limina* al Vaticano, ese día el papa dijo que ejercería su misión «hasta que Dios me lo permita». Tal y como expresó el arzobispo de Porto Velho, Roque Paloschi, el papa aseguró que tenía aún «muchos desafíos y que no se le pasa por la cabeza lo que está dando vueltas por la prensa todas estas semanas»[21].

---

[21] Rubén Cruz, «El papa 'asesina' los rumores de renuncia: "Quiero vivir mi misión hasta que Dios me lo permita"», *Vida Nueva*, 21 de junio de 2022.

Es verdad que, en mayo y junio de 2022, la rodilla derecha del sumo pontífice no pasaba por sus mejores momentos, lo que llevó a la Secretaría de Estado a posponer, por prescripción médica, su viaje pastoral a la República Democrática del Congo y Sudán del Sur, previsto para el mes de julio. El cambio de planes dio lugar a un sinfín de teorías sobre el final de su pontificado, un final que, aunque había sido rápidamente desmentido por sus principales colaboradores, como el cardenal arzobispo Óscar Andrés Rodríguez Maradiaga, seguía ocupando un amplio espacio mediático con portadas en periódicos de todo el mundo y horas de tertulias en radios y televisiones. «Todo eso es telenovela barata», aseguró Rodríguez Maradiaga. Según el arzobispo Paloschi, era evidente que Francisco tenía «una gran fuerza, lo que nos da mucha fuerza a los demás. A veces hasta nos avergonzamos de nosotros mismos por estar ahí quejándonos de tantas cosas. ¡El papa tiene mucho ánimo!»[22].

Pese al silencio vaticano durante varias semanas —es muy habitual en la maquinaria papal eso de «ni confirmo, ni desmiento»—, el 28 de junio, al fin, se anunció a bombo y platillo la recuperación de Francisco. «Hace tres días que puedo caminar», dijo el papa. La frase corrió como la pólvora y pronto se supo que Francisco caminaba desde hacía varios días con un bastón. Durante la audiencia a las familias en misión del Camino Neocatecumenal, el pontífice aparcó la silla de ruedas, lo que significaba que la mejoría era cierta. Fuentes no oficiales del Vaticano confirmaron que el papa se estaba sometiendo diariamente a sesiones de dos horas de fisioterapia para recuperarse y evitar una operación que implicaría una recuperación aún más larga y costosa[23]. «Estoy mayor para ser mi-

[22] José Silvonei, Bianca Fraccalvieri y Andressa Collet, «papa: "arrisca, meu irmão", junto aos pobres e indígenas da Amazônia», *Vatican News*, 20 junio de 2022.

[23] Rubén Cruz, «El papa, feliz con su recuperación: "Hace tres días que puedo caminar"», *Vida Nueva*, 28 de junio de 2022.

sionero», dijo cuando se anunció la anulación de su viaje a África previsto para el mes de julio. «Por desgracia, con gran pesar, tuve que posponer el viaje al Congo y Sudán del Sur. De hecho, ¡a mi edad no es tan fácil ir a una misión!»[24]. En efecto, fue el secretario de Estado, Pietro Parolin, quien visitó esos países desde el día 1 hasta el 8 de julio de 2022.

Aunque el retiro voluntario por cuestiones de salud parece lejano, la pregunta sobre qué hacer si Francisco decidiese renunciar siguió en el aire. El 16 de febrero de 2019, el periodista Nelson Castro mantuvo el siguiente diálogo con el papa Francisco:

—Santidad, ¿piensa usted en la muerte?

—Sí.

—¿La teme?

—No, en absoluto.

—¿Cómo imagina su muerte?

—Siendo papa, ya sea en ejercicio o emérito. Y en Roma. A la Argentina no vuelvo.

---

[24] Elena Magariños, «El papa le echa humor a su viaje cancelado a África: "Estoy mayor para ser misionero"», *Vida Nueva*, 13 de junio de 2022.

10
LA «MAFIA» DE SAINT GALLEN

En 2017 apareció en las librerías el controvertido *The Dictator Pope. The Inside Story of the Francis papacy* («El papa dictador: la historia oculta del papado de Francisco») en el que, en poco más de 200 páginas, su autor, un tal Marcantonio Colonna —seudónimo de Henry Sire— denunciaba abiertamente una conspiración liberal para colocar a un papa de su cuerda en el cónclave de 2005. Entonces no lo consiguieron, pero sí en el de 2013 con la elección del cardenal Jorge Mario Bergoglio como sumo pontífice. Henry Sire es un erudito católico hispano-británico, miembro de la Orden de Malta, que se propuso sacar a la luz las maniobras de un sector de la curia para situar a los suyos tanto en el Trono de Pedro como en la dirección de los dicasterios más importantes y estratégicos[1]. El seudónimo que eligió no es resultado del azar, ya que Marcantonio Colonna era el nombre de un famoso almirante que había combatido en la batalla de Lepanto contra los «in-

---

[1] Marcantonio Colonna, *The Dictator Pope. The Inside Story of the Francis papacy*, ob. cit.

fieles». Quizá con este su autor libraba su particular «batalla de Lepanto» contra los que él consideraba «infieles», liderados ahora por el propio papa en lugar de por Solimán el Magnífico.

En el libro aparecen las declaraciones políticas y teológicas del papa Francisco, así como su estilo de liderazgo, en un contexto que Sire define como «específicamente argentino», comparable al de Juan Domingo Perón, que fue capaz de hablar y entenderse con sectores políticamente opuestos —desde la extrema derecha a los sindicalistas— y decir a cada uno lo que deseaba escuchar, esto es, que tenían razón. Según *The Spectator*, el libro define esta «actitud peronista» del papa como una especie de oportunismo despiadado a la hora de dirigir la Iglesia católica[2].

Sin duda, *The Dictator Pope* ofrece una de las visiones más críticas del papa argentino. El libro, un auténtico torpedo a la línea de flotación de la Santa Sede, pretende ser «la historia interna del papado más tiránico y sin principios de los tiempos modernos», tal y como señaló el propio Henry Sire en 2018. En su opinión, mientras Francisco se presenta a sí mismo como un papa humilde, «gobierna la Iglesia a través del miedo y se ha aliado con algunos de los elementos más corruptos del mundo vaticano». En 2017, el libro alcanzó el cuarto lugar en la lista de libros más vendidos de Religión y Espiritualidad de Amazon Kindle.

El 21 de marzo de 2018, la Soberana Orden de Malta emitió un comunicado «desligándose por completo» del contenido del libro, así como del propio Henry Sire, que ha sido suspendido temporalmente. La Orden asegura que el capítulo sobre la crisis institucional en el gobierno de la Orden de Malta de finales de 2016 se basa en una reconstrucción sesgada y

---

[2] Dan Hitchens, «"The Dictator Pope", a mixture of hearsay and insight», *Catholic Herald*, 12 de diciembre de 2017.

tendenciosa de los acontecimientos. De este modo se desvinculaba del mensaje transmitido por Sire, al considerar que la obra es una «grave ofensa a Su Santidad, el papa Francisco». La realidad era que Henry Sire residía en el Palacio del Gran Magisterio con la excusa de que estaba escribiendo un libro sobre la historia de la Orden de Malta, cuando en verdad lo que estaba escribiendo era el polémico libro sobre el papa Francisco. Sire jamás ocupó un cargo oficial ni en la Orden de Malta ni en el Vaticano, y tan solo tenía un contrato de investigación[3].

Uno de los principales temas de discusión del libro son los acontecimientos que rodearon el meteórico ascenso del cardenal Jorge Mario Bergoglio hasta el Trono de Pedro gracias al misterioso Grupo de Saint Gallen, un poderoso *lobby* formado por clérigos de tendencias «modernistas liberales», agrupados bajo el manto del entonces poderoso cardenal Carlo Maria Martini, que, presuntamente, intentaron evitar que Joseph Ratzinger se convirtiera en el papa 265.º de la Iglesia. Según *The Catholic Herald*, Sire asegura que el grupo eligió a Bergoglio como su candidato para el cónclave de 2013, ya que, «con Martini muerto, y la mayoría del grupo acercándose a la edad límite para participar en un cónclave, el tiempo se estaba acabando y sabían que esta era su última oportunidad real»[4].

Colonna/Sire acusaba también al grupo de Saint Gallen de los resultados del sínodo sobre la familia, celebrado entre el 5 y el 19 de octubre de 2014, cuyo objetivo era cambiar la enseñanza moral católica respecto a dar la sagrada comunión a los divorciados. Citando al cardenal sudafricano Wilfrid Napier,

---

[3] Comunicado del 21 de marzo de 2018: «La Orden de Malta se desvincula del contenido del libro y condena firmemente el ruin ataque contra el papa».

[4] Tess Livingstone, «"The Dictator Pope" sparks witch hunt in Rome», *The Australian*, 1 de diciembre de 2017.

Sire afirma que «el papa Francisco llenó deliberadamente el sínodo de prelados que estaban de acuerdo con sus puntos de vista, manipulando así el resultado». También se discutieron las intervenciones del Vaticano en los casos de los «Frailes Franciscanos de la Inmaculada», la Soberana Orden Militar de Malta y el despido de tres miembros de la Congregación para la Doctrina de la Fe, lo que provocó la protesta formal por parte del conservador Gerhard Ludwig Müller[5]. Incluso varios purpurados pusieron en duda el nombramiento como cardenal del entonces secretario general del sínodo de obispos, Lorenzo Baldisseri, el 22 de febrero de 2014, ocho meses antes del inicio del sínodo sobre la Familia. ¿Acaso Francisco premiaba con la púrpura cardenalicia a quien debía configurar los «cuestionarios» que se enviarían a los obispos de todo el mundo? Sire acusaba a Francisco de utilizar estos nombramientos como una moneda de cambio con la que premiaba a todos los que apoyasen sus tendencias liberales.

Lo cierto es que Baldisseri, por indicación del papa, envió a las diócesis de todo el mundo 38 preguntas muy concretas para conocer los «sufrimientos espirituales» que aquejaban a las familias católicas en la actualidad. Con las respuestas se elaboró un documento de 77 páginas que se hizo público en junio de 2014. El sector más liberal de la Iglesia tenía claro que no podría cambiar la doctrina de la Iglesia, pero Francisco exigía modificar el acento y la mirada.

Si bien la Iglesia se opone a «redefinir el matrimonio», el papa pidió «una actitud respetuosa hacia los homosexuales, exenta de prejuicios», y aunque se oponía a la adopción, el sector liberal pidió acoger en el bautismo a los menores de familias homoparentales. Además, los resultados de las encuestas mostraban que los fieles católicos estaban de acuerdo

---

[5] Dan Hitchens, «"The Dictator Pope", a mixture of hearsay and insight», ob. cit.

con Francisco cuando se expresó sobre la cuestión de los homosexuales. También fue clara la respuesta de los fieles al resistirse a la doctrina de la Iglesia sobre cuestiones como «el control de la natalidad, el divorcio, nuevas nupcias, homosexualidad, relaciones prematrimoniales o fecundación in vitro»[6]. Se trataba de cuestiones muy específicas, como la admisión a la comunión de los divorciados vueltos a casar o el trato con los homosexuales, temas que preocupaban al grupo de Saint Gallen. En resumidas cuentas, los miembros de la «mafia» de Saint Gallen formularon un buen número de deseos en un entorno casi secreto. Hace 20 años, las reuniones de obispos en el Vaticano trataban sobre si los obispos conseguirían más autonomía en cuestiones de cuidado pastoral o si las conferencias episcopales podrían aplicar las directrices del sínodo a sus propias circunstancias sociales. Sin embargo, «lo que Francisco está tratando de implementar hoy corresponde en gran medida a las ideas que [los miembros del grupo de Saint Gallen] teníamos entonces», afirmó el cardenal Walter Kasper[7].

En un amplio reportaje publicado por el rotativo australiano *The Australian* sobre el libro de Henry Sire se explica que, más allá de las preocupaciones teológicas, un

> [...] tema importante en el libro es lo que Colonna/Sire ve como el fracaso del papa Francisco en lo que respecta a la reforma financiera y la eliminación de la corrupción en el Vaticano. Henry Sire acusa específicamente a cuatro hombres de obstruir la reforma financiera; el secretario de Estado, Pietro Parolin; el director del Banco del Vaticano, Domenico Calcagno; el prefecto para la Educación Católica, Giuseppe Versaldi, y el presiden-

---

[6] «Encuesta del Vaticano reveló que católicos cuestionan la doctrina de la Iglesia sobre la familia», ADN Radio Chile, 27 de junio de 2014.

[7] Julia Meloni, *The St. Gallen Mafia: Exposing the Secret Reformist Group within the Church*, TAN Books, Gastonia, 2021.

te de la Comisión Pontificia para el Estado de la Ciudad del Vaticano, Giuseppe Bertello[8].

El propio Sire se lamentaba en una entrevista:

> En su mayor parte, *The Dictator Pope* fue un poco más que un resumen del trabajo que muchos periodistas realizaron al analizar los abusos y meteduras de pata bajo la conducción de Francisco. [...] Mi contribución principal fue poder utilizar el conocimiento que los argentinos tenían sobre cómo era exactamente Bergoglio; conocimiento que, por la limitación del idioma, no se había hecho saber en el mundo de habla inglesa. Efectivamente, una investigación posterior me demostró que subestimé la montaña de corrupción a la que Bergoglio había pertenecido durante su carrera en Argentina. Un ejemplo es su rol como protector de abusadores sexuales dentro del clero. Lamento no haber tenido más información a mi disposición para presentar una verdadera imagen del hombre que los cardenales eligieron papa en 2013[9].

La obra de Sire describe también la misteriosa redada de la Guarda di Finanza y la posterior confiscación de una gran cantidad de documentos de las oficinas del «auditor general», Libero Milone, designado por el papa Francisco, que se vio obligado a dimitir en septiembre de 2017 en circunstancias bastantes turbias[10]. El libro analiza cómo una auditoría financiera profesional de la firma PwC, encargada por el cardenal

---

[8] Tess Livingstone, «"The Dictator Pope" sparks witch hunt in Rome», ob. cit.

[9] Robate Caeli, «Entrevista a Henry Sire (autor de "The Dictador Pope"): "Básicamente, el problema es que Bergoglio no tiene verdaderos principios, como típico peronista que es"», *adelantelafe.com*, 15 de diciembre de 2021.

[10] Tess Livingstone, «"The Dictator Pope" book sparks witch hunt in Rome», ob. cit.

George Pell, fue suspendida en 2016 por orden del sustituto de Asuntos Generales, el arzobispo Giovanni Angelo Becciu, quien se encuentra en ese momento bajo órdenes de su superior, el cardenal Pietro Parolin[11]. En el libro también se afirma que el papado de Francisco es menos popular de lo que se cree: Sire destaca la disminución de las cifras de asistencia a la plaza de San Pedro para las audiencias papales semanales de 51.617 en 2013 a menos de 10.000 en 2016[12].

Además la obra obtuvo el apoyo de un gran número de publicaciones conservadoras y de tendencia tradicionalista, como *The Catholic Thing*, que lo definió como «una crónica real del Vaticano de Francisco»; *One Peter Five*, que dijo que era «un libro que debe leerse»; *The Remnant*, que habló de «una llamada a la oposición a la jerarquía», o el *Church Militant*, que recogió las palabras de Sire:

> Cuando escribí mi libro, no era consciente de la cultura de corrupción moral y financiera en la que estaba inmersa la archidiócesis de Buenos Aires; Bergoglio no era el responsable de esa cultura, pero no hizo nada por cambiarla y la respaldó con su política de encubrimiento. Hay también otros aspectos de los inicios de la carrera de Bergoglio que solo un investigador argentino podría explorar en su totalidad, especialmente el controvertido asunto de su comportamiento durante la dictadura militar[13].

Pero también hubo severas críticas de renombrados vaticanistas, como Dan Hitchens, del *Catholic Herald*, o Philip Lawler, del *The Catholic World Report*. El primero afirmaba que el libro contenía afirmaciones no probadas y que «no es

---

[11] P. J. Smith, «The curial Sidelines», *First Things*, 1 de enero de 2018.
[12] Dan Hitchens, «"The Dictator Pope", a mixture of hearsay and insight», ob. cit.
[13] Christine Niles, «Exclusive: author of 'The Dictator Pope' speaks», *Church Militant*, 17 de diciembre de 2017.

para los que se escandalizaban fácilmente, pero está escrito de forma juiciosa y genuinamente perspicaz», aunque cuestionaba la afirmación del autor sobre un supuesto «informe desaparecido» escrito por Peter Hans Kolvenbach, XXIX general de la Compañía de Jesús de 1983 a 2008, en el que, supuestamente, se afirmaba que el jesuita Bergoglio era «inadecuado» para ser nombrado obispo debido a sus «defectos de carácter». Sire respondió a Dan Hitchens afirmando que no se trataba de un rumor, sino de información de primera mano de un sacerdote que sí había leído el informe[14]. Phillip Lawler, por su parte, afirmó que, aunque el libro «es el producto de una gran cantidad de sólidos informes», Sire no proporciona evidencia alguna de sus afirmaciones más extremas o inverosímiles, como las referidas al grupo de Saint Gallen[15].

Algunos vaticanistas pro-Bergoglio comenzaron a acusar a Sire de inventarse conspiraciones más propias del Renacimiento que del siglo XXI, pero el capítulo del libro en el que Sire habla de un poderoso *lobby* liberal, con base en la ciudad suiza de Saint Gallen, hizo que muchos periodistas quisieran seguir escarbando en el asunto.

SE HABLA DE TODO, PERO NO SE TOMA NOTA DE NADA

El grupo de Saint Gallen, también conocido como «mafia de Saint Gallen», era un grupo informal de clérigos liberales y reformistas de alto rango de la curia romana. El obispo de la ciudad suiza que da nombre al grupo, Ivo Fürer, secretario entonces del Consejo de Conferencias Episcopales Europeas,

---

[14] Dan Hitchens, «They will inmask me eventually, says the author of "The Dictator Pope"», *Catholic Herald*, 13 de diciembre de 2017.

[15] Philip Lawler, «"The Dictator Pope" is sometimes frustrating, but filled with valuable insights and information», *Catholic World Report*, 13 de diciembre de 2017.

fue el organizador del primer encuentro, en 1996, y dijo que se trataba de un «*Freundeskreis* [círculo de amigos] creado para discutir sobre diversos aspectos de la Iglesia». El grupo se reunía de forma *cuasi* clandestina todos los meses de enero en Saint Gallen —de poco más de 75.000 habitantes— con el único fin, aparentemente, de intercambiar ideas sobre temas de la Iglesia que preocuparan a los asistentes.

Jakob Ivo Fürer, que fue obispo de Saint Gallen desde 1995 a 2005, creó el grupo cuando asumió su cargo en la pequeña ciudad suiza y, junto al cardenal Carlo Maria Martini, reunió a aproximadamente una docena de cardenales y obispos de ideas afines a las suyas para discutir sobre los nombramientos de obispos, la colegialidad, las conferencias episcopales, la primacía del papado y la moralidad sexual. No siempre estaban de acuerdo, pero todos eran de la opinión de que el cardenal Joseph Ratzinger «no era el tipo de persona que esperaban ver en el próximo cónclave»[16]. Algunos informes y reportajes de investigación llevados a cabo por diversos medios definieron al grupo como claramente conspiratorio[17].

Lo cierto es que en aquellas reuniones se hablaba de todo, desde cuestiones de fe hasta los problemas ocasionados por el IOR. Puesto que se trataba de un grupo informal, no tenía un nombre oficial y «grupo de Saint Gallen» fue el que finalmente adoptaron ellos mismos. Nadie sabía de su existencia hasta que los historiadores Karim Schelkens y Jürgen Mettepenningen publicaron las biografías del cardenal Godfried Danneels, arzobispo de Mechelen-Bruselas, y Ad van Luyn, obispo de Rotterdam, en las que se hablaba de «grupo de Saint

---

[16] Edward Pentin, «Cardinal Danneels Admit to Being Part of 'Mafia' Club on St. Gallen Group», *National Catholic Register*, 24 de septiembre de 2015.

[17] Edward Pentin, «Cardinal Danneels Biographers Retract Commets on St. Gallen Group», *National Catholic Register*, 26 de septiembre de 2015.

Gallen» o de «club de Saint Gallen» indistintamente[18]. En la presentación del libro, en septiembre de 2015, que fue televisada por el canal VTM, el propio Danneels dijo que el nombre de «grupo de Saint Gallen» era más *deftig* («respetable»), pero que, en realidad, «éramos como la mafia». Esto provocó la risa de los presentes, que desconocían que esa definición sería utilizada más tarde, y no siempre en broma[19].

El cardenal Danneels, primado de la Iglesia católica de Bélgica, era un personaje controvertido, entre otras cosas por su papel en el escándalo de abusos sexuales dentro de la Iglesia de su país. En 2010 aconsejó a una víctima que no hiciera públicos los abusos sufridos a manos de un obispo belga que, además, era tío de la víctima. Francisco, conociendo esta información, nominó a Danneels por segunda vez para un sínodo.

Varios vaticanistas llegaron a definir al grupo como «el Bilderberg de la Iglesia católica», ya que los asistentes a las reuniones debían recibir una invitación formal y, en ocasiones, los invitados eran «futuras promesas» y no necesariamente altos miembros de la curia. Por ejemplo, en 1996, el entonces obispo de Rottemburg-Stuttgart, Walter Kasper, que ejercía de anfitrión, organizó las reuniones del grupo en el monasterio cisterciense de Heiligkreuztal. Entre los invitados estaban, además de Ivo Fürer, el poderoso arzobispo de Milán —y jesuita— Carlo Maria Martini, que desde entonces se convirtió en un asiduo del grupo; Paul Verschuren, obispo de Helsinki; Jean Vilnet, arzobispo de Lille; Johann Weber, obispo de Graz-Seckau; Johann Weber, obispo de Graz-Seckau, y Karl Lehmann, obispo de Mainz y presidente de la Conferencia Episcopal de Alemania. Pocos meses después de este encuen-

---

[18] Jürgen Mettepenningen y Karim Schelkens, *Godfried Danneels: Biografie*, Uitgeverij Polis, Antwerpen, 2015.

[19] «Danneels: Zat in sort maffiaclub», *VTM Nieuws*, 24 de septiembre de 2015.

tro, tanto Kasper como Lehmann (en 2001) recibieron la púrpura cardenalicia de manos del papa Juan Pablo II[20].

Con el paso de los años, nuevos religiosos fueron uniéndose al grupo. En 2001 lo hicieron el cardenal Murphy-O'Connor, arzobispo de Westminster, y Joseph Doré, arzobispo de Estrasburgo; en 2002, Alois Kothgasser, obispo de Innsbruck y más tarde arzobispo de Salzburgo; en 2003, el cardenal Achille Silvestrini y el también purpurado Lubomyr Husar, arzobispo mayor de Lvov, y en 2004, el cardenal José da Cruz Policarpo, patriarca de Lisboa. La única condición que se imponía a los asistentes, además de la de haber sido invitados por uno de los miembros, era la de «tener una mente abierta»[21].

Algunas fuentes señalan al cardenal británico Basil Hume como miembro fundador, pero probablemente esa afirmación esté basada en una información del vaticanista Marco Tosatti sobre la biografía del cardenal Danneels. Según Tossati, el primer encuentro del obispo Ivo Fürer, el cardenal Godfreid Danneels, el cardenal Basil Hume y el teólogo francés Hervé Legrand en Saint Gallen tuvo lugar en 1984, más de una década antes de la primera reunión «oficial» del grupo[22].

Sea como fuere, para los fundadores y miembros del grupo de Saint Gallen el Vaticano impedía la discusión libre entre los obispos, por lo que decidieron que las reuniones debían celebrarse en secreto. Las reglas eran muy simples: se podía hablar de todo, no se tomaba notas de nada y la discreción era absoluta. Los contenidos de las reuniones fueron revelados por el escritor Austen Ivereigh en 2014 en su libro *The Great*

---

[20] Julia Meloni, *The St. Gallen Mafia: Exposing the Secret Reformist Group within the Church*, TAN Books, Gastonia, 2021.

[21] Jürgen Mettepenningen y Karim Schelkens, *Godfried Danneels: Biografie*, ob. cit.

[22] Marco Tossati, «Francesco: elezione preparata da anni», *La Stampa*, 24 de septiembre de 2015.

Reformer: Francis and the Making of a Radical Pope y, como decimos, descritas extensamente en la biografía autorizada del cardenal Godfreid Danneels, en 2005, y casi ratificadas por Henry Sire en su *The Dictator Pope* en 2017.

El vaticanista Edward Pentin escribió lo siguiente en el *National Catholic Register*:

> Las personalidades e ideas teológicas de sus miembros raras veces difieren, pero uno es el pensamiento de todos: su desagrado por el entonces prefecto de la Congregación de la Doctrina de la Fe, el cardenal Joseph Ratzinger. [...] El grupo deseaba una drástica reforma de la Iglesia, mucho más moderna y actual, con Jorge Bergoglio, el papa Francisco, como su cabeza[23].

En el mismo artículo Pentin afirma que, aunque las reuniones cesaron en 2006, no cabía la menor duda de que su influencia continuaba aún en 2013. En 2015, el vaticanista alemán Paul Badde confirmó este punto al afirmar que había recibido «información fiable» que indicaría que, tras el entierro de Juan Pablo II, los cardenales Martini, Lehman, Kasper, Backis, Van Luyn, Danneels y Murphy-O'Connor se reunieron en la Villa Nazareth de Roma, residencia del cardenal Achille Silvestrini, prefecto emérito de la Congregación para las Iglesias Orientales y fallecido en 2019, quien, desde hacía ya bastantes años, había dejado de ser elector. Según Badde, allí «discutieron en secreto las tácticas sobre cómo abortar la elección de Joseph Ratzinger». Al parecer, mientras el grupo se encontraba en Roma antes del cónclave de 2005, los cardenales electores que pertenecían a él enviaron a su anfitrión, Ivo Fürer, una tarjeta que decía: «Estamos aquí juntos en el espíritu de Saint Gallen». Incluso antes del cónclave se reu-

---

[23] Edward Pentin, «"The St. Gallen 'Mafia' Is the 'Skeleton Key' Helping to Unlock Many Riddles of Francis' Pontificate", Says Author», *National Catholic Register*, 30 de diciembre de 2021.

nieron en una cena para hablar de la elección[24]. Según informes de un cardenal elector, Karl Lehmann y Godfried Danneels eran «el núcleo pensante» de los reformistas durante el cónclave de 2005; es decir, los que no querían votar por Ratzinger y apoyaron al argentino Jorge Mario Bergoglio para que lograra una «minoría de bloqueo». Así lo hicieron, pero el argentino, casi entre lágrimas, les rogó que redirigiesen su voto hacia el alemán.

En 2006 se celebró la última reunión del grupo y a ella asistieron solo cuatro de sus miembros: el propio Ivo Fürer, el arzobispo Alois Kothgasser, el cardenal Godfried Danneels y el obispo Adrianus van Luyn[25]. Otros tres de los antiguos miembros participaron en el cónclave de 2013: Walter Kasper, Godfried Danneels y Karl Lehmann —el cardenal Cormac Murphy-O'Connor era demasiado mayor: el año anterior había cumplido 80 años y eso le impedía participar en la elección—. No sabemos a ciencia cierta qué papel desempeñaron los miembros del antiguo grupo de Saint Gallen en la elección del papa Francisco, pero, según Austen Ivereigh, los cuatro (Kasper, Danneels, Van Luyn y Murphy-O'Connor) trabajaron en equipo para apoyar la elección de Jorge Mario Bergoglio. En la primera edición de su libro, Ivereigh escribió que «primero obtuvieron el consentimiento de Bergoglio», afirmación que los cuatro cardenales citados negaron rotundamente[26].

Cuando Juan Pablo II murió (el 2 de abril de 2005), los «caballeros de la mesa redonda» suiza jugaron sus cartas para que Ratzinger no saliera elegido sucesor. «Éramos un movimiento de búsqueda amistosa que pensaba en la Iglesia y en

---

[24] Austen Ivereigh, *The Great Reformer: Francis and the Making of a Radical Pope*, ob. cit.

[25] Jürgen Mettepenningen y Karim Schelkens, *Godfried Danneels: Biografie*, ob. cit.

[26] David Gibson, «Smoking Gun? Pope Francis' critics new book questioning his papacy», *The Washington Post*, 5 de diciembre de 2014.

sus problemas», reconoció el exarzobispo de Salzburgo Alois Kothgasser, perteneciente al grupo desde el año 2002. Por su parte, el cardenal Lehmann, que no era miembro desde el cambio de milenio, negó que hubiera «acciones programadas, actividades específicas o camarillas para apoyar a un candidato en el cónclave. Los rumores de que el grupo trabajó en forma de *lobby* contra Joseph Ratzinger son infundados».

Sin embargo, los rumores van en otra dirección: en la reunión del grupo de enero de 2005, varios miembros informaron al cardenal Jorge Mario Bergoglio sobre sus planes. El argentino solo respondió: «Entiendo». El obispo Ivo Fürer niega esta conversación y asegura que nunca se comprometieron con un candidato concreto.

De lo que no hay duda es de que el nombre de Bergoglio solo pudo haber surgido en la reunión del grupo celebrada en enero de 2002. Bergoglio fue nombrado cardenal el 21 de febrero de 2001, y Martini, que lo había conocido en 1974, lo presentó en el consistorio extraordinario de mayo del mismo año a algunos reformadores, que lo conocían poco o nada. Las opiniones críticas de Bergoglio sobre la forma en que la curia dirigía las cosas y su informe sobre el sínodo de obispos de 2001 le valieron grandes elogios, sobre todo de los miembros de Saint Gallen[27], que consideraban que Joseph Ratzinger era una influencia centralizadora y conservadora en Roma, especialmente cuando la salud de Juan Pablo II empeoró.

Federico Lombardi, director de la Oficina de Prensa de la Santa Sede, dijo que los cardenales estaban «sorprendidos y decepcionados» por lo que se había escrito sobre ellos y que «negaron expresamente esta descripción de los hechos con respecto a la realización de una campaña para la elección [de Bergoglio]». Austen Ivereigh explicó la negativa de los carde-

---

[27] Julius Müller-Meiningen, «Die Tafelrunde von St. Gallen, die Franziskus zum Papst machte», *TagesWoche*, 2 de octubre de 2015.

nales diciendo que, si confirmaban lo sucedido, reconocían «que habían violado las reglas establecidas en el párrafo 82 de la *Universi Dominici Gregis* y, por tanto, corrían el riesgo de ser excomulgados *latae sententiae*».

MANIPULANDO EL CÓNCLAVE

No era la primera vez que un grupo secreto formado por altos miembros del clero intentaba manipular el resultado de un cónclave. En el siglo XVII, por ejemplo, el Squadrone Volante (Escuadrón Volante)[28], formado por cardenales liberales, influyó en el cónclave de 1655, en el que se elegía al sucesor de Inocencio X. El Colegio Cardenalicio estaba dividido en dos facciones; una apoyaba a Francia y la otra a España. Sin embargo, en esta ocasión un tercer grupo, que no se mostraba leal a ninguna monarquía, encabezado por el cardenal Decio Azzolino, comenzó a promover la opinión de que era hora de elegir un papa que alejara a la Iglesia del nepotismo que tanto sufrimiento había causado. El grupo de cardenales se bautizó a sí mismo como «Squadrone Volante».

Otro caso famoso fue el llamado «Pacto de las Catacumbas», firmado por 42 obispos de la Iglesia tras celebrar una misa multitudinaria en las catacumbas romanas de Domitila el 16 de noviembre de 1965. Tres semanas antes del final del Concilio Vaticano II, esos 42 obispos se comprometieron a vivir como los más pobres de sus feligreses y sin mostrar ningún tipo de apego a las posesiones ordinarias. El Pacto de las Catacumbas establecía que «intentarían vivir de acuerdo con las costumbres ordinarias de nuestro pueblo en todo lo que concierne a la vivienda, la alimentación y los medios de transpor-

---

[28] Leopold Ranke, *History of the Popes; their church and state*, Wellesley College Library, Wellesley, 2009.

te. Renunciamos para siempre a la apariencia y la sustancia de las riquezas, especialmente en el vestido y símbolos hechos de metales preciosos». En los meses siguientes, más de 500 obispos se unieron al pacto. Obviamente, las catacumbas fueron elegidas porque allí murieron los primeros mártires cristianos, cuando la Iglesia aún no tenía ningún poder mundano y existía en su forma más simple[29].

El caso es que, en diciembre de 1962, el cardenal Giacomo Lercaro, arzobispo de Bolonia, se dirigió extensamente al concilio en un debate sobre la centralidad de la pobreza y sostuvo que «la cuestión de la Iglesia de los pobres debería ser el tema general y sintetizador de todo el Concilio». Hélder Câmara, arzobispo de Olinda e Recife, era la fuerza impulsora que había detrás del Pacto de las Catacumbas, aunque importantes obispos y cardenales decidieron seguir sus pasos, como los brasileños Antônio Batista Fragoso y José María Pires; el chileno Manuel Larraín Errázuriz; el colombiano Tulio Botero; el panameño Marcos Gregorio McGrath o el ecuatoriano Leónidas Proaño. El obispo de Turnai, Charles-Marie Himmer, presidió la misa. El único norteamericano que firmó el pacto fue el obispo canadiense Gerard-Marie Coderre[30].

Luigi Bettazzi, obispo auxiliar de Bolonia y obispo emérito de Ivrea, reconoció que algunos de sus colegas crearon el documento y luego se establecieron planes «difundidos de boca en boca» para una ceremonia de firma. El documento en sí fue olvidado, porque el papado de Pablo VI hubo de lidiar en plena Guerra Fría y el pontífice no deseaba verse vinculado a ninguna crítica al capitalismo y a Estados Unidos. Por ello, el Pacto de las Catacumbas fracasó, excepto en América Latina,

---

[29] Cindy Wooden, «Back to the catacombs: New emphasis placed on bishops simplicity pact», *Catholic News Service*, 13 de noviembre de 2015.

[30] David Gibson, «Secret 'Catacombs Pact' emerges after 50 years, and Pope Francis gives it new life», *The Washington Post*, 3 de noviembre de 2015.

donde se asoció con la Teología de la Liberación. En noviembre de 2015, la Pontificia Universidad Urbaniana organizó unas conferencias sobre su legado, en las que el obispo Bettazzi afirmó que «el Pacto de las Catacumbas es hoy el papa Francisco»[31]. El cardenal Walter Kasper, quien mencionó el pacto en su libro *Misericordia*, dijo de Francisco que «su programa es en gran medida lo que fue el Pacto de las Catacumbas»[32].

Al igual que el «Escuadrón Volante» en el siglo XVII o el Pacto de las Catacumbas en 1965, el grupo de Saint Gallen intentó transformar la conservadora Iglesia católica quizá cuando esta aún no estaba preparada para ser transformada. Desde el siglo II, la Iglesia ha sido comparada con un barco, la «Barca de Pedro», que el papa dirigía con mano firme hacia el puerto de la salvación. Sin embargo, actualmente son miles los católicos conservadores —incluidos algunos cardenales— que creen que Francisco está guiando ese barco hacia las mismas rocas que han hecho naufragar al protestantismo liberal, y no por ingenuidad, sino con un brillo loco y autodestructivo.

TEORÍAS DE LA CONSPIRACIÓN

La teoría de la conspiración se hace aún más plausible por el comportamiento errático y a veces vengativo del propio Francisco hacia aquellos que no siguen sus dictados. Desde el momento en que pisó el balcón de San Pedro después de su elección —sin la tradicional estola papal bordada en oro—, Jorge Mario Bergoglio ha desempeñado el papel de un reformador modesto y humilde, pero a la vez muy decidido. Los

---

[31] Sylvia Poggioli, «Pope Francis' Emphasis On Poverty Revives The 'Pact of The Catacombs'», *NPR*, 26 de noviembre de 2015.

[32] Walter Kasper, *Mercy: The Essence of the Gospel and the Key to Christian Life*, Paulist Press, Nueva Jersey, 2014.

medios de comunicación de todo el mundo, siempre desconfiados de su antecesor, Benedicto XVI, que renunció tras ser aplastado por la corrupción vaticana heredada de Juan Pablo II, le dieron una bienvenida exultante y fueron muy pocos los periodistas que prestaron atención a la reacción de perplejidad de los católicos argentinos, más familiarizados con el extraño estilo de liderazgo del nuevo papa. Tampoco ningún periodista argentino escribió un reportaje, un artículo o una columna que hablara en detalle de Bergoglio.

Un ejemplo claro del carácter del papa Francisco lo encontramos en la entrevista que concedió en el avión en el que regresaba a Roma tras su viaje pastoral a Eslovaquia en septiembre de 2021. Francisco instó a todos los católicos a vacunarse contra la COVID-19, pero hubo un cardenal que decidió no seguir su consejo, el cardenal Raymond Burke, que lideró la guerra contra Bergoglio dentro del Vaticano y que, como ya hemos contado, fue cesado por el propio papa como prefecto de la Signatura Apostólica. «En el Colegio Cardenalicio hay algunos que niegan [las vacunas]. Uno de ellos, el pobre, contrajo el virus», dijo Francisco sin revelar el nombre del «pobre» cardenal. Los aliados de Burke pensaron que había un toque de regodeo en la forma en la que el pontífice se refirió al cardenal Burke y señalaron que, en cualquier caso, el cardenal era más un «escéptico» que un «negacionista»[33].

Sea como fuere, esto no es normal, ni siquiera en una atmósfera tan enrarecida como la que se respira en los despachos y pasillos vaticanos. Por ejemplo, el papa Pablo VI, que prohibió la antigua misa en latín después del Concilio Vaticano II, sin duda también fue despreciado por los tradicionalistas, al igual que Francisco. Sin embargo, en 1963, el respeto por el cargo papal evitó que la mayoría de los cardenales conservadores lo criticara abiertamente. Por el contrario, en 2022

---

[33] Damian Thompson, «Is The Pope Protestant?», ob. cit.

es bastante habitual escuchar a los conservadores de la línea más dura referirse al pontífice como «Bergoglio», «Frankie» o «el argentino». A Pablo VI no le gustaban las peleas, pero lo cierto es que no tenía la reputación que tiene Francisco de «cortar la cabeza» de sus enemigos con poca antelación y sin previo aviso.

La verdad es que muchos analistas vieron en el grupo de Saint Gallen una especie de *think tank* cuyo objetivo era desarrollar un ideario liberal y una hoja de ruta hacia el liberalismo para la Iglesia católica, y no tanto un *lobby* propiamente dicho. Aun así, lo cierto es que llama la atención la adopción por parte del papa de ciertas ideas protestantes liberales.

> Le encantan sus sínodos sin sentido. Este mes lanzó la primera fase del ridículamente llamado «sínodo sobre sinodalidad», una «consulta planetaria» sobre conceptos vagos, como comunión, misión, cambio estructural y «escuchar». Esta idea fue recibida con bostezos por algunas iglesias locales y con absoluta desgana por parte de otras. El importante analista del Vaticano, el padre Raymond de Souza, predijo que esta consulta con todo el «pueblo santo de Dios» terminaría como una consulta con los burócratas eclesiales laicos en los países ricos, aumentada por varios consejos oficiales a nivel parroquial y diocesano[34].

El citado Raymond de Souza es columnista en el *National Post*, del *National Catholic Register* y del *Catholic Herald*, además de editor en jefe del boletín *Convivium*, perteneciente al conservador *think tank* canadiense Cardus. Este «laboratorio de ideas» basa su trabajo en un pensamiento social conservador y judeocristiano y, formalmente, se describe a sí mismo como «no partidista». Lo sea o no, De Souza en declaraciones a *The Spectator*, afirma que «el papa Francisco está presidiendo la "anglicanización" de la Iglesia católica: la concentración

---

[34] *Ibid.*

cada vez mayor de poder en manos de una burocracia que succiona la vida de las parroquias que ya están en apuros».

El periodista y ensayista británico Damian Thompson, que trabajó muchos años como corresponsal de asuntos religiosos para el *The Daily Telegraph*, muestra sin tapujos su opinión sobre Francisco en su artículo «Is The Pope Protestant?»:

> Mi mejor conjetura es que está feliz de empoderar a los burócratas de la Iglesia cuya perspectiva política coincide aproximadamente con la suya. Una de las señas de identidad de este pontificado es que subordina la teología, por la que Francisco se interesa solo de forma pasajera, a la política, ámbito en el que alimenta unos prejuicios espectaculares. Su desprecio de toda la vida por Estados Unidos, típicamente argentino, ahora se extiende a cualquier persona o idea que pueda considerar de derechas. Al mismo tiempo, ha abandonado su oposición al marxismo. Sus principios rectores parecen ser «El enemigo de mi enemigo es mi amigo» y «No hay enemigos a la izquierda»[35].

Los conservadores seguidores de Raymond Burke acusaban a Francisco de tener una visión cada vez más paranoica sobre los tradicionalistas, la derecha europea, el conservadurismo estadounidense y el libre mercado. Así, el cardenal Gerhard Müller criticó abiertamente y a viva voz el pacto firmado con Pekín en 2018, que otorgaba al Partido Comunista Chino (PCCh) la autoridad absoluta para nombrar y ordenar obispos católicos, cuya legitimidad debía ser luego reconocida por el Vaticano. Aunque la división entre los católicos «clandestinos», leales al Vaticano, y la Iglesia católica títere del PCCh se ha vuelto borrosa, la abolición efectiva de la Iglesia «clandestina» por parte de Francisco es una clara traición a los católicos chinos. En resumidas cuentas, el papa habría entregado la Iglesia católica de China al Gobierno de Pekín sin obtener nada a cambio.

---

[35] *Ibid.*

La mayoría de los católicos cometen el pecado mortal de faltar a misa los domingos y, en la última década, también han cambiado sus puntos de vista sobre el matrimonio homosexual, el aborto, la fecundación in vitro, etc. La ensayista católica Mary Eberstadt sugiere que «la secularización es el fenómeno a través del cual los protestantes, en general, se vuelven ateos, y los católicos, en general, se vuelven protestantes»; es decir, los católicos están adoptando las mismas posiciones que mostraban los anglicanos y luteranos liberales al comienzo del milenio.

Damian Thompson explica así esta deriva:

> Francisco puede estar siguiendo una agenda política liberal, pero también es peculiar e incoherente. Eso puede ser deliberado. Es jesuítico en el sentido peyorativo del término, cambiando constantemente de posición para mantener alerta tanto a sus oponentes como a sus seguidores. Pero su liderazgo no tiene ninguno de los atributos positivos de su Orden, ha creado un lío intelectual que horroriza a los jesuitas de mente ordenada, incluidos los liberales[36].

Los periodistas de todo el mundo vieron pocas muestras de ese encanto tranquilo al que tantos vaticanistas hacían referencia cuando Francisco era cardenal arzobispo de Buenos Aires y, antes, superior provincial de los jesuitas en Argentina. Los modales de Bergoglio son notoriamente «abrasivos», tal y como lo definió un antiguo colega. En Buenos Aires envió señales confusas: por un lado, aumentó la presencia de la Iglesia en los barrios marginales, no tenía apetito de lujos y cultivó una imagen de hombre de pueblo utilizando un lenguaje amistoso; por otro, a menudo estaba de mal humor y tenía fama de viajar a Roma para socavar la reputación de sus rivales episcopales. Dado su historial, no es de extrañar que, desde que se

---

[36] *Ibid.*

convirtió en sumo pontífice, Francisco no hubiera puesto un pie en Argentina. Es de suponer que el insulto iba dirigido a sus antiguos enemigos de la Iglesia de su país natal.

Para la estadounidense Mary Eberstadt, columnista de *Time*, *The Wall Street Journal* o *The New York Times*, y autora del famoso *How the West Really Lost God* («Cómo Occidente realmente perdió a Dios»), «el catolicismo occidental simplemente se ha quedado atrás y el pontificado de Francisco tampoco ayudó a que avanzara»[37]. Muchos miraban al papa Francisco y a los otros dinosaurios vaticanos, incluidos los miembros del grupo de Saint Gallen que lo rodeaban, y pensaban: «Esto pasará. Esto no durará siempre». O como uno de ellos escribió en Twitter: «Lo que nosotros, los católicos más jóvenes, tenemos a nuestro favor es que podemos quedarnos apegados a los ritos más antiguos mucho más tiempo del que estos tipos pueden permanecer con vida»[38].

---

[37] Mary Eberstadt, *How the West Really Lost God*, Templeton Press, Pensilvania, 2013.

[38] Damian Thompson, «Is The Pope Protestant?», ob. cit.

11
EL «SÍNDROME CELESTINO»

En 2015, Francisco aseguró en una entrevista que tenía la sensación de que su pontificado sería breve y describió la decisión de Benedicto XVI, que en el momento de su renuncia tenía 85 años, como «valiente y revolucionaria». Christopher White, corresponsal en el Vaticano del *National Catholic Reporter* explicó:

> Hay mucho simbolismo en juego aquí y veo [la especulación] con un poco de cinismo. [...] No creo que sea probable que Francisco quiera dos papas retirados. Involuntariamente o no, tener un papa en un papel indefinido ha sido una fuente de dolores de cabeza ocasionales para Francisco y no creo que quiera dar los mismos dolores de cabeza al papa 267.°.

White, además, agregó que, en el caso de que Benedicto muriera antes que él, Francisco deseaba instituir una serie de reformas para aclarar el papel oficial que debería desempeñar un papa retirado o emérito, y que «lo más importante que hemos aprendido sobre este papa en los últimos años es que continúa sorprendiéndonos, y parece deleitarse mucho con ese elemento sorpresa», dijo el periodista a *The Guardian*.

Durante la audiencia general del 27 de febrero de 2013, el papa Benedicto XVI anunció su decisión de renuncia al Trono de Pedro con referencias a la disminución de fuerzas, por el bien de la Iglesia, la decisión más adecuada, etcétera. Hubo quien pensó que la referencia al monte y a la cruz tenía un toque profético relacionado con las palabras de la tercera parte del secreto de Fátima, donde sor Lucía asegura haber visto

> [...] a un obispo vestido de blanco subir una montaña empinada, en cuya cima había una gran cruz de troncos bastos, como si fuera de corcho con la corteza; el santo padre, antes de llegar allí, atravesó una gran ciudad medio en ruinas y medio trémulo, con paso vacilante, afligido de dolor y pena, rezaba por las almas de los cadáveres que encontraba en su camino; llegando a la cima del monte, postrado de rodillas a los pies de la gran cruz, fue asesinado por un grupo de soldados que le dispararon tiros de armas de fuego y flechas. [...] Bajo ambos brazos de la cruz había dos ángeles, cada uno con una regadera de cristal en la mano, en las que recogían la sangre de los mártires regando con ellas a las almas que se acercaban a Dios[1].

Ya dijimos que para muchos adquirió un gran valor simbólico la visita que Benedicto XVI hizo a la ciudad italiana de L'Aquila el 28 de abril de 2019, pocos días después del violento terremoto que la arrasó. Delante de los restos mortales de Celestino V, en la basílica de Collemaggio, el sumo pontífice se quitó el palio papal, la banda de lana blanca en forma circular que indica la potestad del Buen Pastor, y la depositó sobre la urna de Celestino, el papa que pasó a la historia por la llamada «gran renuncia», el 13 de diciembre de 1294, tras poco más de cien días de pontificado[2].

---

[1] Saverio Gaeta, *The Life and Challenges of Pope Francis*, ob. cit.

[2] Paloma Gómez Borrero, *De Benedicto a Francisco. El cónclave del cambio*, Planeta, Barcelona, 2013.

Francisco avivó los rumores sobre el futuro de su papado al anunciar que visitaría L'Aquila en agosto de 2022. En diversos medios italianos comenzaron a aparecer especulaciones sobre que «Francisco, de 85 años, podría tener planes de seguir los pasos de Benedicto dados sus crecientes problemas de movilidad, que lo han obligado a utilizar una silla de ruedas durante el último mes». Los rumores ganaron fuerza cuando Francisco anunció por sorpresa la celebración de un consistorio el 27 de agosto de 2022 para crear 20 nuevos cardenales, 16 de los cuales son menores de 80 años y, por tanto podrán votar en un cónclave para elegir al sucesor de Francisco. Aunque, por supuesto, no hay garantías, el aumento del número de cardenales favorables a Bergoglio aumenta las posibilidades de que de ese cónclave salga un sucesor que comparta las prioridades pastorales de Francisco.

El papa también anunció que, después del consistorio, habría dos días de reuniones para informar a los cardenales sobre su reciente constitución apostólica para la ansiada reforma de la burocracia de la Santa Sede. El documento permitirá poner a mujeres al frente de oficinas vaticanas, impondrá límites de mandatos a sacerdotes que han sido empleados del Vaticano y situará a la Santa Sede como una institución al servicio de las iglesias locales, y no al revés.

La reforma de la curia planteada por Francisco desde el momento de su elección se ha realizado en una mínima parte, aunque muchos vaticanistas opinan que la tarea principal de Francisco como pontífice ya estaría hecha. Sea como fuere, todas estas especulaciones, junto con el anuncio de la visita pastoral a L'Aquila, impulsaron los rumores sobre la posible renuncia. Y es que la fecha elegida como poco es llamativa: en agosto, el Vaticano y los italianos suelen estar de vacaciones y son pocos los negocios no esenciales que permanecen abiertos. Convocar un consistorio en ese mes, celebrar dos días de reuniones para hablar sobre la aplicación de la reforma de la constitución apostólica y visitar una ciudad con tanta carga simbólica invitaron a pensar que Francisco podría tener en mente *algo más*. Así lo entendía, por ejemplo Robert Mickens, que en un artículo en *La Croix* señaló que «con las noticias de hoy de que [el papa] irá a L'Aquila en medio del consistorio de agosto, todo se ha vuelto aún más intrigante».

L'AQUILA, ¿PRIMERA PARADA HACIA LA RENUNCIA?

Como ya contamos en el capítulo 6, la basílica en L'Aquila alberga la tumba de Celestino V, el papa ermitaño que renunció tras cinco meses de pontificado. En 2009, Benedicto XVI visitó la ciudad después de que fuera devastada por un terremoto y rezó ante la tumba de Celestino, donde dejó su estola. Nadie apreció entonces la importancia de aquel gesto, pero cuatro años después el papa alemán decidió seguir los pasos de Celestino y renunció a la Cátedra de Pedro, tras señalar que «ya no tenía la fortaleza de cuerpo y mente para cargar con las tareas del papado». El Vaticano anunció que Francisco visitaría L'Aquila para celebrar una misa el 28 de agosto de 2022 y abrir la llamada «Puerta Santa» de la basílica en la que se guardan los restos mortales de Celestino. Y, por si fuera poco, la fecha coincidía con la celebración de la «Fiesta del Perdón» creada por aquel pontífice en una bula papal. Para el arzobispo de L'Aquila Giuseppe Petrochi, «ningún papa ha viajado hasta L'Aquila desde entonces para clausurar la fiesta anual, que celebra el sacramento del perdón y que tanto valora Francisco. Confiamos en que todos, especialmente aquellos lastimados por conflictos y divisiones internas, puedan venir y encontrar la senda de la paz y la solidaridad».

Al elogiar la decisión de Benedicto de retirarse, Francisco abrió la puerta a que papas futuros hiciesen lo mismo. Nueve años después, las señales no apuntaban a que Francisco fuera a renunciar, pues en su agenda había varios proyectos relevantes para el año 2023, como una importante reunión de obispos de todo el mundo para debatir la creciente descentralización de la Iglesia y la aplicación de sus reformas. Uno de sus principales asesores, el cardenal Óscar Rodríguez Maradiaga, dijo que las especulaciones sobre una renuncia papal eran infundadas y las describió como «ilusiones ópticas». Christopher Bellitto, historiador eclesiástico de la Universidad de Kean, señaló que «la mayoría de los expertos en el Vaticano esperan que Francisco renuncie en algún momento, pero no antes de que muera Benedicto».

«No recuerdo muchas noticias entonces que dijeran que la visita de Benedicto XVI en 2009 nos llevaban a pensar que iba a renunciar», dijo Bellitto.

El caso es que los rumores surgieron a principios de mayo de 2022, cuando el papa apareció en público en silla de ruedas por primera vez después de someterse a una operación menor para tratar el dolor de la rodilla, y cobraron fuerza cuando tomó la *inusual* decisión de organizar un consistorio el 27 de agosto de 2022 para nombrar a 20 nuevos cardenales de los que 16 serían electores.

En el mes de junio de 2022, el Vaticano intentó detener los rumores y fuentes cercanas al papa aseguraban que «Francisco no está planteándose renunciar». Fue una publicación sensacionalista la que primero se aventuró a hablar de la renuncia, aunque poco después lo siguió un gran medio de comunicación estadounidense. Aquello se interpretó como un intento de debilitar al papa —justo cuando está implantando su reforma— o como un simple ejercicio de superficialidad periodística. Nuevamente fue el cardenal hondureño Óscar Andrés Rodríguez Maradiaga, secretario del Colegio Cardenalicio, quien en el mismo mes de junio se apresuró a desmentir los rumores, que, como ya dijimos, tachó como propios de una «telenovela barata».

Dos días después, Francisco habló sobre el valor de la vejez:

Es bueno que las personas mayores sigan cultivando la responsabilidad de servir, superando la tentación de ponerse a un lado. [...] Cuando eres anciano, ya no controlas tu cuerpo. Hay que aprender a elegir qué hacer y qué no hacer. El vigor del cuerpo falla y nos abandona, aunque nuestro corazón no deja de tener esperanza. Ese es el momento en el que hay que aprender a ser paciente, elegir qué pedir al cuerpo y a la vida, pues no podemos hacer lo mismo que cuando éramos jóvenes. Debemos escuchar al cuerpo y aceptar los límites. Todos los tenemos. También yo tengo que ir ahora con un bastón. La vida siempre es preciosa y hay que denunciar la cultura del descarte que pretende acabar con los mayores. No los mata, pero socialmente los borra, como si fueran una carga que hay que llevar. Esto es una traición a la propia humanidad, es seleccionar la vida según la utilidad, y no apreciar la vida tal y como es, con la sabiduría y límites de los ancianos.

Muchos se sorprendieron cuando Francisco se refirió a una «televisión católica que continuamente habla mal del papa», añadiendo que, aunque él podía admitir estos ataques directos, «la Iglesia no se merecía esto. [...] Es obra del diablo». Sobre los rumores incesantes sobre su renuncia, aclaró:

Hay clérigos que hacen malos comentarios sobre mi persona y reconozco que a veces hay falta de paciencia, especialmente cuando juzgan sin abrir un diálogo. [...] Ahí no puedo hacer nada. Yo voy adelante sin entrar en su mundo de ideas falsas o fantasías. Algunos me acusaban de no hablar de la santidad. Que siempre hablo del tema social y que soy un comunista. Y eso que he escrito una encíclica entera sobre la santidad [*Gaudete et Exultate*]. Yo voy adelante no porque quiera hacer una revolución. Hago lo que siento que tengo que hacer; se necesita mucha paciencia, oración y caridad.

Los medios conservadores explicaron que Benedicto había recibido fuertes presiones, y desde sectores ilícitos, para que renunciase. Si esta tesis es aceptada, la renuncia podría ser invalidada, según el derecho canónico, y Benedicto volvería a ser papa, y Francisco, el cardenal Bergoglio. Algo difícil de aceptar si tenemos en cuenta las edades de ambos.

FRANCISCO SUPERSTAR

En 2014, la empresa italiana de encuestas Eurispes señalaba que el 87 % de la población italiana «estaba con Francisco». Otra de la empresa Demopolis mostraba que el apoyo de los católicos a Francisco alcanzaba el 95 %; el 72 % aprobaba su simplicidad; el 67 %, su lenguaje, y el 65 %, su apoyo a los más necesitados. Además, el 58 % de los encuestados creían que, gracias a Francisco, la Iglesia sufriría una profunda y necesaria renovación.

Lo cierto es que la relación del papa con los medios no ha sido siempre «amorosa». Francisco abogó en su día por la libertad de prensa:

> La prensa [debe ser] libre, laica y también confesional, pero profesional. [...] La profesionalidad de la prensa puede ser laica o confesional: lo importante es que haya profesionales y que las noticias no sean manipuladas. Para mí es importante porque la denuncia de las injusticias y de la corrupción es un buen trabajo. [...] La prensa profesional lo debe decir todo, pero sin caer en los tres pecados más comunes: la desinformación, es decir, decir solo la mitad de la verdad; la calumnia, cuando no es profesional y mancha a las personas, y la difamación, que es decir cosas que acaban con la reputación de una persona.

En 2013, la revista *Time* nombró a Francisco «hombre del año», un honor solo compartido con otros dos papas: Juan XXIII y Juan Pablo II. La periodista Nancy Gibbs escribió:

> No solo ha cambiado las palabras, ha cambiado también la música [...], rara vez un nuevo protagonista de la escena mundial

ha atraído tanta atención de viejos y de jóvenes, fieles e indiferentes, en tan poco tiempo. Entonces se decía que a los jóvenes les gustaba el «cantante» Wojtyla, pero no su canción, la doctrina propugnada. Con Francisco no es así. La música es decididamente otra. En Estados Unidos totaliza un consenso de 79 % entre los católicos y un 58 % sobre el total de la población de distintas religiones[3].

Pero no solo en Estados Unidos Francisco despertó un gran interés entre la prensa. En la Federación Rusa, el 71 % de sus ciudadanos, en su mayoría ortodoxos, querían que Francisco visitara el país. En la República Popular China, Francisco ocupó el tercer puesto en la lista de personajes internacionales de la China International Press, siendo la primera vez que una figura religiosa entraba en la famosa lista[4].

En el lado opuesto, muchos medios conservadores le lanzaron duras críticas, como Giuliano Ferrara en el diario *Il Foglio*, donde lo acusaba de demasiada ternura, de pasar por alto los abortos, de no entender la globalización y la libertad de mercado que garantizan la emancipación y la liberación de las masas del Tercer Mundo. Por último, Ferrara incitaba a «resistir la tendencia herética del papado». El periodista y filósofo Marcello Veneziani, editorialista de *La Verità* y *Panorama*, advirtió a Francisco del riesgo de convertirse en una «caricatura». El sociólogo Gianfranco Morra definió el discurso del pontífice como «cargado de arquetipos populistas». O Vittorio Messori, periodista de *La Stampa*, ironizaba en un artículo sobre las opiniones de Francisco sobre la pobreza: «Lo de una Iglesia pobre es una tontería. Jesús no era un muerto de hambre, [...] contaba con medios económicos, incluso tenía un te-

---

[3] Nancy Gibbs, «Pope Francis. Person of the Year», *Time Magazine*, 23 de diciembre de 2013.

[4] Gian Guido Vecchi, «Francesco. La rivoluzione della tenerezza», *Corriere della Sera*, 28 de julio de 2013.

sorero que después lo traicionó, Judas Iscariote». E incluso en una entrevista en televisión el mismo Messori afirmó: «Cuanto menos habla el papa, mejor es. Ciertas entrevistas en el avión, ciertas improvisaciones, pueden dar lugar a interpretaciones erróneas. [...] Es bueno volver a la sobriedad»[5].

La prensa financiera también lo ha criticado con dureza. Su exhortación apostólica *Evangelii Gaudium*, del 24 de noviembre de 2013, fue recibida con mucha hostilidad por el semanario alemán *Die Zeit*, que acusó a Francisco de atacar la «tiranía invisible» de la especulación financiera y de los ideólogos de la autonomía ilimitada del mercado. El periodista Josef Joffe reprochó a Francisco haber escrito *Evangelii Gaudium*, un «panfleto» con un siglo y medio de retraso, y preguntaba abiertamente si para el papa el capitalismo era el origen de todos los males: «¿Acaso piensa que son mejores las economías de Cuba, Venezuela, Arabia Saudí o el cleptocapitalismo ruso?» se preguntaba[6]. Tampoco el pontífice se libró de las críticas del *Financial Times*, que lo acusó de

> [...] cometer severos errores de análisis. Si bien la brecha entre ricos y pobres ha aumentado y la situación de la clase media en Occidente ha empeorado, debe (Francisco) reconocer que la globalización y la deslocalización de la producción en el Tercer Mundo han permitido la salida de la pobreza a centenares de millones de personas de China e India y en otros países donde las empresas occidentales han trasladado su producción[7].

---

[5] Marco Politi, *Pope Francis Among the Wolves: The Inside Story of a Revolution*, Columbia University Press, Nueva York, 2015.

[6] Josef Joffe, «Was ist dran an der päpstlichen Kapitalismuskritik?», *Die Zeit*, 28 de noviembre de 2013.

[7] David Gardner, «An old man in a hurry to revitalize his Church», *Financial Times*, 27 de diciembre de 2013.

También en los blogs se han vertido infinidad de críticas contra Francisco. Por ejemplo, en *Apostatisidiventa* se dijo que «este papa, que en las audiencias generales se saca y se pone el solideo, a veces lo regala y coge uno de la gente. [...] Juega al abuelito que entretiene a su nieto. Tiende a desacralizar los símbolos del papado para desvalorizarlos o abolirlos». Por su parte, *Pontifex* reprochó al sumo pontífice su «populismo, su ideal de pobreza y su demagogia»; *Messainlatino* lo llamó «papa complaciente»; *Tradition in Action* hizo una lista de «48 pecados» cometidos por Francisco contra el protocolo papal, y *Agerecontra* afirmó que «el mundo aplaude a Bergoglio, el partidario de la pobreza, porque le habla al estómago de la gente diciendo lo que la gente quiere oír: Dios perdona siempre. Viva el amor. Seamos buenos los unos con los otros mezclando solidaridad, miserabilismo, tercermundismo, ecologismo y una pizca de feminismo que nunca está de más».

El vaticanista John Cornwell, en un brillante análisis para la revista *Vanity Fair* titulado «Pope vs. Pope: How Francis and Benedict's simmering conflict could split the catholic Church» («Papa contra papa: cómo el conflicto latente entre Francisco y Benedicto podría dividir a la Iglesia católica»), explicó que se podría declarar «antipapa» a Francisco. «Entre los siglos III y XV hubo unos 40 antipapas que lograron tener fieles sin obtener reconocimiento alguno de Roma». Sin embargo, para que esto funcionase, un importante grupo de cardenales electores y obispos conservadores tendría que convocar un cónclave y elegir a un nuevo pontífice. Si Francisco no renunciase de forma voluntaria, habría dos papas y, en el caso de que Benedicto siguiera con vida, tres. El cisma en la Iglesia católica estaría servido. Que ocurra un cisma en el siglo XXI es difícil de creer, pero no es imposible[8].

---

[8] John Cornwell, «Pope vs. Pope: How Francis and Benedict's simmering conflict could split the catholic Church», *Vanity Fair*, 11 de octubre de 2018.

Lo más sencillo es echar la culpa al anciano Benedicto, un rígido doctrinal y defensor de una Iglesia más pura. Pero tampoco esto tiene mucho sentido si tenemos en cuenta que fue él quien renunció. Nadie le obligó. Dijo que se apartaba a un lado y que rendiría obediencia al nuevo papa, pero lo cierto es que no lo ha hecho del todo y que en varias ocasiones ha cuestionado las decisiones de Francisco. La mayoría de los vaticanistas creen que el deseo de causar inestabilidad en el interior de la Iglesia viene de un grupo de cardenales conservadores que utilizan interesadamente la figura del papa emérito para sus fines mientras Francisco intenta un cambio de rumbo y acabar con el secretismo, la negativa a rendir cuentas, la opulencia, el tradicionalismo y la autocomplacencia tan presentes en la curia. Y es que, para Francisco, terminar con todas estas prácticas era la única forma de reiniciar la maquinaria vaticana para que sobreviva.

Renunciar no es un tabú

El 30 de julio de 2022, durante el vuelo de regreso del viaje pastoral de seis días en Canadá, el papa se dirigió a la parte trasera del avión, donde se encontraban los 75 periodistas que le acompañan en sus viajes oficiales, y se sentó a hablar con ellos en una rueda de prensa improvisada. El titular fue unánime: «El papa deja la puerta abierta a la renuncia y dice que no sería una catástrofe cambiar de papa. No es un tabú». Francisco, con aspecto claramente cansado tras el largo viaje, aseguró que «se puede cambiar de papa, no hay ningún problema», dejando abierta la posibilidad de la renuncia. Dijo que «no había pensado en ello», pero agregó que «no sería una catástrofe». Admitió también que no creía que podría seguir con el mismo ritmo de viajes de antes:

A mi edad y con esta limitación tengo que ahorrar un poco las fuerzas para poder servir a la Iglesia o, por el contrario, pensar en la posibilidad de echarme a un lado. Honestamente no es una catástrofe. Se puede cambiar de papa. Se puede cambiar. No es un problema. [...] La puerta está abierta y es una de las opciones, pero hasta ahora no he llamado a esta puerta. No he sentido aún esta posibilidad, pero esto no quiere decir que mañana no empiece a pensar en ello. No sería algo extraño o una catástrofe.

En aquella rueda de prensa le preguntaron cómo sería su sucesor ideal, a lo que Francisco respondió:

> Esto es el trabajo del Espíritu Santo. El Espíritu Santo lo hace mejor que yo y mejor que todos nosotros, porque inspira las decisiones del papa, siempre inspira, porque está vivo en la Iglesia, no se puede concebir la Iglesia sin el Espíritu Santo. Es el que piensa en las diferencias, el que hace el ruido, el que piensa en la mañana de Pentecostés, y luego trae la armonía.

Pese a todo, los expertos aseguran que Francisco no dimitiría mientras Benedicto XVI siguiese vivo. Massimo Faggioli, profesor de Historia del Cristianismo, considera prematuro hablar de renuncia: «No hemos llegado a ese punto. El presidente Franklin D. Roosevelt dirigió la Segunda Guerra Mundial desde una silla de ruedas. Y estamos aún muy lejos del estado de salud de Juan Pablo II, en los últimos años de su pontificado».

En lo que todos los vaticanistas están de acuerdo es en que debe regularse la figura del papa emérito y, mientras esa regulación no se produzca, lo más probable es que Francisco retrasase su decisión de dar un paso a un lado.

Está claro que la lesión en la rodilla del papa —provocada por una gonalgia aguda causada por el desgaste del cartílago, agravada con una microfractura derivada de una mala postura por un problema de ligamentos— empeoró.

> Los expertos me dicen que es operable, pero el problema es la anestesia. Estuve bajo anestesia más de seis horas en julio del

pasado año (2021) y me dejó secuelas que duran hasta hoy. No se puede jugar con la anestesia. Por eso no me conviene esta operación.

Por este motivo, la Santa Sede anunció que, «aceptando la petición de los médicos, y para no anular los resultados de las terapias que se han implantado en la rodilla del papa y que aún se están desarrollando, el santo padre se ha visto obligado, con pesar, a aplazar los próximos viajes apostólicos».

Dos papas eméritos y un papa reinante en el Vaticano era una idea de la que incluso el propio Francisco huiría, pero en el horizonte había comenzado a verse el retrato de un papa emérito (Francisco) y un papa reinante (el 267.º de la Iglesia católica). Desde 2013, Francisco ha puesto en marcha una serie de reformas en la curia para poner en orden las cuentas vaticanas y dar las primeras señales doctrinales de por dónde debe ir la Iglesia en las próximas décadas. Pero el ritmo de la Iglesia es muy lento... Un colaborador estrecho del papa llegó a decir que «[Francisco] se da cuenta de que no tiene por delante un papado tan largo como el de Juan Pablo II. Siente la presión de las reformas que debe llevar a cabo en el término de tres o cuatro años como mucho». Es cierto que Juan XXIII necesitó tan solo cinco años para organizar el Concilio Vaticano II, una de las mayores revoluciones que ha vivido la Iglesia católica en los últimos siglos, lo que lleva a pensar que, cuando Francisco lograse sus objetivos de reforma, la renuncia se podría producir. El padre Marco, antiguo portavoz de Francisco cuando aún era el cardenal Bergoglio, ya lo apuntó en una entrevista en *Il Libero Quotidiano*: «Después del gesto de Benedicto, no sería extraño que Francisco renunciara después de hacer lo que piensa que debe hacer, sobre todo si siente que sus fuerzas se están debilitando»[9].

---

[9] «Chi è Francesco», *Il Libero Quotidiano*, 2 de diciembre de 2013.

La renuncia de Celestino V en 1294 supuso una revolución en la Iglesia católica del siglo XIII, y la de Benedicto XVI en 2013 supuso un cambio en la fisonomía del propio papado. El cardenal Giovanni Lajolo, entonces responsable de la política exterior vaticana, afirmó que «la decisión de Benedicto XVI constituiría un precedente también para sus sucesores». Y no era la única voz dentro del Colegio Cardenalicio que opinaba así. Otras sostenían que sería posible que un papa estableciera la opción de la renuncia a la Cátedra de Pedro cuando cumpliera 90 años, del mismo modo que un cardenal de 80 años ya no puede ser elector. Ya lo dijo el propio Francisco al *Corriere della Sera* cuando afirmó que era preciso habituarse a la presencia de un papa emérito caminando por el Vaticano. En este sentido, el 18 de agosto de 2014 el pontífice dijo ante varios periodistas: «Usted podrá preguntarme: "Santidad, ¿y si un día no se siente con fuerzas para seguir adelante?". Yo haría lo mismo [que Benedicto]».

El bloque pro-Bergoglio no era tan monolítico como el anti-Bergoglio. Sin embargo, Francisco tenía detrás a una opinión pública, a muchos vaticanistas, a numerosos medios de comunicación y a miles de fieles que estaban totalmente entregados a su causa. «Después de un papado largo, llega uno de transición», se dice en el Vaticano. Después de los 26 años y cuatro meses que duró el de Juan Pablo II, se suponía que el de Benedicto XVI (siete años y ocho meses) sería el de transición. Sin embargo, los anti-bergoglianos prefieren pasar por alto el papado del alemán para explicar que el del argentino es una «excepción transitoria» que debe acabar cuanto antes. Lo que pocos en la curia se preguntan es hasta qué punto están ellos dispuestos a cambiar su perfil mientras cambian el del pontificado y el de la propia Iglesia católica.

¿Por qué en el cónclave de 2013 salió elegido un candidato reformador? La respuesta es bien sencilla: los 115 cardenales que entraron en aquella reunión conocían perfectamente la grave crisis que vivía entonces la Iglesia y el Vaticano por el «caso Vatileaks» y estaban al tanto de la absoluta falta de comunicación de la Iglesia con la sociedad y de la escasez de vocaciones sacerdotales. En síntesis, el elegido en aquel cónclave se encontraría en una especie de callejón sin salida. El analista Lucio Caracciolo lo explicó con suma claridad en un artículo para *La Repubblica*: «Francisco se encontró una Iglesia cerrada, muy romana, muy curial, poco universal, regida por una jerarquía introvertida y refractaria a los signos de los tiempos»[10].

Durante la misa celebrada tras el consistorio del 22 de febrero de 2014, en el que se nombraron 16 nuevos cardenales electores y tres no electores, el papa dijo:

> No obstante, también nosotros somos humanos, pecadores, y estamos expuestos a la tentación de pensar según el modo de los hombres y no de Dios. Y cuando se piensa de modo mundano, ¿cuál es la consecuencia? Dice el Evangelio: «Los otros diez *se indignaron* contra Santiago y Juan». Ellos se indignaron. Si prevalece la mentalidad del mundo, surgen las rivalidades, las envidias, los bandos[11].

Aquel consistorio dio algunas señales de lo que Francisco pretendía, que no era otra cosa que reforzar la participación de América Latina, donde vive la mitad de los católicos del mundo. Nicaragua, Brasil, Argentina o Chile eran los países de origen de cuatro de los nuevos cardenales, todos ellos fieles defensores de la teoría defendida por Francisco de una Iglesia como «hospital de campaña» para curar las heridas existen-

---

[10] Lucio Caracciolo, «La Chiesa che papa Francesco ha incontrato», *La Repubblica*, 12 de marzo de 2014.

[11] «Homilía del santo padre Francisco», Basílica Vaticana, sábado, 22 de febrero de 2014. https://www.vatican.va/content/francesco/es/homilies/2014/documents/papa-francesco_20140222_omelia-concistoro-nuovi-cardinali.html.

ciales de los hombres y las mujeres de la época actual, frente a la teoría de los conservadores, liderados por el cardenal Gerhard Müller, que afirman que «la Iglesia no es un sanatorio, es la casa del Padre con sus leyes divinas»[12]. Ya lo dijo el secretario de Estado Pietro Parolin: «Ninguna revolución es indolora y toda revolución enfrenta oposición en sus propias filas».

El papa necesitaba, antes de renunciar —si se daba el caso—, dejar un cónclave cercano a su pensamiento ideológico y doctrinal. Al tiempo que estaba llenando el Colegio Cardenalicio de seguidores ideológicos, apartaba a todos los que se mantienen fieles a la línea conservadora. En este segundo grupo estaban, por ejemplo, monseñor Salvatore Rino Fisichella, presidente del Consejo Pontificio para la Nueva Evangelización, y sería elector hasta 2031 en caso de ser elevado a cardenal; o monseñor Francesco Moraglia, patriarca de Venecia y hombre de Bertone, que sería elector hasta 2033. El vaticanista Luigi Accattoli afirma que «de esta forma, Bergoglio pretende o al menos confía en desarmar o neutralizar los juegos de camarillas, que ubican a sus oponentes en diócesis importantes para garantizarse la púrpura»[13].

El siguiente golpe lo dio Francisco en el consistorio del 14 de febrero de 2015, en el que se nombraron 15 nuevos cardenales electores, en su mayoría de América Latina, de Asia, de África y de Oceanía. Tan solo cinco eran europeos y, de estos, solo dos italianos. En los siguientes seis consistorios Francisco siguió la misma línea. Y el resultado fue claro: en el próximo cónclave que debería elegir al 267.º sumo pontífice, Europa ya no sería mayoría[14].

---

[12] Gerhard Müller, *La speranza della famiglia*, Ares Editori, Milán, 2014.

[13] Luigi Accattoli, «Nuovi cardinali: Francesco spariglia e volta pagina», *Corriere della Sera*, 13 de enero de 2014.

[14] Marco Politi, *Pope Francis Among the Wolves: The Inside Story of a Revolution*, ob. cit.

Sin duda, Francisco ha marcado tendencia. El que fuera trabajador en un laboratorio químico, guardia de seguridad en un bar y después sacerdote, obispo, cardenal y, por último, sumo pontífice de la Iglesia católica era ya toda una estrella rutilante. Un grafitero pintó la imagen del papa vestido de Superman en pleno Borgo Pio, a escasos metros de los muros vaticanos; la revista *Time* lo nombró «personaje del año» en 2013, así como la famosa revista *Advocate* de Los Ángeles y una de las publicaciones más importantes LGTBI. *Rolling Stone* le dedicó una portada con el título de una famosa canción de Bob Dylan, «The times they are a-changing» («Los tiempos están cambiando») y la revista *Fortune* lo incluyó en el puesto 1 de la lista de los 50 personajes más influyentes del mundo.

Marco Politi, en su obra *Pope Francis Among the Wolves: The Inside Story of a Revolution*, describe perfectamente la situación creada por Bergoglio:

> No se puede modificar la Iglesia estando solo. Francisco no está aislado en términos de consenso: el entusiasmo de los fieles ante él es enorme. A nivel planetario alcanza el 87 %; en Europa, el 90 %, y en Italia llega al 99 %, pero el gran organismo de la institución eclesiástica lo ha dejado hasta ahora como a un general que se ha adelantado demasiado en la línea de batalla, ubicándose más allá del frente, mientras el ejército permanece inmóvil a su espalda.

«El papa Francisco es como un torrente incontenible», afirma el cardenal Leonardo Sandri. «Este pontificado dará aún muchas sorpresas», asegura el cardenal Marc Armand Ouellet. «Francisco ha llenado las plazas y las iglesias, ha cumplido su misión. Ahora puede continuar así antes de arruinar a la Iglesia», afirmó el cardenal Gerhard Müller. Francisco sabía que había una amplia campaña dirigida contra él, pero incluso con el viento en contra creía que «es necesario remar todos juntos al servicio de la Iglesia». Muchos ya comparan la «revolución» de Francisco en la Iglesia con el *New Deal* del presidente Franklin D. Roosevelt o con la *Perestroika* de Mijaíl Gorbachov.

El papa no quería perder el tiempo en discusiones vacuas. Necesitaba ir hacia adelante y romper con el pasado, y querían hacerlo rápido. Sabía además que una Iglesia que no se acerca a la gente corre el riesgo de morir. En su saludo navideño de 2014, el papa repudió abiertamente las resistencias de la curia, pero también «la patología del poder, el complejo de los elegidos, el narcisismo de quien manda, el alzhéimer espiritual de aquellos que pretenden regular, domesticar, manejar y encerrar al Espíritu Santo, olvidando que ese espíritu es frescura, fantasía y novedad»[15].

Francisco era un firme defensor del antiguo lema *Ecclesia semper reformanda* («La Iglesia debe reformarse siempre»), pero sabía que para ello era necesario que la curia, motor de la Iglesia, se moviera en la misma dirección sin poner trabas y piedras en el camino. «Caminar y construir son mis dos conceptos centrales», dijo el papa en una misa en la Capilla Sixtina junto a todos los miembros del colegio cardenalicio.

Cuando el cardenal Jorge Mario Bergoglio salía para Roma para participar en el cónclave en el que fue elegido 266.º sumo pontífice de Roma, les recordó a unos amigos cercanos que «la Iglesia debe tomar conciencia del error de continuar creyendo que en el rebaño hay 99 ovejas y una descarriada y perdida. Hoy sucede todo lo contrario. En el rebaño queda solo una oveja y 99 están descarriadas y perdidas». Puede que tuviera razón[16].

«Solo le pido al Señor que este cambio que llevo adelante para la Iglesia con gran sacrificio tenga continuidad y no sea una luz que se apaga de improviso», confesó Francisco a uno de sus colaboradores. La respuesta a este deseo solo la dará el cardenal que salga elegido sumo pontífice en el próximo cónclave.

---

[15] Francisco, «Discorso alla curia romana», 22 de diciembre de 2014.
[16] Evangelina Himitian, *Francesco, Il papa della gente*, Rizzoli, Milán, 2013.

12
LOS ÚLTIMOS TIEMPOS

Los primeros rumores de cónclave comenzaron a extenderse en 2021, cuando el papa Francisco se sometió a una segunda operación de colon. «¿Se trataba de un cáncer o de un sencillo e inofensivo pólipo?», se preguntaron muchos. Sin embargo, ya antes habían comenzado a publicarse algunas obras sobre la elección del 267.º papa de la Iglesia católica. El cardenal Timothy Dolan, influyente arzobispo de Nueva York, envió en 2020 a varios miembros del Colegio Cardenalicio un libro titulado *The Next Pope*: *The Leading Cardinal Candidates*, de Edward Pentin, antiguo corresponsal en Roma del *National Catholic Register*[1]. En el libro aparecen los nombres que sonaban como posibles sucesores de Francisco, como el hondureño Óscar Rodríguez Maradiaga, el filipino Luis Antonio Tagle o el arzobispo de Bolonia Matteo Maria Zuppi, presidente de la poderosa Conferencia Episcopal Italiana. En los cónclaves tienen un peso especial los llamados *kingmakers*, o grandes electores,

---

[1] Edward Pentin, *The Next Pope: The Leading Cardinal Candidates*, Sophia Institute Press, Bedford, New Hampshire, 2020.

cardenales que, por su veteranía o su carisma entre los distintos grupos lingüísticos, influencian al resto. Algunos lo son por el poder de sus Iglesias, como el alemán Reinhard Marx, mientras que en zonas como África se busca la voz de la experiencia.

Lo cierto es que no existía un favorito claro para suceder a Francisco, y su política de crear cardenales de «las periferias» (por ejemplo, de Tonga, con solo 16.000 católicos) significaba que muchos de ellos eran completos extraños para la poderosa y elitista curia romana. Así que, por supuesto, cuando el papa entró en el quirófano en 2021, hubo «reuniones entre prelados» sobre el próximo cónclave papal. Así fue como Francisco fue elegido en 2013: pequeños grupos de cardenales liberales habían estado conspirando durante años para instalarlo. Puede sonar siniestro, pero es del todo real. Como ya vimos, el grupo de Saint Gallen tuvo mucho que decir en el cónclave de 2013, y también intentó imponerse en el de 2005, aunque en este último con diferente suerte[2].

Después de doce años, ¿cuál ha sido el motor del pontificado de Francisco? Algunos vaticanistas se han preguntado si dicho motor aún existe y otros han tratado de reflexionar sobre su sustancia. La pregunta podría reformularse así: ¿qué tipo de gobierno ha sido el de Francisco y cómo interpretarlo a la luz de los próximos años? Solo podemos responder a estas preguntas si examinamos el sentido mismo de este modo de gobernar la Iglesia católica, que se expresa en una personalidad concreta con su propia historia de vida. «Somos influyentes porque somos distintos», afirma el sector conservador de la curia. «Tenemos autoridad porque avanzamos con los tiempos», aseguran los «extrovertidos» seguidores de Francisco.

El martes 23 de agosto de 2022, el papa Francisco tomó una iniciativa que fue calificada por muchos como un escalón más

---

[2] Damian Thompson, «Is the Pope a Protestan?», *The Spectator*, 16 de octubre de 2021.

hacia la renuncia. A través de un documento dio unas órdenes concretas a todos los departamentos vaticanos encargados de la administración y gestión de los activos financieros sobre la liquidez de la Santa Sede y de las instituciones relacionadas con esta:

1. El santo padre Francisco, en la audiencia concedida al secretario de Estado, el 22 de agosto, decidió dictar esta instrucción sobre la administración y gestión de los activos financieros y la liquidez de la Santa Sede y de las instituciones vinculadas a ella.
2. El santo padre ha dispuesto que tenga carácter de interpretación auténtica de las disposiciones vigentes, y tenga fuerza firme y estable, sin perjuicio de lo contrario, aunque sea anterior al Rescripto o se refiera específicamente a cosas especiales.
3. El artículo 219, párrafo 3, de la constitución apostólica *Praedicate evangelium*, emitida el 19 de marzo de 2022, debe interpretarse en el sentido de que la actividad de administrador de bienes y depositario de los bienes inmuebles de la Santa Sede y de las instituciones relacionadas con la Santa Sede es competencia exclusiva del Instituto para las Obras de Religión (IOR).
4. La Santa Sede y las Instituciones vinculadas a la Santa Sede que sean titulares de activos financieros y liquidez, cualquiera que sea la forma en que se mantengan, en instituciones financieras distintas del IOR, deben informar al IOR y transferirlos a la mayor brevedad dentro de los 30 días a partir del 1 de septiembre de 2022.
5. Entra en vigor inmediatamente mediante publicación en *L'Osservatore Romano*. Los actos previamente adoptados en discrepancia deberán ser puestos en conformidad con estas instrucciones[3].

---

[3] SS. MI, «Rescritto del santo padre Francesco circa l'Istruzione sull'Amministrazione e gestione delle attività finanziarie e della liquidità della Santa Sede e delle Istituzioni collegate con la Santa Sede», 23 de agosto de 2022. https://press.vatican.va/content/salastampa/it/bollettino/pubblico/ 2022/ 08/23/0608/01222.html.

Tal y como había comunicado el propio papa, el domingo 28 de agosto de 2022 cuando visitó la ciudad de L'Aquila, donde reposan los restos del papa Celestino V, el primer pontífice que tomó la decisión de renunciar a la Cátedra de Pedro. Ese mismo acto ya lo vivió Benedicto XVI justo antes de renunciar al papado.

La última vez que un papa abrió la Puerta Santa del Perdón de la basílica de Collemaggio, en la ciudad italiana de L'Aquila (región de los Abruzos), situada a unos 120 kilómetros de Roma, fue en 1294. Ese año, Celestino V dictó una bula pontificia mediante la cual concedió la indulgencia plenaria a todas las personas que, tras confesarse y recibir la comunión, entrasen en la basílica entre las vísperas del 28 y 29 de agosto de cada año. 728 años después, en el «Día del Perdón Celestiniano», Francisco repitió ese gesto lleno de significado y rezó en silencio ante la tumba del primer papa que decidió dar un paso a un lado.

Francisco viajó en helicóptero a esta ciudad, justo un día después de haber nombrado a 20 nuevos cardenales —16 de ellos electores—, y un día antes de que en el Vaticano el consistorio arrancase —en los días 29 y 30 de agosto— la aplicación de la nueva Constitución de la Santa Sede, *Praedicate Evangelium*. Tras ser recibido por las autoridades de la ciudad, el papa se dirigió a la catedral de L'Aquila, que aún muestra las profundas heridas provocadas por el devastador terremoto de 2009. Durante la visita, Francisco volvió al ataque lanzando mensajes directos a aquellos miembros de la curia anclados en el inmovilismo. El pontífice alertó de los «terremotos del alma que te ponen en contacto con tu propia fragilidad, tus propias limitaciones, tu propia miseria».

Con demasiada frecuencia la gente cree que vale según el lugar que ocupa en este mundo, pero el hombre no es el lugar que ocupa, sino la libertad de la que es capaz y que manifiesta plenamente cuando ocupa el último lugar, o cuando se le reserva un lugar en la Cruz [...]. Mientras no comprendamos que la revolución del Evangelio reside en este tipo de libertad, seguiremos siendo testigos de guerras, violencia e injusticia, que no son más que el síntoma externo de una falta de libertad interior. [...] Donde no hay libertad interior, se abren paso el egoísmo, el individualismo, el interés propio y la opresión.

Los tambores de sucesión se acentuaron en los últimos días por el estado de salud del papa, que en el mes de julio abrió la puerta a una futura renuncia al admitir durante su viaje de regreso de Canadá que esta decisión «no sería una catástrofe, ni un tabú». La reunión en Roma con todos los cardenales del mundo —celebrada en los días 29 y 30 de agosto de 2022—, y la primera que Francisco convocaba, era un gesto que sus críticos quisieron ver como el principio del fin de su pontificado mientras que sus colaboradores más estrechos, como el cardenal Rodríguez Maradiaga, lo interpretaron sencillamente como un paso más en la voluntad reformadora de Bergoglio. Un «cónclave sin fumata», dijeron algunos vaticanistas. Los cardenales se encontraron en Roma no para elegir un nuevo papa, sino para definir, junto al pontífice reinante, los retos de la Iglesia del futuro. Para muchos expertos, aquel fue un «cónclave inédito».

El papa se dirigió a todos los cardenales en la homilía celebrada el 29 de agosto en la basílica de San Pedro: «Queridos hermanos cardenales, les pido cuidar con valentía tanto las cosas grandes como las pequeñas». Además, les encomendó abanderar «este poder manso, esta universalidad atenta a los detalles». Y siguió:

> El secreto del fuego de Dios, que desciende del cielo, iluminando de un extremo al otro, y que cocina lentamente el alimento de las familias pobres, de los migrantes, o de quienes no tienen un hogar. Un cardenal ama a la Iglesia, siempre con el mismo fuego espiritual, ya sea tratando las grandes cuestiones, como ocupándose de las más pequeñas; ya sea encontrándose con los grandes de este mundo, como con los pequeños, que son grandes delante de Dios.

El 24 de noviembre de 2022, el pontífice recibió una nueva sorpresa cuando fue llamado a declarar como testigo ante el tribunal del Vaticano encargado de juzgar un caso de fraude financiero. Se reprodujo ante la corte una grabación secreta del propio Francisco en relación con los pagos secretos que llevó a cabo la Santa Sede para liberar a una religiosa en manos de un grupo afín a Al Qaeda. El audio con la voz del papa marcó un nuevo capítulo en un juicio que ya había dado varios giros.

Los fiscales vaticanos presentaron la grabación como evidencia, asegurando que era parte de un conjunto de materiales obtenidos de la policía fiscal italiana que investigaba a una organización benéfica de Cerdeña (Italia), vinculada con el cardenal Giovanni Angelo Becciu, antiguo prefecto de la Congregación para la Causa de los Santos y, en su momento, un cercano colaborador del propio papa. Los fiscales del Vaticano revelaron también que la evidencia de Cerdeña fue añadida a una nueva investigación abierta por la Santa Sede en la que Becciu era el principal investigado por presunta conspiración y trama delictiva. El 24 de septiembre de 2020, a Becciu se le impuso la renuncia —por el propio papa— al cargo de prefecto y a los derechos relacionados con el cardenalato. Esta decisión fue tomada tras conocerse una controvertida operación inmobiliaria en la *City* londinense, gestionada por Becciu, en la que se desembolsaron 232 millones de dólares procedentes de fondos de la Iglesia, incluido dinero procedente del Óbolo de Pedro destinado a limosnas para los pobres. También se recibieron denuncias de apropiación indebida y de haber favorecido económicamente a sus hermanos[4].

Según el fiscal Angelo Diddy, el cardenal Becciu y alguien cercano a él grabaron en secreto a Francisco el 24 de julio de

---

[4] «Cardenal Becciu: el escándalo por la compra de una lujosa propiedad en Londres que llevó a la "renuncia" de uno de los prelados más poderosos del Vaticano», BBC News, 26 de septiembre de 2020.

2021, tres días antes de que se iniciara el juicio en el Vaticano, cuando el entonces prefecto de la Congregación para la Causa de los Santos habló con el sumo pontífice por teléfono desde su apartamento en el Vaticano. En la grabación, Becciu básicamente le pide a Francisco que confirme que el papa autoriza los pagos «secretos» a una firma británica para negociar la libertad de una monja colombiana secuestrada en Mali en 2017. Francisco, que había sido dado de alta tras pasar diez días en el hospital, estaba familiarizado con el caso y, en lo esencial, estuvo de acuerdo, según varios abogados que escucharon la grabación. El presidente del tribunal ordenó a la prensa salir de la sala durante la reproducción del audio bajo el argumento de que no había sido aceptada formalmente como evidencia. De esta forma, los «introvertidos» contrarios a Francisco intentaron manchar el buen nombre del pontífice y hacerle cómplice de Becciu en la trama de desvío ilegal de fondos vaticanos.

El 17 de diciembre de 2022 se desataron nuevamente los rumores sobre una posible renuncia a la Cátedra de Pedro cuando, durante una entrevista con el diario español *ABC*, aseguró lo siguiente:

> He firmado ya mi renuncia en caso de impedimento médico. [...] Yo ya he firmado mi renuncia. Era Tarcisio Bertone el secretario de Estado. Yo la firmé y le dije [a Bertone]: «En caso de impedimento por cuestiones médicas o qué sé yo, acá está mi renuncia. Ya la tienen». No sé a quién se la habrá dado el cardenal Bertone, pero se la di cuando era secretario de Estado. [...] Ahora alguno irá a pedírselo a Bertone: «¡Deme el papelito!». Seguramente lo entregó al cardenal Pietro Parolin, el nuevo secretario de Estado. Yo se lo di a Bertone cuando era secretario de Estado[5].

---

[5] «Entrevista al papa Francisco», *ABC*, 18 de diciembre de 2022.

En la misma entrevista, los periodistas Julián Quirós, director del periódico, y Javier Martínez-Brocal, corresponsal en el Vaticano, le preguntaron al papa qué consejo le daría a su sucesor, a lo que el sumo pontífice respondió: «Le diría que no haga los errores que yo hice, punto y nada más».

EL FIN DE LA ERA ALEMANA

Él ya lo había dejado claro en algunas conversaciones con vaticanistas y miembros de la curia: «No renunciaré hasta que fallezca el papa emérito [Benedicto XVI]. No dejaré tres papas en el Vaticano». Pero esto cambió radicalmente cuando, el miércoles 28 de diciembre de 2022, El papa Francisco pidió «una oración especial» para el papa emérito, Benedicto XVI, al recordar —tras la audiencia general que cada miércoles se celebra en el Aula Pablo VI del Vaticano— que «[Benedicto XVI] está muy enfermo [...]. Pido una oración especial para el papa Benedicto XVI, que en el silencio está sosteniendo la Iglesia. [...] Está muy enfermo y pidiendo al Señor que lo consuele y lo apoye en este testimonio de amor a la Iglesia hasta el final». Como era de esperar, estas frases generaron una gran preocupación por la salud de Ratzinger.

El papa emérito, de 95 años, renunció al pontificado en febrero de 2013, convirtiéndose así en el primer pontífice de la historia reciente de la Iglesia en hacerlo. Desde entonces vivió en el monasterio Mater Ecclesiae, en el interior de la Ciudad del Vaticano, y sus apariciones públicas fueron ciertamente escasas. La última salida oficial tuvo lugar a finales de agosto de 2022, cuando, después del último consistorio, en el que Francisco creó un grupo de nuevos cardenales, acudió a su residencia para que los conociese personalmente.

Junto a él se encontraba su secretario personal, Georg Gänswein, que aunque explicó que «su salud es frágil debido a su avanzada edad, sus condiciones son estables, tal y como permitían ver las diferentes fotografías que ha ido enviando la oficina de prensa de la Santa Sede con regularidad». En cambio, las noticias dadas por Francisco hacían pensar en un agravamiento de la salud de Benedicto XVI. Tras las palabras del papa, el portavoz de la Santa Sede, Matteo Bruni, confirmó que en las últimas horas se había verificado un «agravamiento debido a su avanzada edad, pero que la situación estaba bajo control, seguida atentamente por sus médicos». Tras la audiencia, Francisco acudió urgentemente a visitar a Ratzinger en el monasterio Mater Ecclesiae.

La última vez que se había temido de una manera parecida por la salud del papa emérito había sido dos años atrás, cuando su «biógrafo oficial», el escritor Peter Seewald, advirtió que se encontraba «gravemente enfermo». Seewald aseguró que Benedicto XVI sufría una grave infección de herpes zóster en el rostro desde que regresó a Roma después de visitar a su hermano Georg en Ratisbona, en su Baviera natal, a finales de junio del 2020. Georg, también sacerdote, mantenía una excelente relación con Benedicto, y falleció el 1 de julio de 2020, a los 96 años. Aquel fue un viaje muy emotivo para el papa emérito, con sabor a despedida, y aprovechó para visitar la tumba de sus padres y de su hermana en el cementerio de Ziegetsdorf, a tres kilómetros de Ratisbona. Seewald aseguró también que la voz de Benedicto «era prácticamente imperceptible, aunque razonaba, mantenía su buena memoria y se mostraba optimista pese a la enfermedad», algo que fueron repitiendo quienes le visitaron durante los últimos tres meses de 2022.

El jueves 29 de diciembre, a las diez de la noche, un nuevo parte médico afirmaba que «Benedicto XVI está grave, pero estable y lúcido». Al día siguiente el Vaticano actualizó con unas pocas líneas el parte médico oficial: «Anoche el papa emérito pudo descansar bien. También participó el jueves por la tarde en la celebración de la santa misa en su habitación». Se sabe que, justo después de esta misa, Benedicto XVI recibió la extremaunción.

Se desconoce qué fue lo que provocó el agravamiento de su salud, que el Vaticano achacó a su avanzada edad. Algunos vaticanistas hablaron de problemas de riñón o cardíacos, pero lo único que se sabía era que se había producido un cambio repentino en su salud. En Navidad ya había acusado graves problemas respiratorios, pero la situación parecía estable; incluso su secretario personal, Georg Gänswein, decidió viajar a Alemania para pasar unos días con su familia, aunque tuvo que regresar a Roma urgentemente cuando se enteró del empeoramiento de salud del papa emérito.

Finalmente, el sábado 31 de diciembre a las 09:34 horas de la mañana, Benedicto XVI murió en su propia cama, a los 95 años de edad. La Santa Sede anunció también que desde el lunes 2 de enero de 2023 y hasta el jueves 5 de enero el cuerpo del pontífice emérito quedaría expuesto en la basílica de San Pedro para que los fieles pudieran despedirse de él. El funeral se celebraría finalmente el 5 de enero y estaría presidido por el papa Francisco.

Los pasos que debían seguirse después de la muerte de Benedicto XVI están descritos claramente en la constitución *Universi Dominici Gregis*, aprobada por Juan Pablo II en 1996, y salvo la apertura de un cónclave y la destrucción del anillo pontificio —además de otros pequeños detalles—, parece que poco cambiaría. Sin embargo, en el caso de Benedicto XVI, las disposiciones relativas a la apertura del testamento o cómo y cuándo celebrar el funeral no serían tomadas por el camarlengo de la Iglesia católica, una especie de «papa en funciones» que actúa cuando se produce una «sede vacante» —así se conoce el periodo sin pontífice—, sino directamente por el papa reinante.

El 5 de enero, a las 08:50 horas de la mañana, víspera de la Epifanía, el féretro de Benedicto XVI presidía la entrada de la basílica. Un sencillo ataúd de madera de ciprés con un evangelio abierto marcaba el inicio del ritual que permitiría a los más de 50.000 fieles que aguardaban en la plaza de San Pedro despedir al papa difunto.

Francisco, el papa reinante, esperaba en un lado del altar, levantado especialmente para la ocasión, para presidir la ceremonia. Sobre las 09:30 horas, dos miembros de la Guardia Suiza se colocaron junto al féretro en posición de escolta, apenas un instante antes de que el pontífice apareciera en silla de ruedas y ascendiese por una rampa lateral hasta el altar. Sus problemas de movilidad hicieron que tuviera que ser ayudado por el decano del Colegio Cardenalicio, Giovanni Battista Re. En la homilía religiosa, Francisco hizo escasas referencias al difunto papa emérito.

Antes, sobre las seis de la mañana, se permitió el acceso de los fieles a las sillas colocadas en la plaza para dar el último adiós a Benedicto XVI. Esta vez no hubo entradas que repartir y bastó con hacer cola para entrar en el recinto.

La Oficina de Celebraciones Litúrgicas de la Santa Sede tuvo que organizar una ceremonia que no estaba establecida hasta entonces, aunque llevaba casi diez años preparándola, los mismos que habían transcurrido desde la renuncia del papa alemán en 2013. El funeral de Benedicto XVI poco se diferenció del de Juan Pablo II, tan solo en algunos detalles, como el hecho de que el cuerpo de Ratzinger no portara el palio en el cuello, un ornamento que indica que el pontífice «reinaba» cuando le llegó la muerte. Tampoco estuvieron las oraciones finales, que son muy específicas sobre el papa en ejercicio, ni las de la diócesis de Roma ni las de las Iglesias orientales.

Se introdujeron en el féretro —un ataúd de tres cajas de ciprés, roble y zinc— los palios y las monedas que indican el tiempo de pontificado: siete de oro por cada año, diez de plata por cada mes, y nueve de bronce por cada día de duración. También un texto que describe su papado, en latín, insertado en un cilindro de metal.

A las 10:48 horas, un grupo de doce funcionarios vaticanos cogieron a hombros el féretro de Benedicto XVI y lo devolvieron al interior de la basílica. Francisco entonces se levantó con dificultad, en uno de los momentos más solemnes, y se colocó estratégicamente en uno de los extremos para bendecirlo antes de que desapareciera de la vista de los allí presentes. Las cortinas de terciopelo rojo se echaron y el único sonido que podía oírse en la plaza de San Pedro era un vibrante repicar de campanas. En el interior de la cripta, y como epitafio, quedaría solo escrito su nombre y el tiempo de su pontificado: siete años, diez meses y nueve días. Menos incluso de lo que duró su insólito y revolucionario periodo como papa emérito.

Aunque su pontificado no fue tan «viajero» como el de Juan Pablo II, Ratzinger organizó importantes reuniones multitudinarias de jóvenes, como la de 2015 en Colonia, o la de 2011 en Madrid. Viajó también a Barcelona para la dedicación de la Sagrada Familia. En total, hizo 24 viajes internacionales, incluidos Cuba, Jerusalén o Estambul, y mantuvo fuertes polémicas tanto con musulmanes como con judíos. Muy comentado fue su discurso en la Universidad de Ratisbona de 2006, donde habló, de forma indirecta, sobre la violencia del islam, lo que provocó la ira de numerosos líderes políticos y religiosos del mundo árabe. También fue controvertida la excomunión de cuatro obispos ultraconservadores, incluyendo la de un religioso que negaba el Holocausto y que provocó el enfado de la comunidad judía.

Lo cierto es que el pontificado de Ratzinger empezó y terminó con revuelo. Cuando murió Juan Pablo II y, en abril de 2005, fue elegido como su sucesor, tuvo que lidiar con el tsunami provocado por los miles de casos de abusos sexuales que acechaban a la Iglesia. Allí Ratzinger admitió pública y abiertamente los «pecados», pidiendo perdón a las víctimas y castigando, por ejemplo, a los Legionarios de Cristo, siempre protegidos por Juan Pablo II. Reconoció incluso los horribles crímenes de Marcial Maciel, el fundador de la organización, a quien, en 2006, ordenó «vivir una vida de penitencia y oración». Aun así, siempre fue acusado de no hacer lo suficiente para combatir los abusos; sobre todo, cuando era prefecto de la Congregación de la Doctrina de la Fe y estaba al frente del organismo vaticano encargado de luchar contra esta lacra.

Sus últimos tiempos al frente de la Iglesia también fueron tormentosos, sobre todo por el escándalo «Vatileaks», la filtración del robo de documentos confidenciales por parte del mayordomo que puso de manifiesto las luchas internas y la corrupción en el interior del Vaticano. El caso se zanjó con la encarcelación del mayordomo del papa, pero no rodó la cabeza de ningún cardenal. Muchos analistas afirman que todo esto propició la elección de Francisco, un papa nombrado con la misión de reformar la Iglesia y sacarla de la mayor crisis que había vivido en la era contemporánea.

Desde su renuncia en 2013 se abrió la delicada cuestión de cómo convivirían dos papas en el minúsculo Vaticano. El alemán prometió que se apartaría a un lado, que viviría una vida de oración y que permanecería oculto al mundo. Así lo hizo durante algunos años, pero algunas intervenciones en los últimos tiempos causaron la protesta de los sectores «extrovertidos», más cercanos a Francisco, como cuando Ratzinger comenzó a conceder entrevistas y a escribir artículos, e incluso se aventuró a situar el origen de los abusos sexuales en la «Revolución del 68» en una interpretación equivocada del Concilio Vaticano II. Pero lo que provocó mayor estupor en el Palacio Apostólico fue un libro escrito por el cardenal ultraconservador Robert Sarah, uno de los líderes «introvertidos», quien en un primer momento lo presentó en coautoría con Benedicto XVI. En el texto se presionaba al papa Francisco para que no ordenara a hombres casados en las zonas más remotas del planeta y evitar así que abriera la puerta a terminar con la norma histórica del celibato dentro de la Iglesia. Después de una gran polémica, el cardenal Sarah se vio obligado a retirar la firma del papa emérito, justo después de la intervención de Georg Gänswein, su secretario privado, a quien Francisco apartó de su cargo como responsable de la Casa Pontificia.

Aunque algunos vaticanistas consideraban que era de esperar que un teólogo como Ratzinger siempre tendría algo más que decir, otros pensaban que debería haber optado por el respetuoso silencio para no entorpecer el liderazgo de su sucesor, y no dar alas a los opositores conservadores, los «introvertidos». Después de su muerte, seguramente la Casa Pontificia, encargada del protocolo y de las ceremonias papales, ha debido establecer una norma más clara para regular en el futuro la convivencia de un pontífice que ha renunciado y otro en activo. Con la muerte de Benedicto XVI se acababa la llamada «era de los dos papas», una era que había durado nueve años, y finalizaba así otro impedimento hacia la posible renuncia de Bergoglio como 266.º papa de la Iglesia católica. El fallecimiento de Benedicto XVI abría una nueva etapa en el papado de Francisco, quien solo contemplaba la renuncia en caso de enfermedad.

Aunque en su conversación con el diario *ABC* el papa había dejado claro que no tenía previsto renunciar y que «hacía planes de futuro para, al menos, los dos próximos años», la sombra de la dimisión empezó a aparecer en todos los medios especializados del mundo. Francisco deseaba evitar la renuncia «para no convertir el precedente en una costumbre» y proteger así la libertad de futuros pontífices, ya que la renuncia de dos papas seguidos podría transformar una «excepción» en «regla general». Prueba de que no tenía previsto abandonar la Cátedra de Pedro es que, para proteger a la Iglesia, habría dejado establecido que en caso remoto de que quedara «impedido permanentemente», podría convocarse automáticamente un nuevo cónclave para elegir al 267.º papa de la Iglesia católica. Aun así, hasta en nueve ocasiones Francisco habría hablado públicamente de una posible «renuncia».

«No renunciaré hasta que el papa emérito no haya fallecido. [...] No quiero dejar tres papas en el Vaticano», aseguró Francisco a sus más estrechos colaboradores. En julio de

2022, en una entrevista a la agencia Reuters, el papa también dijo que «nunca se me ha pasado por la cabeza renunciar. [...] De momento no, de momento no. ¡De verdad!». Además, el pontífice quería regular la figura del «papa emérito», que no tiene reflejo en el actual derecho canónico. La renuncia de Joseph Ratzinger fue tan sorpresiva que cogió fuera de juego a toda la curia romana, que tuvo que aceptar que 1) Benedicto XVI continuara llamándose así; 2) que pudiera seguir vistiendo de blanco, y 3) que pudiera denominarse «papa emérito». Por el contrario, el deseo del pontífice era que se hablara de «obispo de Roma emérito», para separar la función política del papado de la meramente pastoral del episcopado, y evitar así problemas, como los sucedidos en la Edad Media cuando varios papas se autoproclamaron los «únicos y verdaderos».

Cuestionando al papa reinante

La muerte de Benedicto XVI acababa con una de las trabas más importantes para que Francisco llevara a cabo la tan discutida y anunciada renuncia al Trono de Pedro. «¿Pero sería tan inminente como los vaticanistas anunciaban?», se preguntaba Gianluiggi Nuzzi en un programa de la televisión italiana. Lo que estaba claro era que los más fieles seguidores del papa emérito fallecido, liderados por su secretario, monseñor Georg Gänswein, preparaban una nueva ofensiva contra Francisco. «Nunca se atreverán estando vivo Benedicto. Cuando muera Ratzinger, ya será otro tema», me dijo un experto vaticanista contrario a Francisco en el verano de 2022. Aquella predicción comenzaría a cumplirse cuando el cuerpo del papa emérito estaba aún caliente. El primero en hacerlo fue precisamente Georg Gänswein, quien anunció la publicación de sus memorias, en las que aclara escándalos como el «caso Vatileaks», los abusos sexuales en la Iglesia católica o el «caso Emanuela

Orlandi»[6]. Además, anunció que arremetería contra todas las «calumnias» que se vertieron contra el papa emérito[7].

En enero de 2023, en una polémica entrevista concedida al semanario *Die Tagespost*, el todavía secretario de Benedicto XVI aseguró que el «papa emérito leyó con dolor en el corazón el decreto *Traditionis Custodes,* con el que Francisco ponía coto a las misas en latín y a espaldas de los creyentes, autorizadas por su antecesor en el año 2007»[8].

Lo cierto es que las memorias de Gänswein fueron el pistoletazo de salida para la contraofensiva conservadora. El relato sincero, a veces amargo y muchas veces crítico, titulado *Nada más que la verdad. Mi vida al lado de Benedicto XVI,* explica la particular versión del arzobispo alemán sobre la delicada convivencia entre los dos papas, una visión aderezada por algunos comentarios privados de Benedicto XVI. En el Vaticano, donde los problemas se cuentan en voz baja y con la boca pequeña, la crudeza con la que Gänswein describe las dificultades abrió viejas heridas. Muchos vaticanistas consideraron al obispo alemán como el líder de la oposición conservadora contra Francisco, aunque él mismo ha rechazado haber conspirado[9]. Según un comunicado de la editorial Piemme, «tras la muerte del papa emérito, ha llegado el momento de que [Gänswein] cuente su propia verdad sobre las flagrantes calumnias y oscuras maniobras que han intentado en vano ensombrecer el magisterio y las acciones del pontífice alemán». Así, el libro «dará a conocer el verdadero rostro de uno de los más grandes prota-

---

[6] Georg Gänswein y Saverio Gaeta, *Nient'altro che la verità. La mia vita al fianco di Benedetto XVI*, Piemme, Milán, 2023.

[7] Jesús Bastante, «Los enemigos del papa Francisco ven vía libre para impulsar su modelo 'ultra' tras la muerte de Benedicto XVI», *eldiario.es*, 4 de enero de 2023.

[8] Guido Horst, «Benedikts oberste Priorität war, Gott in den Mittelpunkt zu stellen», *Die Tagespost*, 3 de enero de 2023.

[9] Georg Gänswein y Saverio Gaeta, *Nient'altro che la verità. La mia vita al fianco di Benedetto XVI*, Piemme, Milán, 2023.

gonistas de las últimas décadas, muy a menudo injustamente denigrado por los críticos como el "rottweiler de Dios"».

Sin embargo, para no llevarnos a engaños, lo cierto es que el libro muestra la sintonía real y el profundo respeto que sentía Benedicto XVI hacia su sucesor. Como dijo Gänswein, «están a la vista de todas las diferencias en el modo de actuar y en matices de juicio teológico con los que ambos papas han afrontado las cuestiones durante su pontificado. Pero Benedicto no ha hecho jamás interpretaciones o valoraciones sobre la estrategia de Francisco». En su opinión, el problema no ha sido la existencia de dos papas, sino «el nacimiento y desarrollo de dos grupos de partidarios, pues con el paso del tiempo se vio que hay dos visiones de la Iglesia. Y estos dos grupos han creado una tensión que ha tenido eco en quienes no eran conscientes de la dinámica eclesial». Además, el libro contiene datos inéditos muy relevantes sobre Benedicto XVI, como que en 2006 dejó escrita una declaración formal de renuncia que entraría en vigor en caso de impedimento permanente, si llegara el caso de que «no tuviera las condiciones físicas o mentales para ser papa».

Asimismo, el texto de Gänswein asegura que «a la sensibilidad teológica de Benedicto le sonaron extrañas algunas expresiones de Francisco en *Evangelii Gaudium*», el texto programático de su pontificado, si bien el papa emérito añadió que «Francisco toma las decisiones que considera mejores para la Iglesia. Se puede estar de acuerdo o no, pero esto se le debe conceder, como se me concedió a mí». El exsecretario recordaba, por ejemplo, que en septiembre de 2013, cuando se publicó la primera entrevista extensa a Francisco —un diálogo con el jesuita Antonio Spadaro—, el papa envió el texto a Benedicto y le pidió que le comentara sus impresiones. La respuesta de Benedicto fue entusiasta. «La he leído con alegría y consenso completo», dijo[10].

---

[10] Georg Gänswein, *Nada más que la verdad. Mi vida al lado de Benedicto XVI*, Desclée De Brouwer, Bilbao, 2023.

Por otro lado, Georg Gänswein dedica amplio espacio a narrar sus desavenencias personales con Francisco. «Después de algunos meses de pontificado vi que no conseguíamos crear el oportuno clima de confianza necesario para el trabajo de prefecto de la Prefectura de la Casa Pontificia». El exsecretario de Benedicto XVI relata que a menudo el papa Francisco lo puenteaba y pedía cosas a su número dos, o le humillaba en público diciéndole en el último momento y ante el resto del séquito que era mejor que él no los acompañara. Francisco entonces le convocó y le dijo: «De ahora en adelante, quédate en casa, acompaña a Benedicto, que te necesita». El arzobispo alemán no ha tenido problema alguno en destapar una conversación con el propio papa. De hecho, en su libro confiesa que se quedó «en *shock* y sin palabras», y que incluso buscó replicar a Francisco. Es más, tampoco ha tenido problema alguno en desvelar lo que le dijo Benedicto XVI cuando le comunicó la decisión del pontífice. «Parece que el papa Francisco ya no se fía de mí y quiere que seas mi guardián», escribió Gänswein, en tono irónico, y poniéndolo en boca de Joseph Ratzinger. Después de la publicación del libro del cardenal Sarah, en 2020, sin dar más explicaciones, el papa Francisco «concedió» a Gänswein una excedencia y le pidió que «se centrara en cuidar a Benedicto». La cuestión llegó a oídos del papa emérito, que escribió a Francisco para solicitarle «humildemente» que explicara su decisión a Gänswein. Aquella explicación jamás se produjo.

Sarah también fue alcanzado por el largo brazo del papa cuando, en marzo de 2021, fue relegado de su cargo de prefecto de la Congregación para el Culto Divino y la Disciplina de los Sacramentos. Considerado por todos los especialistas como uno de los principales adversarios de Francisco en el interior de los muros vaticanos, el purpurado guineano ha protagonizado, a lo largo de los años, numerosos enfrentamientos solapados con el papa argentino, utilizando su cargo como máximo representante de la liturgia en todo el mundo.

El problema es que el cardenal Robert Sarah no tiene previsto regresar a Guinea Conakry —principalmente porque no le quedan ya lazos con África—, y eso hará que disponga del suficiente tiempo como para poder seguir siendo una piedra en el zapato del pontífice.

También se esperaba que se redoblasen los ataques por parte del entorno del también defenestrado cardenal Giovanni Angelo Becciu, protagonista del macrojuicio por malversación de fondos vaticanos —hablamos de él un poco más arriba— para la creación de una «diplomacia paralela» y para la adquisición de un lujoso inmueble en Londres. Como ya dijimos, Francisco fue ya llamado a declarar como testigo en este polémico juicio.

En octubre de 2022, durante un simposio organizado por la Asociación Católica de Propagandistas, el exprefecto de la Congregación para la Doctrina de la Fe, el alemán Gerhard Müller, destacó que «los temas centrales de la Iglesia no deberían ser el cambio climático o la política migratoria, sino el Evangelio de Jesús. [...] El Concilio Vaticano II fue la chispa para la ruptura de la Iglesia. Esta [la Iglesia] no es un programa para establecer una sociedad liberal capitalista o social comunista, ni para crear un nuevo orden mundial en 2030». Estas palabras se interpretaron como un duro golpe a los ejes programáticos del actual pontificado y un ataque abierto y directo contra el papa Francisco[11].

«Solo hay un papa, y se llama Francisco», respondió tajante en 2018, por carta, el propio Joseph Ratzinger a las tesis del cardenal alemán Walter Brandmüller, uno de los cuatro purpurados ultraconservadores que habían llegado a amenazar con declarar «ilegítimo» al papa Francisco por su apertura a la

---

[11] Jesús Bastante, «Los enemigos del papa Francisco ven vía libre para impulsar su modelo "ultra" tras la muerte de Benedicto XVI», *eldiario. es*, 4 de enero de 2023.

comunión a los divorciados vueltos a casar y por abrir el debate sobre la posibilidad de consagrar a curas casados (*viri probati*) en rincones que, como la Amazonia, no cuentan con suficientes sacerdotes. Pero ahora que ya no estaba Benedicto XVI para poner trabas o detener las conspiraciones contra Francisco, el Vaticano podía convertirse en un auténtico campo de batalla entre ultraconservadores y seguidores de Francisco, y en una «guerra civil» en las sombras entre «introvertidos» y «extrovertidos».

El «ruido de sables» en el interior de la Santa Sede se volvió casi un estruendo tras la muerte del papa alemán. La guerra de poder abierta en las primeras semanas del mes de enero de 2023 subió de intensidad con los ataques directos contra Francisco procedentes del flanco conservador del Vaticano. La ofensiva llegó de manos del cardenal Gerhard Müller, exprefecto de la Congregación de la Fe y conocido miembro del triunvirato conservador crítico con el pontífice argentino formado por Burke, Sarah y él mismo. «El papa no tiene el número de teléfono del Espíritu Santo», llegó a decir el cardenal Müller.

Tom Kington, del diario británico *The Times*, reveló la estrategia de enfrentamiento que los opositores del papa adoptaron tras la muerte de Benedicto XVI. Tanto es así que Gerhard Müller escribió un libro, titulado *En buena fe. La religión en el siglo XXI*, con el objetivo de «ayudar a las personas que tienen problemas con este papado»[12]. Todo este clima de intrigas palaciegas se vio intensificado con la inesperada muerte, el 10 de enero de 2023, del cardenal conservador australiano George Pell. Al día siguiente del fallecimiento, el vaticanista Sandro Magister reveló que había sido Pell el verdadero autor de «un ácido apunte» que circulaba desde el año anterior por

---

[12] Gerhard Müller, *In buona fede: La religione nel XXI secolo*, Solferino, Milán, 2023.

los pasillos vaticanos y por las redacciones de los diarios italianos, y cuya autoría se desconocía hasta ahora. En él se tachaba abiertamente de «catástrofe» el papado del pontífice argentino: «El sínodo alemán habla de homosexualidad, de mujeres sacerdotes, de comunión para los divorciados que se han vuelto a casar, pero el papado calla», escribió el purpurado australiano. Y continuó: «La centralidad de Cristo en la enseñanza se debilita. Cristo es desplazado del centro. A veces Roma parece hasta confundida sobre la importancia de un monoteísmo riguroso».

Otro texto del cardenal Pell, aparecido pocos meses antes de su muerte en la revista británica *The Spectator*, sirvió para añadir aún más leña al fuego. El purpurado australiano calificó de «pesadilla tóxica» una de las principales apuestas del papado de Francisco, el llamado «sínodo sobre sinodalidad», un gran proceso de consulta puesto en marcha por el argentino para que las Iglesias de todo el mundo opinen sobre sus prioridades —a través de una especie de encuesta—, que debería culminar con una gran reunión que se celebraría en el otoño de 2023. Robert Mickens, editor de *Le Croix International*, aseguró que la figura de Benedicto XVI era «neutralizadora» y que conseguía mantener a raya tanto a «introvertidos» como a «extrovertidos», pero que, una vez muerto, el Vaticano se podía convertir en un campo de batalla «ideológico» y en una auténtica «guerra civil» doctrinal.

En el mes de febrero de 2023 fue el propio Francisco quien calificó de esta misma forma al papa alemán fallecido durante una rueda de prensa tras su regreso del viaje pastoral por la República Democrática del Congo y Sudán del Sur: «[la muerte de Benedicto XVI] ha sido instrumentalizada por gente de partido y no de Iglesia», dijo. «Esas historias que se cuentan de que Benedicto XVI estaba muy disgustado [conmigo] eran un cuento chino», afirmó Francisco ante los periodistas que le acompañaban en el vuelo de regreso a Roma desde África. Preguntado sobre la unidad de la Iglesia católica después de la muerte de Joseph Ratzinger —tras la cual se produjeron diversas declaraciones contra él por parte del ala más conservadora de la Iglesia—, Francisco quiso puntualizar que siempre pudo consultar y hablar de todo con el papa emérito: «Él siempre estaba ahí y me ha apoyado y si tenía alguna dificultad me lo decía. Hablábamos. No había problemas».

> Creo que la muerte de Benedicto ha sido instrumentalizada por la gente que quiere llevar el agua a su molino. [...] Y esta gente que de una manera u otra instrumentaliza a una persona tan buena, tan de Dios, un santo padre de la Iglesia es gente de partido y no gente de Iglesia. Se ve que algunos tienen la tendencia de hacer de posiciones teológicas un partido. [...] Dejo pasar las cosas y que la Iglesia siga adelante como siempre.

El día 23 del mismo mes Francisco dio un nuevo golpe de efecto a través del *motu proprio* «El derecho originario», en base a los cánones 1254 y 1255 del Código de Derecho Canónico, sobre la naturaleza pública eclesiástica de los bienes adquiridos por las instituciones curiales y las vinculadas a la Santa Sede debido a su destino universal a los fines de la Iglesia. El documento era, sin duda, una seria advertencia del pontífice a todos los miembros de la curia tras el «caso Giovanni Becciu» sobre que cualquier propiedad adquirida durante el desarrollo de sus funciones pertenece al «patrimonio soberano de la Santa Sede y le permiten actuar en la historia, en el tiempo y en el espacio para los fines propios de la Iglesia y con la independencia necesaria para el cumplimiento de su misión. [...] Las instituciones y organismos que los han adquirido y que, por la observancia que se debe a las normas civiles, los han hecho sus propietarios privados, no son propietarios privados, ya que han actuado siempre en nombre y bajo la autoridad del papa». De esta forma Francisco daba un nuevo golpe de timón para evitar los casos aparecidos en los medios de comunicación sobre casos de despilfarro y abusos económicos por parte de altos miembros de la curia romana.

Pero el papa no estaba dispuesto a permitir la presencia de «rebeldes» por los pasillos vaticanos. La muerte de Benedicto XVI había dejado las manos libres a Francisco para quitarse de encima a uno de los más polémicos, el díscolo Georg Gänswein. El 21 de marzo de 2023, la Secretaría de Estado vaticana anunció el «nombramiento» del arzobispo alemán como nuevo nuncio en Costa Rica, un destino diplomático papal considerado en ambientes eclesiásticos como «de descanso» y lo suficientemente alejado de las conspiraciones curiales romanas. De este modo Francisco cortaba el acceso del prelado alemán a cualquier tipo de influencia, tanto mediática como política, en la vida diaria de la curia romana, tras haberse convertido en uno de los principales opositores de Francisco.

Mientras se ratificaba su nuevo nombramiento, Gänswein fue obligado a abandonar sus estancias en el monasterio Mater Ecclesiae, por indicación de Raffaella Petrini, secretaria general del *Governatorato*, y trasladado a un apartamento en el cuarto piso de Santa Marta Vecchia, un edificio situado entre el Aula Pablo VI y la Casa Santa Marta, residencia de Francisco. En una entrevista a la agencia Reuters, Gänswein describió la excepcionalidad de su cargo: «Dicen que tengo dos señores [Benedicto XVI y Francisco]. [...] En cierto sentido, esto es cierto y añado que también es posible vivir con dos señores. Desempeño mi servicio en plena armonía con los dos papas, tratando de fungir como puente entre ambos. Hasta ahora ha funcionado muy bien y espero que mis dos jefes estén contentos».

Pero lo cierto es que mediante este «exilio dorado» Francisco acabó de un solo golpe con uno de los pilares más incómodos del sector «introvertido». Para evitar los rumores de «represalia» contra el antiguo secretario papal, Francisco ordenó a Raffaella Petrini que respetara la fecha de jubilación del religioso alemán.

A finales de junio de 2023, sectores de la curia cercanos a Francisco comenzaron a lanzar rumores sobre posibles encuentros del «cesado» Gänswein con ciertos «introvertidos».

El sumo pontífice, desde el hospital en el que estaba ingresado, ordenó a la Secretaría de Estado del Vaticano que anunciase oficialmente a Gänswein que su nuevo destino sería Friburgo, en el sur de Alemania, su sede de origen. El traslado oficial se haría efectivo el mismo sábado 1 de julio. Tal y como se indicaba en el comunicado oficial, la decisión fue tomada a raíz de que Gänswein concluyera, el 28 de febrero anterior, sus tareas como responsable de la Casa Pontificia.

Fuentes oficiales de la Santa Sede explicaron que el papa deseaba «cerrar etapas», sobre todo después de que Gänswein hubiera asegurado en su libro que Francisco le criticaba constante y abiertamente por asuntos relacionados con su gestión al mando de la Casa Pontificia, una especie de corte papal encargada del protocolo de las actividades tanto religiosas (ceremonias litúrgicas importantes) como civiles (recepciones a monarcas, jefes de Estado y de Gobierno, dignatarios, presentación de credenciales de embajadores, audiencias privadas y públicas...). Pietro Parolin, secretario de Estado, explicó muy convenientemente, durante un desayuno informal con varios periodistas, que «por tradición, los secretarios de los papas, desde Loris Capovilla (Juan XXIII), pasando por Pasquale Macchi (Pablo VI) hasta Stanislaw Dziwisz (Juan Pablo II), regresaron a sus diócesis de origen una vez fallecidos los pontífices. [...] No creo que el caso de monseñor Gänswein deba ser diferente dentro de esta tradición».

La agencia católica alemana KNA, haciéndose eco de la noticia del traslado, informó que, si se le confiaba una diócesis importante en Alemania, «su presencia podría tener un impacto negativo en las reformas en curso, ya que Gänswein es uno de los más duros críticos del llamado "camino sinodal alemán"». Cuando se le preguntó a Gänswein si en el futuro se imaginaba como obispo en Alemania, este explicó que «el papa [Francisco] me dio algunas "sugerencias" que estoy evaluando». En el pasado, casi todos los secretarios pontificios, cuando llegaba el momento de su retiro eran asignados a sus diócesis de origen, como cardenales u otros cargos de alto nivel. A Gänswein aún le faltaban ocho años (en 2031) para alcanzar los 75, edad de jubilación de los obispos.

A pesar del ruido provocado con el «exilio» —sustantivo que le gusta utilizar a la curia vaticana— de uno de los puntales más importantes del sector «introvertido» ultraconservador, este no consiguió ocultar los cada vez más claros signos de deterioro físico del pontífice. El 29 de marzo de 2023, Francisco fue ingresado en el hospital Agostino Gemelli de Roma. «En los últimos días, el papa Francisco se había visto aquejado de algunas dificultades respiratorias, y esta tarde acudió al policlínico A. Gemelli para realizarse unos controles médicos», agregaba la nota informativa de la Oficina de Prensa del Vaticano. El pontífice, de 86 años, fue sometido a un TAC de tórax y a otras pruebas médicas, ya que, según el diario *Corriere della Sera*, comenzó a sentir «un fuerte dolor en el pecho y problemas respiratorios inmediatamente después de la audiencia general celebrada en la plaza de San Pedro y, cuando ya se encontraba en su residencia en Casa Santa Marta, se le aconsejó que acudiera al servicio de cardiología del hospital romano para hacerse unos controles»[13]. A pesar de los optimistas comunicados médicos, la agenda del papa se vio suspendida durante dos días. «El santo padre se encuentra desde esta tarde en el Gemelli para algunos controles programados precedentemente», informó el portavoz de la Santa Sede, Matteo Bruni, intentando acallar los cada vez más intensos comentarios sobre la salud del papa. «El resultado de estos controles ha revelado una infección respiratoria (excluida la infección COVID-19) que requerirá algunos días de tratamiento médico hospitalario adecuado», terminó indicando el comunicado oficial.

---

[13] Gian Guido Vecchi, «papa Francesco ricoverato al Gemelli: «Infezione respiratoria, alcuni giorni in ospedale», *Corriere della Sera*, 29 de marzo 2023.

Aunque la Santa Sede no quiso confirmarlo, lo cierto es que la enfermedad del sumo pontífice le impidió presidir los actos de la Semana Santa en el Vaticano. La ausencia fue confirmada por el cardenal Leonardo Sandri, vicedecano del Colegio Cardenalicio, quien señaló a la agencia oficial de noticias italiana ANSA que él se encargaría de oficiar la misa del Domingo de Resurrección del 9 de abril, aun expresando su esperanza de que el papa fuese dado de alta y pudiera presidirla. El Vaticano volvió a informar el 7 de abril, diciendo que finalmente Francisco no presidiría el vía crucis de esa noche en el Coliseo: «Debido al intenso frío de estos días, el papa Francisco seguirá el vía crucis esta tarde desde la Casa Santa Marta, uniéndose a las oraciones de quienes se reunirán con la Diócesis de Roma en el Coliseo», señaló el escueto comunicado oficial. El anuncio descartaba nuevos problemas de salud del papa, que la semana anterior había permanecido ingresado durante tres días en el policlínico Gemelli aquejado de una fuerte bronquitis. En realidad, parecía que las autoridades vaticanas decidieron evitar el riesgo de un posible resfriado, mientras el círculo más cercano al papa intentaba mostrar la mayor normalidad posible para anular los rumores —extendidos interesadamente por el sector conservador— sobre que la salud del pontífice podría provocar una disminución de sus labores pastorales y paralizar importantes decisiones que solo Francisco podía tomar.

El 7 de junio de 2023, casi dos meses después de su último ingreso hospitalario, volvieron a saltar las alarmas en el Vaticano. Finalizada su audiencia general en la plaza de San Pedro, Francisco fue trasladado de urgencia al policlínico Gemelli. Había peligro de oclusión intestinal y era necesario operar de inmediato. El posoperatorio le mantuvo ingresado durante nueve días y los médicos indicaron que debía tomarse su recuperación muy en serio. Y lo hizo, aunque no por ello dejó de avanzar en los cambios que tenía pensados para apuntalar las reformas iniciadas con su pontificado.

Tampoco dejó de lado su propia contraofensiva contra los altos miembros de la curia —sobre todo estadounidenses— que pusieron en duda sus decisiones, en especial su encíclica *Amoris laetitia*. Uno de los primeros afectados fue el obispo estadounidense, de 65 años, Joseph Strickland, jefe de la pequeña diócesis de Tyler, al noreste de Texas, y un feroz crítico que cuestionó el liderazgo de Francisco e incluso atacó el intento del papa de actualizar la posición de la Iglesia en temas sociales y de «inclusión», como el aborto, los derechos de las personas transgénero o el matrimonio entre personas del mismo sexo.

El 11 de noviembre de 2023, el Vaticano anunció finalmente que Strickland sería «relevado» de sus funciones «como resultado de investigaciones llevadas a cabo en su diócesis de Tyler, Texas, Estados Unidos». No se dijo nada más. La destitución del prelado llegó justo después de que el propio papa hablase públicamente sobre el «atraso» de algunos líderes de la Iglesia estadounidense. El detonante de todos estos movimientos fue la carta abierta que el obispo Strickland escribió en el mes de agosto de 2023, en la que sostenía que «verdades básicas de las enseñanzas estaban siendo cuestionadas, incluyendo los intentos de socavar el matrimonio tal y como fuera instituido por Dios y que solo es entre un hombre y una mujer». En otro párrafo criticaba abiertamente a quienes «rechazan su innegable identidad biológica dada por Dios», y sugería que los intentos de cambiar «aquello que no se puede cambiar llevarían a un cisma irrevocable de la Iglesia».

El mismo día de su cese, el prelado estadounidense hizo pública su versión de los hechos en una entrevista concedida al periodista John-Henry Westen, del canal LSNTV. Strickland respondió al papa diciendo que «realmente no puedo encontrar ninguna razón [para el cese] excepto haber amenazado a algunos poderes fácticos con la verdad del Evangelio». También reveló que le habían pedido que renunciara el 9 de noviembre, pero que «no podía, por mi voluntad, abandonar el rebaño que me habían encomendado». Esta versión se confirmó con la declaración —del 11 de noviembre de 2023— del cardenal Daniel DiNardo, jefe de la arquidiócesis de Galveston-Houston y metropolitano de la provincia eclesiástica en la que está incluida la diócesis de Tyler.

Durante la entrevista, Strickland afirmó que «la única respuesta que tengo es que las fuerzas de la Iglesia en este momento no quieren la verdad del Evangelio. [...] Quieren que se cambie. Quieren que se ignore». Aunque no acusó a Francisco de ser parte de ese movimiento, sí señaló que «muchas fuerzas están trabajando alrededor de él e influyéndolo para que tome este tipo de decisiones. [...] Para esas "fuerzas", soy un problema, por lo que le presionaron [al papa] para que se destituyera a un obispo por defender el Evangelio». Aunque la oficina de prensa de la Santa Sede evitó dar mayores explicaciones, fuentes internas aseguraron que el «conflicto» con Strickland comenzó el 12 de mayo de 2023, cuando el obispo texano tuiteó su rechazo abierto a lo que él mismo definió como «el programa de socavar el Depósito de la Fe del papa Francisco». El texto exacto era este:

> Permítanme aclarar algo sobre «Patrick Coffin ha cuestionado la autenticidad del papa Francisco». Si esto es exacto, no estoy de acuerdo, creo que el papa Francisco es el papa, pero es hora de que diga que rechazo su programa [del papa] de socavar el Depósito de la Fe. Sigue a Jesús 14.

Aquel tuit supuso para el Vaticano el «cruce de una línea» que provocó la visita apostólica a la diócesis de Tyler de dos altos miembros de la curia enviados por el Vaticano.

En la entrevista concedida a la LSNTV, el obispo Strickland criticó repetidamente a Francisco por una «peligrosa» falta de claridad en sus declaraciones, especialmente respecto

---

14 https://twitter.com/BishStrickland/status/1657222411459215360.

a la sexualidad[15]. Lo más curioso es que, ya en el mes de agosto, Strickland había criticado este punto en la mencionada carta abierta en la que lamentaba que «es posible que algunos tilden de cismáticos a quienes no están de acuerdo con los cambios propuestos. En cambio, aquellos que proponen cambios a lo que no se puede cambiar, buscan apoderarse de la Iglesia de Cristo, y ellos son, de hecho, los verdaderos cismáticos»[16]. Como motivo de su cese fulminante, el propio Strickland afirmó que «no implementé *Traditionis Custodes*, la restricción del año 2021 del papa Francisco a la misa tradicional en latín».

«INTROVERTIDOS» CONTRA «EXTROVERTIDOS». LA GRAN GUERRA

Pero la destitución de este obispo «rebelde» no fue el último en la larga lista de damnificados por la política de Francisco. A finales de noviembre de 2023, el papa dio un nuevo golpe de timón al suspender todos los privilegios en la Santa Sede del cardenal estadounidense Raymond Burke. Como me explicó una de mis fuentes vaticanas, «los castigos papales, como todo lo que ocurre dentro de los muros del Vaticano, llevan su tiempo y se sirven fríos. Pero tarde o temprano siempre terminan en la mesa». Y puede que tenga razón, al menos durante el pontificado de Francisco.

El caso es que el papa decidió desalojar de su vivienda de 400 metros cuadrados en el Vaticano al cardenal estadouni-

---

[15] John-Henry Westen, «Bishop Joseph Strickland Breaks His Silence After His Removal by Pope Francis», LSNTV, 11 de diciembre de 2023, en https://www.youtube.com/watch?v=wOpCL9d_S1Q&t=3s.

[16] Carta original escrita por el obispo Joseph Strickland, el 22 de agosto de 2023, en https://bishopstrickland.com/uploads/blog/d7c560a8b-8d819ad343a83ba9bbabe0d66868460.pdf.

dense Raymond Leo Burke, abiertamente crítico con su gestión, y ordenar una importante reducción de su salario. Burke forma parte del llamado «frente conservador» (junto a los alemanes Gerhard Müller y Walter Brandmüller, el mexicano Juan Sandoval, el guineano Robert Sarah y el hongkonés Joseph Zen), un grupo que, como ya hemos mencionado, desde hace tiempo se opone a los planes del papa de reformar la Iglesia. Una fuente vaticana me indicó que la decisión no pretendía ser un castigo personal, sino que se basaba en la creencia de que una persona no debe disfrutar de privilegios cardenalicios mientras cuestiona al jefe de la Iglesia.

La crítica más dura sobre la medida llegó desde el influyente *National Catholic Reporter* y de su corresponsal Christopher White, que declaró a la BBC que «la medida no tenía precedentes en el pontificado de Francisco. [...] Por lo general, los cardenales retirados continúan residiendo en Roma después de dejar sus cargos, y a menudo permanecen activos en las liturgias papales y deberes ceremoniales. Lo cierto es que desalojar a alguien de su apartamento en el Vaticano sienta un nuevo precedente que podría provocar una reacción significativa y profundizar aún más las divisiones entre el Vaticano y la Iglesia estadounidense, donde ya hay una seria "fragmentación"».

Como vemos, los enfrentamientos entre el sumo pontífice y sus críticos estadounidenses llegaron a su máximo nivel de tensión en noviembre de 2023 con el despido fulminante del obispo Strickland y con la retirada de privilegios al cardenal Burke el mismo mes. A fin de cuentas, unos meses antes, y ante los miembros de la orden jesuita de Portugal, el papa ya lo advirtió: «Existe una actitud muy fuerte, organizada y reaccionaria en la Iglesia estadounidense, que se está quedando atrasada».

Las tensiones con el cardenal Burke, un hombre fiel al anterior papa, han sido constantes desde que Francisco asumió la Catedra de Pedro en marzo de 2013. Michael J. Matt, editor y columnista del periódico católico ultraconservador *The Remnant*, lo expresó en ese momento con suma claridad en una columna de opinión:

> La situación del cardenal Burke parece provenir de su aleja-miento gradual del papa. Al parecer, el papa percibe que Burke promueve un culto a la personalidad centrado en el tradiciona-lismo o las ideas regresivas. Su acción parece dirigida a limitar la influencia de Burke entre la poderosa curia, cortando de esta forma sus vínculos con Roma. [...] La acción contra el cardenal Burke muestra que el papa Francisco está anulando a prelados fieles que ofrecen cobertura jerárquica a los de línea dura pro-vida, pro-familia y pro-tradición.

En la misma columna, Matt también acusó al papa de «so-meter a sus críticos a aislamiento forzado».

Lo curioso del caso es que la Santa Sede no emitió ningún comunicado oficial sobre las medidas adoptadas contra el car-denal Burke. Por el contrario, la decisión papal fue difundida por algunos blogs conservadores, que aseguraron que en la reunión del 20 de noviembre de 2023 el propio papa había informado a los máximos responsables de los dicasterios que eliminaría el alquiler privilegiado del que disfrutaba el carde-nal estadounidense y que reduciría su sueldo de forma impor-tante. Austen Ivereigh, periodista británico, escritor, profesor de Historia Contemporánea en la Universidad de Oxford y hombre muy cercano al pontífice, explicó que Francisco le ra-zonó esta decisión durante una breve reunión en el Vaticano, aunque Ivereigh quiso matizar que el papa jamás llamó «ene-migo» al cardenal, como apuntaron algunos medios conserva-dores.

Según informaron otros medios, como el *Corriere della Sera*, el papa justificó su gesto aludiendo a la desunión que estaba creando el purpurado y que este estaba usando su apar-tamento y el sueldo que le pagaba el Vaticano precisamente en tareas contra la Iglesia. A pesar de que Burke cumplió 75 años en junio de 2023 —como hemos dicho, edad de jubilación de los prelados—, contaba con un apartamento a pocos metros de la plaza de San Pedro y seguía cobrando un salario de la Santa Sede de entre 5.000 y 6.000 euros al mes. El cardenal no reaccionó de manera oficial, aunque en el boletín periódico que escribe dedicado a los fieles afirmó que «la confusión, la división y el error han entrado incluso en la Iglesia».

El papa Francisco pidió en diferentes ocasiones que los pastores sean pastores y no «guerreros culturales». Massimo Franco, analista para el *Corriere della Sera* y miembro del Instituto de Estudios Estratégicos de Londres, aseguró que «detrás de Burke se vislumbra la figura de personajes e instituciones estadounidenses, pero también europeas, que consideran a Francisco un peligro. [...] El cardenal se ha defendido en varias ocasiones de la acusación de formar parte de la organización política de Steve Bannon, uno de los ideólogos de Donald Trump. Pero se ha reunido y frecuentado a Bannon durante mucho tiempo a través del Instituto Dignitatis Humanae, una asociación creada para ayudar a los parlamentarios europeos a seguir los preceptos de la ley moral, como explicó el propio cardenal Burke en una entrevista con el periodista Ross Dothat, del *The New York Times*, en noviembre de 2019[17].

Massimo Franco subraya que las críticas contra el papa son inmutables en el tiempo y las últimas demuestran que hay sectores en la Iglesia que buscan posicionarse en un futuro cónclave.

---

[17] Ross Douthat, *Cardinal Burke:* «I'm Called the Enemy of the Pope, Which I Am Not», *The New York Times*, 9 de noviembre de 2019.

13
UN PAPA *AD EXTRA*

Nuevos rumores de cónclave volvieron a la actualidad tras una entrevista con la periodista Valentina Alazraki del canal de televisión mexicano N+ en el mes de diciembre de 2023, que el propio canal titulaba «Entrevista al papa Francisco. Una mirada puesta en el final». Durante la entrevista, el propio pontífice desvelaba que ya había dado instrucciones al maestro de ceremonias litúrgicas pontificias, el arzobispo Diego Giovanni Ravelli, para su funeral y entierro. El 266.° papa de la historia no iba a ser enterrado en las grutas vaticanas, como el resto de los pontífices, sino en la basílica romana de Santa Maria Maggiore, donde ya se había preparado una capilla. Con esto Bergoglio buscaba simplificar los ritos funerarios y continuaba en su línea de rechazo a los ritos y beneficios pontificios.

Francisco explicó que se lo había prometido a la Virgen y que ya estaba preparado el lugar en Santa Maria Maggiore, la basílica a la que el pontífice argentino acudía frecuentemente, antes y después de cada viaje pastoral, para rezar ante el icono de la virgen Salus Populi Romani ('Protectora del Pueblo Romano'), más conocida como Nuestra Señora de las Nieves y

302

patrona de Roma. Se trata de una capilla en la nave izquierda de esta basílica, junto a la que acoge el icono de la Virgen. «Porque es mi gran devoción. Antes, cuando venía a Roma, siempre iba ahí el domingo por la mañana, me iba un rato allí. Sí, hay una ligazón muy grande», destacaba el papa al canal mexicano. En la entrevista, Francisco también adelantó que, como ya había sucedido con el funeral del papa Benedicto XVI, en su caso serían unas exequias de carácter sencillo. «Yo estuve con el responsable de la ceremonia [Diego Ravelli] preparando el rito de los funerales del [anterior] papa. Lo simplificamos bastante», explicó Francisco, quien agregó que su funeral «sería aún más sencillo que el de Benedicto XVI»[1].

Sus declaraciones provocaron un auténtico revuelo en los medios y entre la curia, pero al final de su conversación con el canal mexicano el propio Francisco habló sobre su salud. Tras haber pasado una fuerte bronquitis, aseguró que se encontraba «bastante bien. […] Me siento bien, me siento mejorado. A veces me dicen que soy imprudente porque tengo ganas de hacer cosas y de moverme. Entonces, ¿son buenas señales? Lo cierto es que la vejez no se maquilla».

Las afecciones que sufrió el papa durante 2023 provocaron que Francisco tuviese que admitir que estaría dispuesto a dimitir de la Cátedra de Pedro, tal como hizo su antecesor Benedicto XVI. Aunque también aclaró que «las renuncias papales no deberían convertirse en la norma para la Santa Sede». Francisco afirmó que no había pensado en ello y aseguró que sería «el Señor, cuando él quiera. […] Pero no se me ocurrió, aunque vi la valentía de Benedicto cuando se dio cuenta de que no podía; prefirió decir "Basta". Y a mí me hace bien eso como ejemplo y pido al Señor poder decirlo yo también, en algún momento,

---

[1] Valentina Alazraki, «Entrevista al papa Francisco», Canal N+, 12 de diciembre de 2023. https://www.nmas.com.mx/noticieros/programas/despierta/videos/papa-francisco-entrevista-exclusiva-para-nmas-salud-aniversario-la-virgen-guadalupe/

pero cuando Él quiera». Desde entonces no dejarían de sonar los tambores de guerra y los tambores de la dimisión.

Ad extra, amado por la gran multitud de hombres y mujeres de buena voluntad que reconocían en su voz y en sus gestos el abrazo misericordioso del Padre. *Ad intra*, la barca de la Iglesia se debatía paradójicamente entre disputas de poder y reconocimiento de sectores que se negaban a obedecer las decisiones de Francisco. Influyentes cardenales e importantes obispos, anteriormente colaboradores suyos en la curia vaticana, discutían sus decisiones de manera inédita. Los purpurados Robert Sarah de Guinea-Conakri, Gerhard Müller de Alemania, Raymond Burke de Estados Unidos, Giovanni Becciu de Italia y otros eclesiásticos como el arzobispo Carlo María Viganò fueron formando poco a poco un grupo de «contradictores» de Francisco.

El 3 de julio de 2021, un juez del Vaticano acusó al cardenal Becciu de múltiples cargos, entre ellos malversación de fondos, blanqueo de dinero, fraude, extorsión y abuso de poder[2]. El papa Francisco aprobó personalmente su acusación. También serían acusadas otras diez personas, cuatro de las cuales eran exfuncionarios del Vaticano. Los otros eclesiásticos acusados fueron un exjefe y un subjefe del supervisor financiero interno del Vaticano y dos antiguos empleados de la Secretaría de Estado, incluido un sacerdote que anteriormente se desempeñó como secretario del propio Becciu. Después de ser acusado, Becciu dijo que era «víctima de un complot tramado contra mí» y que era inocente. El 27 de julio de 2021 se abrió el proceso contra el cardenal Becciu ante un tribunal de la Santa Sede. El purpurado compareció personalmente ante el tribunal y negó haber actuado de mala fe, pidiendo al tribunal que no ordenara su detención. El juicio fue aplazado,

---

[2] Francis X. Rocca, «Vatican Indicts Cardinal, Nine Other People Over London Real-Estate Deal», *The Wall Street Journal*, 3 de julio de 2021.

pero Becciu se convirtió en el primer cardenal católico en testificar ante el tribunal penal del Estado Vaticano[3].

El 9 de marzo de 2023, el fiscal vaticano Alessandro Diddi presentó la correspondencia entre el papa Francisco y Becciu como parte de la prueba de acusación. En las cartas, Francisco negaba haber autorizado a Becciu a contratar a una mujer para ayudar a conseguir la liberación de una monja secuestrada en Mali o a invertir dinero del Vaticano en un negocio inmobiliario en Londres[4]. Finalmente, el 16 de diciembre de 2023, el cardenal Giovanni Angelo Becciu fue condenado a cinco años y seis meses de prisión, así como a la prohibición para ejercer cargos públicos, tras un proceso que duró dos años y medio, siendo el primer cardenal condenado por un tribunal civil del Estado Ciudad del Vaticano. Lo más curioso de todo es que esta prohibición no le impedirá entrar en el próximo cónclave que elija al sucesor de Francisco.

Otro conflicto declarado entre el propio papa y el grupo cardenalicio ocurrió en septiembre de 2023, cuando Francisco pidió a los cardenales y a los altos cargos de la curia que «se apretaran el cinturón» ante un déficit en las cuentas vaticanas de 2023 de más de 83 millones de euros. Pero parece que estos no se dieron por aludidos, pues Francisco tuvo que tomar medidas expeditivas con el presupuesto de la Santa Sede e instituyó un nuevo organismo para buscar fondos, que antes de nacer ya era contestado por varios altos cargos del Vaticano. La Santa Sede estaba en números rojos y algo había que hacer. El último balance recogía 1.152 millones de ingresos y 1.236 millones de gastos, a 83 millones de euros de distancia del equilibro. En 2021, el déficit había sido de solo 3,3 millones de euros y en 2022 ascendió a 33 millones.

---

[3] Elisabetta Povoledo, «In a First, a Cardinal Testifies in a Vatican Criminal Trial», *The New York Times*, 17 de marzo de 2021.

[4] Philip Pullella, «Cardinal among 10 indicted by Vatican for financial crimes», *Reuters*, 3 de julio de 2021.

Francisco recordó entonces a sus colaboradores lo que les había escrito en una inédita carta de septiembre, «que los recursos económicos al servicio de la misión son limitados y deben ser gestionados con rigor y seriedad». Para ello el papa proponía tres vías para sobrevivir a la crisis: recortes, búsqueda de financiación externa y solidaridad con los organismos deficitarios. Esto último significaba una redistribución de fondos desde los departamentos con mayores ingresos hacia los departamentos con mayores pérdidas. Durante el encuentro, según informó la agencia Reuters citando una fuente anónima, varios cardenales mostraron su perplejidad por la decisión de equilibrar los gastos buscando donantes o «financiación externa». En opinión de esos altos cargos, no identificados, la iniciativa podría dar lugar a conflictos de interés. Les preocupaba lo que estas instituciones filantrópicas, sobre todo poderosas fundaciones católicas de Alemania y Estados Unidos, pudieran pedir o exigir a cambio de ese saneamiento financiero. Sectores cardenalicios cercanos a Francisco alegaban que el Vaticano había sido desde hace siglos muy celoso de su «autonomía financiera» como garante de la libertad de los pontífices, y por eso los más veteranos recelaban de la búsqueda de «patrocinadores», pues las grandes instituciones filantrópicas que disponían de dinero para prestar podrían también solicitar a cambio una mayor atención a sus propias prioridades, tanto doctrinales como políticas[5].

A pesar de las serias protestas desde todos los sectores, una de las últimas decisiones que tomó el papa Francisco, tres días antes de ser ingresado en el policlínico Gemelli por una neumonía doble, fue instituir un organismo que centralizase la búsqueda de fondos para cubrir el déficit. Se hizo pública

[5] Redacción, «El papa Francisco se enfrentó a varios cardenales por la situación financiera del Vaticano antes de su hospitalización», *Reuters*, 28 de febrero de 2025.

la decisión y la nueva «comisión» tenía la misión de organizar «campañas entre los fieles, las conferencias episcopales y otros posibles benefactores, subrayando su importancia para la misión y para las obras de caridad de la Sede Apostólica» y recaudar fondos para proyectos específicos de la curia romana. La misión fue puesta en manos de monseñor Roberto Campisi, responsable de la sección de Asuntos Generales de la Secretaría de Estado y eficaz brazo derecho del número tres de la Santa Sede, el venezolano Edgar Peña Parra, hombre muy cercano al secretario de Estado y exnuncio vaticano en Caracas, Pietro Parolin. El gran desafío de Campisi, con su recién creada Comisión de Donaciones para la Santa Sede, tanto al final del pontificado de Francisco como en el inicio del pontificado de su sucesor, sería intentar conseguir un aumento de los donativos dirigidos a la Santa Sede a través del llamado Óbolo de Pedro.

La otra medida especial fue revelada por la revista española *Vida Nueva*, especializada en asuntos de la Iglesia católica. Francisco había decidido devolver a la mayoría de los departamentos de la curia los presupuestos que habían enviado para su aprobación para el ejercicio fiscal de 2025, pues no se atenían a la petición expresa del papa de «recortes reales ante la actual crisis». El papa Francisco prorrogó los presupuestos para el primer trimestre del año, pero solicitó expresamente que fueran revisados a la baja para lo que quedaba de año. Era la primera vez que tomaba una decisión de estas características. Estaba ya claro que Francisco, en sus últimos tiempos de pontificado, intentaría al menos dejar las cuentas saneadas para su sucesor.

Expertos analistas financieros consultados por el propio equipo financiero vaticano explicaron que la Santa Sede, con un patrimonio cercano a los 4.000 millones de euros formado en su mayor parte por unos cinco mil inmuebles y una importante cartera de inversiones, no emitía bonos ni tenía ninguna industria, por lo que, aparte de los beneficios de los Museos

Vaticanos, cubría sus gastos con estas rentas. Deshacerse de los inmuebles e inversiones para afrontar el déficit sería un suicidio financiero, un mal parche, y solo serviría para afrontar la crisis en los próximos quince o, tal vez, veinte años. Su principal partida de gastos eran los sueldos de sus más de tres mil empleados y funcionarios, así como las pensiones de sus jubilados[6]. A medio plazo era insostenible, y el Vaticano del papa 267.º, sucesor de Francisco, deberá encontrar nuevas formas de financiación si quiere seguir manteniendo su independencia financiera, política y doctrinal.

El 14 de febrero de 2025 el papa Francisco es ingresado de urgencia en el policlínico Gemelli por una infección grave en las vías respiratorias y una leve fiebre. Francisco no suspendió la agenda oficial que tenía prevista para ese día, incluido un encuentro con el presidente de Eslovaquia, Robert Fico. Antes, durante la lectura de la catequesis de la audiencia general, el papa decidió no seguir y pidió a uno de sus colaboradores que continuara con la lectura debido a que sus problemas respiratorios le impedían hablar.

El parte médico indicaba que, tras el empeoramiento de su bronquitis en los últimos días, Francisco había sido sometido a pruebas especializadas e iniciado un tratamiento farmacológico hospitalario. A sus 88 años ya había tenido que interrumpir, el domingo 9 de febrero, la homilía de la misa con ocasión del jubileo de las Fuerzas Armadas en la plaza de San Pedro debido a «dificultades en la respiración», según él mismo declaró. Desde hacía cuatro años la salud del papa se había deteriorado. Tiempo atrás, el pontífice había sufrido serias afecciones gripales y respiratorias que le obligaron a permanecer ingresado tres días, en marzo de 2023. En noviembre del mis-

---

[6] El último dato de 2022, cuando el entonces responsable de la Secretaría de Economía era el español Juan Antonio Guerrero Alves, estimó que el pasivo neto del fondo de pensiones de la Santa Sede ascendía a unos 631 millones de euros.

mo año, por consejo médico, el papa canceló su viaje a Dubái para la COP28. «Las audiencias del santo padre previstas para esta mañana quedan canceladas debido a un ligero estado gripal», informó la Santa Sede en un escueto comunicado. También padecía en aquella época una «bronquitis aguda e infecciosa» y tuvo que detener nuevamente su actividad al mes siguiente por otra bronquitis. En enero de 2024 nuevamente se vio afectado por una gripe severa.

Los siguientes días los comunicados vaticanos informaron de que el papa Francisco necesitaba «reposo urgente» para facilitar su recuperación, después de haber pasado «tranquilo» su primera noche en el hospital Gemelli de Roma, donde recibió tratamiento por una infección en las vías respiratorias tras ser ingresado a causa de una bronquitis. Los análisis confirmaban «una infección en las vías respiratorias», según un comunicado, que añadía que sus condiciones clínicas eran «discretas» (moderadas) y que presentaba «una alteración febril leve». Tras la publicación de ese primer parte, el portavoz vaticano Matteo Bruni manifestó que el papa se hallaba «sereno, de buen humor y ha leído algún periódico». El 17 de febrero, la Oficina de Prensa precisaba que el papa padecía, más concretamente, una «infección polimicrobiana del tracto respiratorio», que este diagnóstico había obligado a modificar la terapia que se le estaba aplicando y que «todas las pruebas realizadas hasta el momento son indicativas de un cuadro clínico complejo que requerirá de un internamiento hospitalario adecuado».

Los especialistas señalaban que en las infecciones polimicrobianas como la que afectaba al papa Francisco intervienen más de dos patógenos al mismo tiempo y, por esta razón, su abordaje resulta más complicado y desafiante. De hecho, estas infecciones pueden producirse por especies diferentes, combinaciones de virus, hongos, bacterias o parásitos. Cada uno de estos microorganismos requiere ser abordado con su propio tratamiento específico y puede ser especialmente grave en pacientes de alto riesgo. Según la American Society for Microbiology, «el efecto de una infección microbiana en el huésped depende tanto de la identidad de esos organismos como de la forma en la que se relacionan»[7].

Francisco ya había padecido anteriormente otros episodios de bronquitis que resultaron especialmente severos. De hecho, este fue el motivo de su ingreso. Una bronquitis es una inflamación del revestimiento de los bronquios. Cuando una bronquitis empieza de manera gradual y se alarga en el tiempo pasa a conocerse como *crónica* y sus principales síntomas son la tos y la producción de mucosidad. El papa Francisco, además, presentaba un riesgo adicional al haberle sido extirpado en su juventud parte del lóbulo superior de su pulmón derecho. A raíz de la crisis generada por la irrupción de la pandemia de la COVID-19 había relatado cómo fue aquella experiencia:

> Cuando a los 21 años enfermé con algo grave, tuve mi primera experiencia con el límite, con el dolor y con la soledad. Me cambiaron las pautas. Durante meses, no sabía quién era ni si me moría o no. Ni los médicos sabían si iba a sobrevivir. Me acuerdo de que un día le pregunté a mi madre, abrazándola, si me iba a morir. […] Me sacaron un litro y medio de agua del pulmón y esa operación me hizo especialmente propenso a las enfermedades respiratorias, especialmente en temporadas de resfriados[8].

El miércoles 19 de febrero Francisco experimentó una ligera mejoría y, de hecho, recibió a la primera ministra italiana Giorgia Meloni. «Estoy muy contenta de haberle encontrado

---

[7] Dra. Justine Dees, «The Best of Frenemies in Polymicrobial Infections», *American Society for Microbiology*, 1 de febrero de 2019. https://asm.org/articles/2019/february/the-best-of-frenemies-in-polymicrobial-infections

[8] Francisco, *Soñemos juntos. El camino a un futuro mejor*, Simon & Schuster, Barcelona, 2022.

atento y receptivo. Hemos bromeado, como siempre. No ha perdido su proverbial sentido del humor», aseguraba la mandataria italiana en un comunicado. Sus palabras consiguieron rebajar la tensión que se vivía en Roma desde hacía una semana, especialmente después de que la noche anterior, cuando se conociera la gravedad de la enfermedad que padecía, comenzaran a difundirse bulos sobre la inminente muerte del sumo pontífice, que fueron rápidamente desmentidos por la Oficina de Prensa del Vaticano.

«El estado clínico del santo padre es estable», comenzaba el séptimo parte médico del papa Francisco, publicado a última hora de aquel día, que concluía que los análisis de sangre, evaluados por el personal médico, mostraban una leve mejoría, sobre todo en los índices inflamatorios. Por otro lado, se sabía que el papa ya no necesitaba un respirador, pues respiraba autónomamente, ni permanecía en cama todo el tiempo, si bien se le estaba suministrando oxígeno en momentos alternos.

Por otro lado, en Roma, la convalecencia de Francisco estaba desatando numerosas *fake news* extremas e interesadas sobre las condiciones clínicas del papa, los supuestos preparativos del funeral pontificio o sobre eventuales visitas que estaría recibiendo en el Gemelli y llamadas telefónicas que estaría realizando. En la colina romana de Monte Mario, en el apartamento papal de la décima planta del hospital policlínico Gemelli, solo tenían permitida la entrada los tres secretarios del papa y algunos agentes responsables de la seguridad del pontífice. Nadie más. Cuando el martes le hicieron la tomografía que reveló la neumonía bilateral, el equipo médico bloqueó el ingreso al departamento de Radiología para que el papa no se cruzara con visitantes ni pacientes. El cardenal Baldassare Reina, vicario general de la diócesis de Roma, movilizó a los católicos para que en las iglesias se rezase específicamente por la recuperación de Francisco y para que regresase pronto a Casa Santa Marta. Aunque lo único cierto es que no sería una breve convalecencia.

El sábado 22 de febrero, de forma sorpresiva, el estado del papa Francisco empeoró «tras haber sufrido una crisis respiratoria prolongada similar al asma y había necesitado transfusiones de sangre», según fuentes médicas. El Vaticano informó de que los médicos tuvieron que administrarle un «flujo elevado de oxígeno debido a su crisis respiratoria y que las transfusiones de sangre fueron necesarias porque los exámenes mostraron que tenía un recuento bajo de plaquetas, asociado con anemia». Y concluía: «El estado del santo padre sigue siendo crítico. El papa no está fuera de peligro».

El viernes 28 de febrero, con una Roma aún inundada por los ecos y rumores de una posible renuncia o un eventual funeral pontificio, el papa Francisco experimentó una grave crisis respiratoria. El tono de voz del portavoz de la Santa Sede volvía a ser claramente negativo. Después de cuatro días de leve mejora, la salud del papa había empeorado. En ningún momento había perdido el conocimiento y estuvo colaborando con las maniobras terapéuticas. «El santo padre, en la primera tarde de hoy, después de una mañana en la que alternó la fisioterapia respiratoria con la oración en la capilla, presentó un ataque aislado de broncoespasmo que provocó un episodio de vómito con inhalación y un empeoramiento repentino del cuadro respiratorio», especificaba el parte médico.

Antes de conocerse el nuevo episodio de crisis respiratoria se especulaba con que, si la mejora se consolidaba, el papa podría aparecer en público para el ángelus del domingo 2 de marzo, bien asomándose a su ventana o en un directo televisivo desde su capilla. En cualquier caso, a los médicos no les entusiasmaba ninguna de estas opciones y aconsejaban mantener reposo absoluto. La única «prueba de vida» y de salud del papa Francisco hacia el mundo fue el escueto mensaje del viernes 7 de marzo de 2025 que grabó su portavoz Matteo Bruni en la habitación del Gemelli. Con una tenue y débil voz, Francisco solo pudo llegar a decir: «Agradezco de todo corazón las oraciones que hacen por mi salud. Que Dios los bendiga y que la Virgen los cuide. Gracias».

TAMBORES DE GUERRA

El claro deterioro de la salud del papa hizo que comenzaran a sonar los tambores de guerra en el Vaticano ante los rumores de su renuncia, y tanto progresistas como conservadores se dispusieron a velar armas por la sucesión.

La delicada salud de Francisco, que el 17 de diciembre de 2024 había cumplido 88 años, disparó también los rumores sobre una posible renuncia del papa. El primero en romper la ley de silencio sobre el asunto fue el influyente cardenal italiano Giafranco Ravasi, que en una entrevista con una radio italiana manifestó que Francisco podría dimitir. «Está fuera de toda duda que, si se encontrara en una situación en la que estuviera comprometida su posibilidad de tener contactos directos, como a él le gusta hacer, de poder comunicarse de manera inmediata, incisiva y decisiva, entonces creo que podría tomar la decisión de dimitir», aseguró el purpurado. Hubo quienes creyeron que ese momento había llegado. «Sé que hay algunos que dicen que ha llegado mi hora», habría dicho el propio Francisco durante su encuentro con Meloni. «Alguno quizás ha rezado para que el papa acabe en el paraíso, pero Dios ha pensado que aún debo estar aquí», habría añadido el propio pontífice, según una publicación del diario italiano *Corriere della Sera*.

No era la primera vez que Francisco lamentaba en privado los movimientos internos del Vaticano para elegir a su sucesor. En el verano de 2021, el pontífice había permanecido diez días ingresado para someterse a una delicada operación de colon. Las consecuencias de la anestesia general le afectaron tan profundamente que desde entonces la sola idea de volver a pasar por quirófano le provocaba rechazo. «Antes de operarme, ¡renuncio!», llegó a decir en tono jocoso durante una asamblea de obispos para justificar su negativa a operarse de su maltrecha rodilla, que le obligaba a desplazarse en silla de ruedas. «Algunos me querrían muerto», llegó a confesar unos meses más tarde en una reunión a puerta cerrada con los miembros de la Compañía de Jesús.

«Sé que ha habido encuentros entre prelados que pensaban que el papa estaba más grave de lo que se decía. Preparaban el cónclave», afirmó el periodista del diario *Il Fatto Quotidiano* Francesco Antonio Grana, especialista en información vaticana, que en su libro *Qué queda del papado. El futuro de la Iglesia después de Bergoglio* afirma:

> La carrera para preparar el terreno para el nuevo pontífice ya ha comenzado. [...] Está claro que las facciones —la «progresista», decepcionada por la falta de apertura del pontificado de Francisco; la «conservadora», que quiere volver al reino ratzingeriano; y la «bergogliana», que, en cambio, quiere continuar la labor reformadora de los latinoamericanos— ya se están organizando para que no se sorprendan cuando comience la sede vacante[9].

En diciembre de 2024 el papa Francisco había designado 21 nuevos cardenales en un consistorio ordinario —el décimo desde su elección en 2013—, con el que dio un paso más para afianzar su legado en el grupo de prelados que algún día, más pronto que tarde, elegiría a su sucesor, con la esperanza de que el futuro líder de la Iglesia católica continuase las reformas iniciadas por él. En la actualidad, el Colegio Cardenalicio está formado por 252 miembros, de los que el pontífice argentino ha nombrado a casi el 80 % de los 135 cardenales electores, aquellos menores de 80 años que podrán votar para elegir al próximo obispo de Roma. El resultado dejado por Francis-

---

[9] Francesco Antonio Grana, *Cosa resta del papato: Il futuro della Chiesa dopo Bergoglio*, Edizioni Terra Santa, Milán, 2021.

co es un colegio cardenalicio más grande y heterogéneo que nunca, alejado de los centros de poder, con purpurados de 94 países, algunos procedentes de rincones del mundo hasta ahora sin representación o donde el cristianismo es practicado por una minoría, con una edad media de 69 años y con un perfil muy similar al suyo.

Esta cuestión, en cambio, no es un problema para los conservadores. Se conocen bien entre ellos y llevan años preparándose para un futuro cónclave. Las caras más visibles de esta corriente tradicionalista son el alemán Gerhard Müller, exprefecto para la Congregación para la Doctrina de la Fe, a quien Francisco sustituyó en 2017 y desde entonces «enemigo número 1» suyo; el ultraconservador estadounidense Raymond Leo Burke, también jubilado, «desahuciado» de su apartamento vaticano de 400 metros cuadrados por entender Francisco que estaba trabajando contra la Iglesia; y el guineano Robert Sarah, exprefecto para la Congregación del Culto Divino, una de las voces más autorizadas en cuestiones litúrgicas y el origen del más grave enfrentamiento entre Francisco y Benedicto XVI, a quien convirtieron en una forma de contrapoder hacia el final de su vida. A pesar de estar casi completamente aislados en las estructuras de la curia y que serán minoría, mantienen su capacidad de influencia protegidos por una telaraña de medios propagandísticos de derecha que difunden sus mensajes y que llevan tiempo trabajando para influir en el próximo cónclave. Se trata de los mismos medios que difundieron el dosier contra Bergoglio del arzobispo Carlo Maria Viganò, excomulgado tras acusar al papa de haber silenciado los abusos cometidos por un cardenal estadounidense. La llegada de Donald Trump a la Casa Blanca ha reforzado a Viganò.

En palabras del teólogo Massimo Faggioli, profesor de Historia del Cristianismo en la Villanova University (Pensilvania) y autor del libro *De Dios a Trump. Crisis católica y política americana*:

Hay un catolicismo en Estados Unidos que se ha alineado culturalmente con el «trumpismo», que ve en el Vaticano y en Europa un mundo corrupto. Y hay algunos personajes que no han tenido problemas en decirlo abiertamente. Uno de ellos ha sido nombrado embajador de Estados Unidos ante la Santa Sede. Mi temor es que pueda haber una campaña *online* para apoyar o dañar a ciertos candidatos que no son gratos al nuevo catolicismo norteamericano. [...] El cónclave es una oportunidad para este tipo de catolicismo de afirmarse e intentar influir en la elección del próximo papa. Si Elon Musk no tiene ningún problema en interferir en las elecciones en Alemania, no creo que tenga ningún reparo, junto con J. D. Vance, en tratar de influir en el próximo cónclave. Quieren reescribir la historia, el pasado —por ejemplo, que la guerra en Ucrania la iniciaron los ucranianos—, y también el futuro[10].

Lo cierto es que muchos vaticanistas hablan ya de un «Vaticangate» como una conjura de la ultraderecha conservadora para colocar al próximo papa o, al menos, influir en el próximo cónclave. El mismo año en el que Francisco fue elegido papa comenzó la campaña contra él. El papa marxista. El papa de la Teología de la Liberación. El papa masón. El papa indigenista. El papa arcoíris. El papa de los ateos. El papa comunista. El papa herético. El papa rojo. Estos fueron algunos de los calificativos que recibió el nuevo pontífice por parte de la prensa ultraconservadora, principalmente estadounidense.

Algunos altos cargos del cardenalato afines a Karol Wojtyla y Joseph Ratzinger, con buenas conexiones con la ultraderecha mediática, orquestaron una campaña de acoso y derribo para destruir la imagen pública de Bergoglio. Una pugna amparada en la épica pero polvorienta idea de lucha del «bien»

---

[10] Massimo Faggioli, *Da Dio a Trump. Crisi cattolica e política americana*, Scholé Editore, Brescia, 2021.

—representado por el rigorismo de los padres de la Iglesia y la doctrina católica tradicional— contra el «mal» —la izquierda globalista que pretende establecer un nuevo orden mundial—. El conciliábulo absorbió en estos doce años de pontificado a figuras como el exnuncio apostólico, Carlo Maria Viganò; el exprefecto del Tribunal Supremo de la Signatura Apostólica, cardenal Raymond Burke; el gurú de la ultraderecha conservadora, Steve Bannon, y hasta el presidente de Estados Unidos, Donald Trump[11].

No ayudó en absoluto a las buenas relaciones con la recién llegada administración Trump la carta escrita por el papa Francisco el 11 de febrero de 2025, dirigida a los cardenales estadounidenses. En un gesto poco frecuente, Francisco entró de lleno contra la política de deportaciones masivas del presidente Trump, pidiendo a la Iglesia católica que se opusiera a la narrativa que discrimina a los inmigrantes. La carta de Francisco era sin duda una respuesta a la declaración del vicepresidente James David Vance a la CBS en la que acusaba a los obispos estadounidenses de «recibir 100 millones de dólares para ayudar a los migrantes», y se planteaba si sus críticas de estos al Gobierno tenían como objetivo proteger «sus negocios» y no reflejaban una preocupación sincera por las deportaciones[12].

Las declaraciones de Vance fueron tachadas de «escandalosas» por el arzobispo de Nueva York, el cardenal Timothy Dolan, curiosamente un hombre cercano a Trump. También el cardenal Robert McElroy, arzobispo de Washington D. C., rechazó tajantemente las declaraciones de Vance mientras pedía a la Casa Blanca «moderación» en sus declaraciones, y más «cuando se trataba de personas inmigrantes que lo habían

---

[11] Vicens Lozano, *Vaticangate. El complot ultra contra el papa Francisco y la manipulación del próximo cónclave*, Roca Editorial, Madrid, 2023.

[12] «Vance jabs at Catholic Church as Pope Francis remains hospitalized», *CBS News*, 28 de febrero de 2025.

perdido todo». El cardenal Dolan ha defendido su decisión de interactuar con Trump, argumentando que es «importante para la Iglesia católica tener una voz en el Gobierno y trabajar con los líderes políticos para promover el bien común». Dolan enfatiza que su relación con Trump no implica un apoyo político incondicional al presidente, mientras que McElroy ha criticado públicamente las políticas de la administración Trump, particularmente en temas relacionados con la inmigración, la justicia social y el medio ambiente. McElroy es visto en la Casa Blanca como un aliado cercano del papa Francisco que apoya su agenda pastoral y reformista, la cual, en muchos aspectos, difiere de las prioridades políticas de Donald Trump. Pero lo cierto es que para muchos analistas internacionales —de este y del otro lado del Atlántico— tanto Francisco como Trump/Vance entraron como elefantes en una cristalería.

El papa Francisco, justo antes de ser ingresado en el Gemelli de Roma, intentaba unir en un frente común al Vaticano y a la Iglesia católica estadounidense en contra de las deportaciones. Francisco sabía, sin embargo, que la Iglesia de Estados Unidos apoyaba de forma monolítica al presidente Trump en temas tan delicados como el aborto o la cuestión de género, dos de los principales frentes de su pontificado. En su carta del 11 de febrero de 2025, Francisco exhortaba a todos los fieles de la Iglesia católica, y a todos los hombres y mujeres de buena voluntad, a «no ceder ante las narrativas que discriminan y hacen sufrir innecesariamente a nuestros hermanos migrantes y refugiados. [...] las deportaciones masivas son una vergüenza, y lastiman la dignidad de muchos hombres». Y terminaba su misiva afirmando:

> Una conciencia rectamente formada no puede dejar de realizar un juicio crítico y expresar su desacuerdo con cualquier medida que identifique, de manera tácita o explícita, la condición ilegal de algunos migrantes con la criminalidad. [...] lo

que se construye a base de fuerza, y no a partir de la verdad sobre la igual dignidad de todo ser humano, mal comienza y mal terminará[13].

La guerra dialéctica Vaticano-Washington se agravó con secretos aliados de Trump operando en los mismos pasillos de la Santa Sede. Estaba ya claro que el Estado Vaticano se había convertido en un terreno más de juego en la lucha entre el conservadurismo representado por Trump y el progresismo representado por Francisco.

Como explicaba el vaticanista Vicens Lozano:

> El Vaticano se ha convertido en el terreno de juego donde se dirime gran parte de lo que está pasando en el mundo, especialmente en las sociedades occidentales. El «Vaticangate» hace referencia al complot para acabar con el legado del papa Francisco, tanto desde dentro del Vaticano como desde fuera, con los purpurados díscolos maquinando dentro de las murallas leoninas y la ultraderecha internacional y sus medios de comunicación afines operando desde fuera[14].

Se sabe que el 4 de julio de 2021 tuvo lugar la llamada «cena de los conspiradores», organizada por un cardenal del sector tradicionalista mientras el papa Francisco era operado de una estenosis diverticular sintomática del colon. También se descubrió que en 2022 hubo otras seis cenas de «cuervos». Varios miembros de la curia participaron en ellas como invitados. Durante una de ellas se habló, con una seguridad absoluta, de que el santo padre estaba muy enfermo, que había que forzar su renuncia como fuera y que había que tenerlo todo a

---

[13] Carta del santo padre Francisco a los obispos de los Estados Unidos de América, 10 de febrero de 2025. https://www.vatican.va/content/francesco/es/letters/2025/documents/20250210-lettera-vescovi-usa.html

[14] Vicens Lozano, ob. cit.

punto para cuando se convocara a los cardenales en la Capilla Sixtina. También se pusieron sobre la mesa los nombres de futuros papables tradicionalistas y se activaron grupos que trabajarían de cara a un futuro cónclave desde Estados Unidos, Italia, Alemania o España. Incluso se llegó a hablar de la creación de un «laboratorio de ideas» que trabajase para preparar la sucesión de Francisco.

Pero mientras el bloque conservador trabajaba en una especie de campaña electoral para elegir un sucesor con clara línea «ratzingeriana», Francisco llevaba a cabo una campaña que se extendió a lo largo de sus doce años de pontificado, diseñando un colegio cardenalicio «elector» en el que la mayoría tuviese una clara línea «bergogliana», a imagen y semejanza del propio Francisco. De los 135 cardenales electores que entrarán en cónclave, 4 de ellos fueron elevados por Juan Pablo II, 24 por Benedicto XVI y 109 por el papa Francisco. Está claro que el pontífice argentino sabía desde tiempo atrás cuál iba a ser su legado y cómo quería que este continuase en la tierra una vez que él hubiera fallecido.

Un día de 2013, poco antes de entrar en el cónclave del que salió elegido papa el argentino Jorge Mario Bergoglio, el entonces cardenal elector, el portugués Manuel Monteiro de Castro, llegó a decirme: «La mayor parte de las veces, los sumos pontífices fallecidos intentan en vida intentar seguir liderando los designios de la Iglesia una vez que ya no están, y en la mayor parte de las veces eso no funciona. Los designios de Dios y de la curia tienen siempre su propio libre albedrío».

Puede que en el caso del papa Francisco suceda lo uno y lo otro.

Epílogo
Sede vacante y días de interregno

«El papa ha muerto», anuncian todas las campanas de Roma el 21 de abril de 2025, lunes de Pascua. «Queridos hermanos y hermanas, con profundo dolor debo anunciar el fallecimiento de nuestro santo padre Francisco», declara el cardenal Kevin Farrell al mundo. «A las 7:35 de esta mañana el obispo de Roma regresó a la casa del Padre. Su vida entera ha estado dedicada al servicio del Señor y de su Iglesia, y nos ha enseñado el valor del Evangelio con fidelidad, valor y amor universal, y de forma particular a favor de los más pobres y marginados», afirma en el comunicado. A partir de ese momento todos los analistas, corresponsales y vaticanistas comenzamos a analizar la figura del pontífice fallecido.

El pontífice, que estuvo ausente en todos los ritos de la reciente Semana Santa al seguir convaleciente tras su hospitalización, apareció el domingo 20 de abril en el balcón de la logia central de la fachada de la basílica de San Pedro para la bendición *Urbi et orbi* y después recorrió la plaza en papamóvil. En su último mensaje condenó la «carrera de rearme». El papa pasó 38 días ingresado por una bronquitis con infección polimicrobiana y fue dado de alta el 23 de marzo. No obstante, su estado de salud era muy frágil, como se pudo comprobar en su última aparición pública el domingo de Resurrección. Francisco permaneció sentado en una silla de ruedas y no llevaba las cánulas nasales para el oxígeno. Antes había recibido en el Vaticano al vicepresidente de Estados Unidos, JD Vance, y a su esposa para compartir con ellos un breve saludo e intercambiar una felicitación por Pascua.

«Con inmensa gratitud por su ejemplo como discípulo del Señor Jesús encomendamos el alma del papa Francisco al infinito amor misericordioso de Dios Uno y trino», ha añadido el cardenal Farrell en su mensaje. En el vídeo, grabado en la capilla de la Casa de Santa Marta, aparecían también el secretario de Estado, el cardenal Pietro Parolin, y el sustituto de la Secretaría de Estado, el venezolano Edgar Peña Parra.

Las últimas palabras del papa en su tradicional mensaje de Pascua, leídas por el maestro de ceremonias Diego Ravelli, estuvieron dedicadas a reivindicar la paz en el mundo: «Cuánta voluntad de muerte vemos cada día en los numerosos conflictos que afectan a diferentes partes del mundo. Cuánta violencia percibimos a menudo también en las familias, contra las mujeres o los niños. Cuánto desprecio se tiene a veces hacia los más débiles, los marginados y los migrantes».

Francisco, sin duda alguna, ha sido uno de los papas más controvertidos que han ocupado la Cátedra de Pedro. Puede que haya sido el más querido, pero también el más odiado. Curiosamente, los que más lo rechazaban no eran ateos, ni protestantes, ni musulmanes, ni judíos, sino un amplio sector de católicos. Fuera de la Iglesia se convirtió también en una figura popular, incluso entre sectores de la izquierda europea y latinoamericana.

Desde que el cardenal Jorge Mario Bergoglio pasó a ser el papa 266.º de la Iglesia, sus gestos cautivaron al público: el nuevo pontífice conducía un Fiat, cargaba sus propias maletas y pagaba sus propias cuentas en los hoteles en los que pernoctaba. Se dice incluso que hizo su propia reserva y que pagó de su propio bolsillo el hotel en el que se alojó en Roma antes de trasladarse a la Domus Santa Marta para la celebración del cónclave de 2013 en el que salió elegido. Como había dejado sin pagar los gastos extra, una vez elegido sumo pontífice salió del Vaticano, se fue caminando hasta el hotel y pagó la cantidad que debía.

Ya investido papa, Francisco se preguntó sobre el asunto de la homosexualidad («¿Quién soy yo para juzgar a los gais?»), dedicó varias frases directas a los sectores económicos del Vaticano («¡Cómo desearía una Iglesia pobre y para los pobres!», o «Cristo expulsó a los fariseos del templo») y, dirigiéndose a las mujeres católicas, afirmó:

> Debemos esperar una presencia [de las mujeres] más incisiva en la Iglesia. [...] Las mujeres son capaces de ver cosas con un ángulo diferente, con un ojo diferente. Las mujeres son capaces de hacer preguntas que los hombres no somos capaces de entender.

Todos estos mensajes fueron hábilmente filtrados a la prensa, ávida de noticias sobre ese nuevo pontífice que había llegado desde «el fin del mundo». Sin embargo, dentro de la Iglesia sus declaraciones provocaron una feroz reacción por parte de los sectores más conservadores, que pensaban que Francisco podría dividir a la institución e incluso destruirla.

Su muerte pone fin a una etapa que para los sectores conservadores de la curia ha supuesto tan solo un pequeño paréntesis en la larga historia de la Iglesia. La pesada puerta de bronce, custodiada por dos guardias suizos con sus uniformes a rayas, se ha cerrado con un fuerte eco que parece resonar en toda la plaza de San Pedro. Es el sello final a un día que ha transcurrido como una lenta y dolorosa procesión. El cuerpo del papa Francisco, envuelto en los sencillos ropajes con los que ha vivido, descansará ya en una tumba especialmente diseñada para él en Santa Maria Maggiore, la basílica papal de Roma. El sumo pontífice argentino será el segundo papa, desde el inicio del siglo XX, en no ser enterrado en la cripta de los papas del Vaticano, un enorme conjunto de tumbas papales situado justo debajo de la basílica de San Pedro en el que reposan más de noventa papas, además de miembros de la realeza y otros dignatarios. Solo el papa León XIII, cuyo pontificado se inició en 1878 y finalizó en 1903, fue enterrado en la basílica de San Juan de Letrán, también fuera de la cripta vaticana. En Santa Maria Maggiore, Francisco compartirá lugar de enterramiento con los papas Honorio III (1150-1227), Nicolás IV (1227-1292), san Pío V (1504-1572), Sixto V (1521-1590), Clemente VIII (1536-1605) y Clemente IX (1600-1669).

«Polvo eres y al polvo volverás», la máxima bíblica que ha marcado su vida y que ahora, en su muerte, se cumple con ineludible precisión. Pero el cierre de la puerta, visible para la multitud, no significa el fin. Al contrario, es el comienzo de un nuevo acto, un interregno marcado por la incertidumbre, la esperanza y la ferviente expectativa. Roma, la Ciudad Eterna, es ahora el centro del mundo, un crisol de emociones y plegarias, un escenario donde se desarrollará el complejo y a veces enigmático proceso de la elección del papa 267.º de la Iglesia católica.

EL GOBIERNO DEL COLEGIO CARDENALICIO
Y LA SEDE VACANTE

Tras la muerte del papa el gobierno de la Iglesia Católica pasa al Colegio Cardenalicio, un cuerpo colegiado compuesto por los cardenales menores de 80 años. Este período se denomina «sede vacante», pues la silla (o sede) está vacía. La constitución apostólica *Universi Dominici Gregis*, promulgada por Juan Pablo II, establece las normas precisas para este interregno, evitando cualquier vacío de poder y garantizando la continuidad de la administración eclesial.

El cardenal decano, el italiano Giovanni Battista Re, asume la responsabilidad de convocar al Colegio Cardenalicio y presidir las congregaciones generales, las reuniones diarias en las que los cardenales discutirán los asuntos de la Iglesia y se prepararán para el cónclave. «Cuantas más congregaciones, menos fumatas», llegó a decirme un día un cardenal portugués.

El cardenal irlandés Kevin Farrell, de 77 años y camarlengo de la Iglesia católica desde 2019, asume la gestión de los bienes y propiedades de la Santa Sede, asegurando su correcta administración durante el período de transición. Farrell verificó oficialmente la muerte del papa Francisco. Para ello, el irlandés le llamó tres veces por su nombre de bautismo, Jorge Mario, y tras no obtener respuesta declaró fallecido al sumo pontífice. Una vez confirmada la muerte del 266.º papa, el camarlengo selló su dormitorio y despacho para proteger la privacidad y asegurar la integridad de los documentos y objetos personales. También se ocupó de la destrucción del anillo del Pescador y de los sellos papales para evitar su uso indebido durante la sede vacante.

El cardenal Farrell tomó entonces posesión de los bienes de la Santa Sede para garantizar su seguridad y administración durante la sede vacante y notificó al cardenal vicario de Roma, Angelo De Donatis, el fallecimiento del papa. Seguidamente informó también al Colegio Cardenalicio y se ocupó de convocar en la Santa Sede a todos los cardenales electores que deberán entrar en cónclave en las siguientes semanas.

Farrell, junto con los cardenales y el maestro de ceremonias pontificias, el arzobispo italiano Diego Giovanni Ravelli, son los encargados de la organización del cónclave del que deberá salir elegido el 267.º papa de la Iglesia católica, pero antes comenzarán a desarrollarse por toda Roma las primeras congregaciones generales. La atmósfera es densa, marcada por el luto y la solemnidad. Los cardenales, muchos de ellos visiblemente afectados por la pérdida del papa Francisco, se saludan con un apretón de manos y una mirada de profundo respeto. El aire está cargado de oraciones silenciosas y de la conciencia de la inmensa responsabilidad que pesa sobre sus hombros. Se leen los documentos oficiales, se verifican los sellos y se toman las decisiones administrativas necesarias para garantizar el correcto funcionamiento del Vaticano. Se nombran además comisiones para supervisar las diversas áreas de la administración, desde la seguridad hasta la comunicación. El trabajo es arduo y meticuloso, pero esencial para asegurar la continuidad del gobierno eclesial durante el período de sede vacante.

LOS PRIMEROS MOVIMIENTOS, RUMORES Y «MINICÓNCLAVES»

Aunque oficialmente el Colegio Cardenalicio se ha mantenido en respetuoso silencio, el Palacio Apostólico y los pasillos del Vaticano bullen de actividad. Los cardenales, aprovechando los momentos de pausa entre las congregaciones generales, se reúnen en pequeños grupos para discutir, intercambiar opiniones y evaluar las posibles candidaturas. Las primeras filtraciones comienzan a llegar a los medios de comunicación y a los expertos analistas, generando un frenesí de especulaciones. Los nombres que se habían mencionado en los días previos a la muerte del papa Francisco siguen circulando, pero surgen también nuevos nombres, generando incertidumbre y avivando las llamas de la intriga vaticana.

Mientras tanto, la plaza de San Pedro sigue siendo el epicentro de la atención mundial. Peregrinos de todas las naciones se congregan allí, día y noche, para rendir homenaje al papa Francisco y pedir la guía del Espíritu Santo en la elección de su sucesor. La plaza se ha transformado en un mosaico de culturas y lenguas. Se escuchan oraciones en latín, español, italiano, inglés, francés, alemán, portugués, polaco, chino, árabe y decenas de otras lenguas. Se ven rostros de todas las razas y edades. Muchos peregrinos llevan banderas de sus países, retratos de Francisco y pancartas con mensajes de apoyo y agradecimiento. Algunos forman espontáneamente grupos de oración, cantando himnos y rezando el rosario. Otros se sientan en silencio, contemplando la majestuosidad de la basílica de San Pedro y reflexionando sobre el legado del papa fallecido.

Los peregrinos saben que la elección del nuevo pontífice tendrá un impacto profundo en la Iglesia y en el mundo, y esperan con fervor que el Espíritu Santo ilumine a los 135 cardenales que deberán elegir al mejor pastor de entre ellos para guiar a los católicos en una época convulsa. Paralelamente a las congregaciones generales y las especulaciones mediáticas, los cardenales participan en una serie de entrevistas y conversaciones privadas, buscando conocerse mejor y evaluar las fortalezas y debilidades de los posibles candidatos. Estos encuentros, que se realizan en un ambiente de reserva y confidencialidad en discretos salones y céntricos restaurantes de la ciudad como Il Buco, La Venerina, La Taverna dei Fori Imperiali, La Carbonara o el hotel Columbus, en el antiguo Palazzo della Rovere, situado en Via della Conciliazione, son cruciales para el proceso de elección. Los cardenales, procedentes de diferentes culturas y con experiencias distintas, necesitan tiempo para conocerse, para comprender sus puntos de vista y para discernir quién sería el mejor líder para la Iglesia. Las conversaciones versan sobre una amplia gama de temas, desde la teología y la pastoral hasta la política y la economía. Se discuten los desafíos que enfrenta la Iglesia en el siglo XXI, la necesidad de renovar la evangelización, la importancia del diálogo interreligioso y la urgencia de abordar los problemas de la pobreza y la injusticia, todos ellos temas que preocupaban al papa fallecido. En estos encuentros los cardenales buscan no solo información, sino también inspiración. Buscan discernir la voluntad de Dios y la guía del Espíritu Santo. Buscan encontrar al hombre que pueda llevar la Iglesia hacia el futuro con sabiduría y coraje.

JURAMENTO Y AISLAMIENTO

Después de varios días de congregaciones generales, entrevistas y conversaciones, llegará para el Colegio Cardenalicio el momento crucial: el juramento y el aislamiento. En una ceremonia solemne en la Capilla Sixtina, los 135 cardenales electores jurarán guardar secreto absoluto sobre todo lo que ocurra dentro del cónclave. Jurarán no revelar ninguna información sobre las deliberaciones, las votaciones o las opiniones de los demás cardenales. Jurarán elegir al nuevo papa únicamente por amor a Dios y por el bien de la Iglesia. Tras el juramento, las puertas de la Capilla Sixtina se cerrarán. El mundo exterior, con sus especulaciones y presiones, quedará excluido. Los cardenales, aislados del resto del mundo, se enfrentarán a la tarea de elegir al nuevo papa en un ambiente de oración, silencio y recogimiento. Se desconectarán los teléfonos, se bloquearán las comunicaciones electrónicas y se establecerán estrictas medidas de seguridad para evitar cualquier filtración. El Vaticano, ya de por sí un lugar reservado, se convertirá en una fortaleza inexpugnable, protegida del escrutinio público.

Tras las congregaciones generales, se celebrará la misa *Pro eligendo romano pontifice* en la basílica de San Pedro, presidida por el cardenal decano Giovanni Battista Re. En su homilía, instará a los cardenales a elegir al pastor que guíe a la Iglesia con sabiduría y fidelidad. Los 135 cardenales electores, en procesión solemne desde la Capilla Paulina, ingresarán a la Capilla Sixtina, cantando las letanías de los santos y el *Veni Creator Spiritus*. El maestro de ceremonias litúrgicas pontificias, monseñor Diego Giovanni Ravelli, pronunciará el *Extra omnes!* ('¡fuera todos!') ordenando la salida de todas las personas no autorizadas. La puerta será cerrada y sellada.

Dentro de la Capilla Sixtina, bajo la mirada de los frescos del gran Miguel Ángel Buonarroti, los 135 cardenales electores se prepararán para la primera votación. La atmósfera será densa, cargada de solemnidad y expectativa. Se distribuirán las papeletas, con la inscripción *Eligo in summum pontificem* ('elijo como sumo pontífice'). Los cardenales, en silencio, escribirán el nombre de su candidato preferido. Después, se acercarán uno por uno al altar, donde depositarán sus papeletas en un cáliz dorado. El «escrutador principal», el cardenal responsable de asegurar la integridad y la transparencia del proceso de votación en el cónclave, es fundamental para garantizar que la elección del papa se realice de manera justa y de acuerdo con las leyes de la Iglesia. Designado por el cardenal decano Re, recogerá las papeletas, las contará y leerá en voz alta el nombre de cada candidato. Los otros dos escrutadores registrarán los votos.

Una vez finalizado el recuento, las papeletas se quemarán en una estufa especial. Si ningún candidato obtiene la mayoría requerida de dos tercios más uno, se emitirá *fumata nera* ('humo negro') por la chimenea, indicando al mundo exterior que la elección aún no se ha producido. Mientras, en la plaza de San Pedro, la multitud esperará con ansias la señal del humo. La primera votación es siempre la más esperada, ya que da una indicación inicial de las tendencias dentro del Colegio Cardenalicio. Cuando el humo negro comienza a salir por la chimenea son normales los murmullos de decepción recorriendo la plaza alrededor de la columnata de Bernini. Los peregrinos, sin embargo, no pierden la esperanza. Continuarán orando, cantando himnos y pidiendo la guía del Espíritu Santo. Saben que el proceso de elección puede ser largo y complejo, pero confían en que los 135 cardenales electores, inspirados por la gracia divina, elegirán al mejor papa para la Iglesia.

Dentro de la Sixtina, el clima será tenso sin duda alguna. Las conversaciones se harán más intensas; las negociaciones, más complejas. Las diferentes facciones dentro del Colegio Cardenalicio lucharán por imponer a su candidato o a sus *preferiti* ('preferidos'), cardenales que, antes y durante el cónclave, se considera que tienen el mayor apoyo entre los electores. Pueden ser líderes naturales, tener una amplia experiencia en la curia romana o ser figuras influyentes en la Iglesia católica. También los *kingmakers* ('hacedores de reyes'), cardenales que tienen una influencia significativa en la elección del nuevo papa; aunque ellos mismos no son candidatos probables para ser elegidos, jugarán un papel preponderante en la elección del nuevo papa.

Algunos cardenales «bergoglianos» defenderán la necesidad de elegir un papa que continúe el legado del papa Francisco, promoviendo la misericordia, la inclusión y el diálogo interreligioso. Otros, en cambio, los «conservadores», abogarán por un papa que reafirme la doctrina tradicional y combata la secularización. Y, por último, los cardenales «progresistas», que estiman que en los doce años de pontificado de Francisco no se acometieron lo suficientemente rápido las reformas que la curia necesita, sostendrán al candidato que consideren capaz de llevarlas a cabo. La presión será enorme entre estos tres grupos. Los 135 electores se enfrentarán a una tarea de enorme responsabilidad, con la conciencia de que su decisión tendrá un impacto profundo en la Iglesia y en el mundo.

Las quinielas de los *preferiti* o *papabili* están abiertas para saber quién ocupará la Cátedra de Pedro como 267.º sumo pontífice. La realidad es que la elección papal es siempre impredecible y que el Espíritu Santo, según la tradición católica, puede actuar de formas misteriosas e inesperadas. Cubriendo los dos últimos cónclaves —el de 2005, en el que se eligió a Benedicto XVI, y el de 2013, en el que se eligió a Francisco—, siempre he podido oír una famosa frase que dice: «Quien entra papa sale cardenal y quien entra cardenal sale papa». Pero lo cierto es que en el «cónclave de la transición» entrarán tres grupos claros: bergoglianos, progresistas o «extrovertidos» y conservadores o «introvertidos».

Entre los bergoglianos *preferiti* se encuentra el cardenal italiano Pietro Parolin, actual secretario de Estado del Vaticano, con amplia experiencia diplomática pero acusado de cierta «parcialidad» e «indulgencia» con los regímenes dictatoriales de Nicolás Maduro, Daniel Ortega o Fidel Castro. Su posición le otorga un profundo conocimiento de los asuntos de la Iglesia a nivel global. En este grupo también estaría el cardenal filipino Luis Antonio Tagle, proprefecto del Dicasterio para la Evangelización, con carisma y habilidades comunicativas. Su origen asiático podría ser un factor importante. También el cardenal maltés Mario Grech, secretario general del sínodo de los obispos, responsable de implementar la sinodalidad en la Iglesia, o el cardenal estadounidense Robert Francis Prevost, prefecto del Dicasterio para los Obispos. Su nombramiento reciente y su perfil moderado lo convierten en un candidato a observar.

En el segundo grupo, el de los progresistas o «extrovertidos», se encuentran cardenales que podrían haber expresado, de forma sutil o indirecta, la necesidad de ir más rápido o más lejos en ciertas áreas doctrinales y reformas entre la curia. En este grupo se encontraría el cardenal Jean-Claude Hollerich, jesuita como Francisco, arzobispo de Luxemburgo, relator general del sínodo sobre la Sinodalidad, que se ha pronunciado sobre la necesidad de una Iglesia más inclusiva y abierta al diálogo. Otro importante cardenal de este segundo grupo podría ser Matteo Zuppi, arzobispo de Bolonia, presidente de la Conferencia Episcopal Italiana y muy cercano al papa Francisco. Con experiencia en mediación y diálogo, a Zuppi se le considera un «pastor» con sensibilidad social, muy conocido por su compromiso con los pobres y marginados, que podría desear una acción aún más decidida y rápida por parte de la Iglesia en este ámbito. Y el último representante de este grupo podría ser el cardenal Michael Czerny, jesuita checo-canadiense, prefecto del Dicasterio para el Servicio del Desarrollo Humano Integral. Czerny se preocupa por los temas de justicia social, migración y ecología, y podría presionar para que la Iglesia adopte una postura aún más firme en estas áreas. Conocido por su profundo compromiso con la justicia social y su experiencia en el trabajo con refugiados y migrantes, habría impresionado a muchos cardenales con su sabiduría, humildad y visión de la Iglesia. Su perfil, poco conocido hasta ahora, encaja con la necesidad de un papa que continuara el legado de Francisco, pero con una nueva perspectiva. Su experiencia en el trabajo con los marginados le convierten en un candidato ideal para liderar la Iglesia en un mundo marcado por la desigualdad y la injusticia.

El tercer grupo, el de los conservadores o «introvertidos», llegará algo debilitado al cónclave. Entre ellos están el cardenal ghanés Peter Turkson, canciller de la Pontificia Academia de las Ciencias, con una sólida formación teológica, que criticó abiertamente algunas políticas de Francisco. Entre sus debilidades podrían estar sus controversias pasadas y su edad. Otro conservador podría ser el guineano Robert Sarah, prefecto emérito de la Congregación para el Culto Divino, defensor de la liturgia tradicional y crítico del relativismo moral. Sus debilidades serían su avanzada edad, que supondría un corto pontificado, y su claro perfil polarizador. Otro de los candidatos propuestos por el sector conservador sería el primado de Hungría, Peter Erdo, profundamente conservador y acérrimo anticomunista, al que se considera muy cercano al primer ministro Viktor Orbán.

En los últimos meses del pontificado de Francisco ha cobrado también fuerza el nombre de Fridolin Ambongo, cardenal de la República Democrática del Congo, convertido en adalid de los tradicionalistas desde que se opuso públicamente a la bendición de las parejas homosexuales, una de las reformas más importantes impulsadas en el pontificado de Francisco. La revista católica *Vida Nueva* lo calificaba el pasado año como «El futuro africano: el cardenal Fridolin Ambongo, hombre fuerte de la Iglesia católica africana». Los vaticanistas, en cambio, lo definen como «un líder natural en el continente», pero también como «un hábil jugador dentro de la curia», a la vez que «ambicioso», «unificador», «autoritario» y «popular», y a menudo se le presenta como un conservador papal. Lo cierto es que el antiguo capuchino no deja indiferente a nadie, tanto en Roma como en su tierra, desde donde su voz llegó a los oídos de Francisco. Puede que esta posición haga del cardenal Ambongo un candidato al que seguir en el ya llamado «cónclave de transición», pero tal vez la dirección de la Iglesia no esté aún preparada para elegir a un cardenal africano, ni mucho menos a un ultraconservador como él[1].

Finalmente, tras varias votaciones infructuosas, llegará el día en que la plaza de San Pedro contenga la respiración. El humo comenzará a salir por la chimenea, pero esta vez será diferente. Fumata blanca. Un grito de alegría recorrerá la plaza de San Pedro. La elección se ha producido. La Iglesia tendrá un nuevo papa. La campana de San Pedro comenzará a tocar a gloria, anunciando al mundo la buena nueva. La multitud, extasiada, gritará: *Habemus papam!* ('¡tenemos papa!'). Momentos después, el cardenal protodiácono Dominique Mamberti aparecerá en el balcón central de la basílica de San Pedro. Con voz temblorosa pronunciará las palabras que el mundo espera escuchar: *Annuntio vobis gaudium magnum*: *habemus papam!* ('os anuncio una gran alegría: ¡tenemos papa!). La multitud estallará en aplausos y vítores. El nuevo papa se presentará en el balcón, vestido ya con las vestiduras papales. Con voz tranquila y serena pronunciará su primer discurso como sumo pontífice romano. Sin duda hablará de la necesidad de continuar el legado del fallecido papa Francisco, de promover la misericordia, la inclusión y el diálogo interreligioso. Hablará de su compromiso con la justicia social y con la defensa de los derechos humanos. Su discurso será breve. El cónclave de la transición habrá terminado. Una nueva era comenzará para la Iglesia católica, con un papa que prometerá guiarla con sabiduría, humildad y amor.

El mundo, tras la partida del papa Francisco, tendrá un nuevo líder. El vacío dejado por Francisco comenzará a llenarse con la esperanza y la expectativa de un nuevo comienzo. Roma, la

---

[1] Matthieu Lasserre, «El futuro africano: el cardenal Fridolin Ambongo, hombre fuerte de la Iglesia católica africana», *Vida Nueva*, 27 de agosto de 2024.

ciudad eterna, volverá a ser el centro del mundo en un mundo en constante cambio. El interregno habrá terminado. El reinado del nuevo pontífice comenzará. No lo tendrá fácil.

Los desórdenes de los abusos sexuales, a todos los niveles y en todos los rincones del mundo, cometidos por miembros de la Iglesia, sumados a la filtración de la correspondencia privada del papa Benedicto XVI, seguramente hicieron flaquear las fuerzas de Francisco. La contestación de importantes miembros de la curia ante las posiciones mantenidas por este, permisivas con los fieles y rigurosas con la jerarquía eclesiástica —la comunión para los divorciados; la discusión sobre los curas casados; el silencio ante las uniones homosexuales; el silencio frente a las decisiones del sínodo alemán; el impulso al camino sinodal; la reforma de la curia; la mayor participación de la mujer en la Iglesia; las restricciones al rito preconciliar de la misa—, crearon las condiciones propicias para un subrepticio golpe de estado contra el papa argentino.

Entre los frentes en los que deberá luchar el sucesor de Francisco se encuentran la crisis por los abusos sexuales y la necesidad de transparencia y rendición de cuentas; la secularización en Occidente y la disminución de la práctica religiosa; la necesidad de una nueva evangelización y un diálogo interreligioso efectivo; la pobreza y la desigualdad global; la defensa de los derechos de los migrantes y refugiados; la crisis climática; o la implementación de la *Laudato si*, la encíclica sobre el cuidado del medio ambiente que se ha convertido en un campo de batalla ideológico. Algunos la consideran un llamado profético, mientras que otros la ven como una concesión a la ideología secular.

Se comprende que Francisco era la cabeza de un grupo de pensamiento que lideraba la Iglesia, pero era imposible para un individuo sostener decenas de discursos diariamente, redactar documentos de diversa índole y escoger los obispos para todo el mundo. Sus más leales colaboradores seguían sus indicaciones y los esquemas para sus pronunciamientos públicos. Por tal razón, el enfrentamiento de un grupo de cardenales contra el papa no ha sido solo contra el papa. Es una lucha entre facciones de la Iglesia que sobrevive más allá del final del pontificado de Francisco y prepara un candente cónclave.

Hoy la tentación en la que corren el riesgo de caer algunos vaticanistas, y muchos analistas, es la de imaginar a un papa diseñando una hoja de ruta de reformas institucionales, elaborada con espíritu planificador, funcionalista y organizativo. Y, también, la tentación de proyectar los contenidos de esta hoja de ruta sobre la marcha del pontificado para, finalmente, juzgarlo a la luz de estos mismos criterios, muchos años o décadas después de su finalización.

No existe un plan de reforma correcto para aplicar a la realidad. Los apóstoles no prepararon una estrategia cuando estaban encerrados en el cenáculo ni diseñaron un plan pastoral. No es en este nivel donde se encuentra la vara de medir del dinamismo y efectividad de un pontificado. En cambio, hay una dialéctica espiritual y doctrinal que observa y escucha no solo los pensamientos y propuestas para el camino de la Iglesia, sino también de qué espíritu (bueno o malo) provienen, más allá de su propia validez.

En su homilía en la misa de Pentecostés de 2020, Francisco lo declaró abiertamente: «La mirada mundana ve que las estructuras se hacen más eficientes; la mirada espiritual ve a los hermanos y hermanas implorando misericordia». Esta es precisamente la mirada que ve en la Iglesia una especie de «hospital de campaña», imagen eficaz de su verdadera estructura. En declaraciones a *La Civiltà Cattolica*, Francisco lo resumía así:

Veo claramente que lo que más necesita la Iglesia hoy es la capacidad de curar las heridas y calentar el corazón de los fieles, la cercanía, la proximidad. […] Veo la Iglesia como un hospital de campaña después de una batalla. ¡No tiene sentido preguntarle a una persona gravemente lesionada si tiene colesterol y azúcares altos! Sus heridas necesitan ser tratadas. Entonces podemos hablar de todo lo demás. Curar heridas, curar heridas[2]...

En resumen, el fin del pontificado de Francisco marca el cierre de una etapa de transición y cambio para la Iglesia católica. Su legado como reformador social y pastor cercano al pueblo quedará grabado en la historia, y la elección de su sucesor determinará si su visión de una Iglesia más inclusiva, solidaria y comprometida con los desafíos del mundo moderno continuará guiando el camino del catolicismo en el siglo XXI. El fantasma de Francisco, finalmente, podrá descansar en paz. Su legado, aunque reinterpretado, seguirá vivo en el corazón de la Iglesia, pero de lo que estamos seguros es que tendrán que pasar al menos una o dos décadas después del fin de su pontificado para poder analizar realmente la huella dejada por este papa argentino en sus doce años de papado y en un Vaticano que camina más lento que una sociedad que se mueve más allá de los altos y aún secretos muros vaticanos.

---

[2] Antonio Spadaro, «Il governo di Francesco: È ancora attiva la spinta propulsiva del pontificato?», *La Civiltà Cattolica*, 5 de septiembre de 2020.

Anexo

Cardenales electores

1. José Fuerte **Advincula** (72 años), arzobispo de Manila, Filipinas.
2. Carlos **Aguiar Retes** (75 años), arzobispo de Ciudad de México.
3. Américo **Alves Aguiar** (51 años), obispo de Setúbal, Portugal.
4. Fridolin **Ambongo Besungu** (65 años), arzobispo de Kinsasa, R. D. del Congo.
5. Anders **Arborelius** (75 años), arzobispo de Estocolmo, Suecia.
6. Jean-Marc Noël **Aveline** (66 años), arzobispo de Marsella.
7. Joâo **Bráz de Aviz** (77 años), prefecto de la Congregación para los Institutos de Vida Consagrada y Sociedades de la Vida Apostólica.
8. Fabio **Baggio** (60 años), vicesecretario del Dicasterio para la Promoción del Desarrollo Humano Integral.
9. Philippe Xavier **Barbarín** (74 años), arzobispo emérito de Lyon, Francia.

10. Domenico **Battaglia** (62 años), arzobispo de Nápoles, Italia.

11. Ignace **Bessi Dogbo** (63 años), arzobispo de Abiyán, Costa de Marfil.

12. Giuseppe **Betori** (77 años), arzobispo de Florencia, Italia.

13. Charles Maung **Bo** (76 años), arzobispo de Yangún, Myanmar.

14. Vicente **Bokalic Iglic** (72 años), arzobispo de Santiago Estero, Argentina.

15. Josip **Bozanic** (75 años), arzobispo emérito de Zagreb, Croacia.

16. Leopoldo José **Brenes Solórzano** (75 años), arzobispo de Managua, Nicaragua.

17. Stephen **Brislin** (68 años), arzobispo de Ciudad del Cabo, Sudáfrica.

18. Raymond Leo **Burke** (76 años), prefecto emérito de la Signatura Apostólica.

19. François-Xavier **Bustillo** (56 años), obispo de Ajaccio, Francia.

20. Mykola **Bychok** (44 años), obispo de San Pedro y Pablo de Melbourne, Australia.

21. Luis Gerardo **Cabrera Herrera** (69 años), arzobispo de Guayaquil, Ecuador.

22. Antonio **Cañizares Llovera** (79 años), arzobispo emérito de Valencia, España.

23. Oscar **Cantoni** (74 años), obispo de Como, Italia.

24. Carlos **Castillo Mattasoglio** (74 años), arzobispo de Lima, Perú.

25. Fernando **Chomalí Garib** (67 años), arzobispo de Santiago de Chile.

26. Stephen **Chow Sau-yan** (65 años), obispo de Hong Kong, China.

27. Manuel José Macario do Nascimento **Clemente** (76 años), patriarca emérito de Lisboa, Portugal.

28. José **Cobo Cano** (59 años), arzobispo de Madrid, España.
29. Thomas **Collins** (78 años), arzobispo emérito de Toronto, Canadá.
30. Paulo Cezar **Costa** (57 años), arzobispo de Brasilia, Brasil.
31. Joseph **Coutts** (79 años), arzobispo emérito de Karachi, Pakistán.
32. Blase Joseph **Cupich** (75 años), arzobispo de Chicago, Estados Unidos.
33. Michael **Czerny** (78 años), prefecto del Dicasterio para la Promoción Integral del Desarrollo Humano.
34. Pablo Siongco **David** (65 años), obispo de Kalookan, Filipinas.
35. Angelo **de Donatis** (71 años), vicario general de Roma, Italia.
36. Josef **de Kesel** (77 años), arzobispo emérito de Mechelen-Bruselas, Bélgica.
37. John **Dew** (76 años), arzobispo emérito de Wellington, Nueva Zelanda.
38. Daniel Nicholas **DiNardo** (75 años), arzobispo de Galveston-Houston, Estados Unidos.
39. Virgilio **do Carmo da Silva** (57 años), arzobispo de Dili, Timor Oriental.
40. Timothy **Dolan** (74 años), arzobispo de Nueva York, Estados Unidos.
41. Willem Jacobus **Eijk** (71 años), arzobispo de Utrecht, Países Bajos.
42. Peter **Erdô** (72 años), arzobispo de Esztergom-Budapest, Hungría.
43. Kevin Joseph **Farrell** (77 años), prefecto del Dicasterio para la Laicidad, Familia y Vida.
44. Víctor Manuel **Fernández** (62 años), prefecto del Dicasterio para la Doctrina de la Fe.
45. Ángel **Fernández Artime** (64 años), rector general de los Salesianos de San Juan Bosco.

46. Filipe Neri Antonio Sebastião do Rosario **Ferrão** (72 años), arzobispo de Goa, India.

47. Fernando **Filoni** (78 años), gran maestre de la Orden del Santo Sepulcro de Jerusalén.

48. Sebastian **Francis** (73 años), obispo de Penang, Malasia.

49. Arlindo **Gomes Furtado** (75 años), obispo de Santiago de Cabo Verde.

50. Mauro **Gambetti** (59 años), presidente de la Fábrica de San Pedro.

51. Juan de la Caridad **García Rodríguez** (76 años), arzobispo de San Cristóbal de La Habana, Cuba.

52. William **Goh Seng Chye** (67 años), arzobispo de Singapur.

53. Mario **Grech** (67 años), secretario general del sínodo de Obispos.

54. Wilton **Gregory** (77 años), arzobispo de Washington D. C., Estados Unidos.

55. Claudio **Gugerotti** (69 años), prefecto del Dicasterio para las Iglesias Orientales.

56. James Michael **Harvey** (75 años), arcipreste de la basílica de San Pablo Extramuros.

57. Jean-Claude **Hollerich** (66 años), arzobispo de Luxemburgo.

58. Antoine **Kambanda** (66 años), arzobispo de Kigali, Ruanda.

59. Tarcisio Isao **Kikuchi** (66 años), arzobispo de Tokio, Japón.

60. Kurt **Koch** (74 años), presidente del Dicasterio para la Promoción de la Unidad Cristiana.

61. George Jacob **Koovakad** (51 años), prefecto del Dicasterio para la Promoción de la Unidad Cristiana

62. Francis Xavier **Kovithavanij** (75 años), arzobispo de Bangkok, Tailandia.

63. Konrad **Krajewski** (61 años), prefecto del dicasterio para el Servicio de Caridad.

64. Jean Pierre **Kutwa** (79 años), arzobispo de Abiyán, Costa de Marfil.

65. Gérald Cyprien **Lacroix** (67 años), arzobispo de Quebec, Canadá.
66. Chibly **Langlois** (66 años), obispo de Les Cayes, Haití.
67. Frank **Leo** (53 años), arzobispo de Toronto, Canadá.
68. Augusto Paolo **Lojudice** (60 años), arzobispo de Siena-Colle di Val d'Elsa-Montalcino, Italia.
69. Cristóbal **López Romero** (72 años), arzobispo de Rabat, Marruecos.
70. Thomas Aquino Manyo **Maeda** (75 años), arzobispo de Osaka, Japón.
71. Soane Patita **Mafi** (63 años), obispo de Tonga.
72. Rolandas **Makrickas** (53 años), coadjutor arcipreste de la basílica de Santa Maria Maggiore.
73. Dominique François **Mamberti** (72 años), prefecto de la Signatura Apostólica.
74. Giorgio **Marengo** (50 años), prefecto de Ulán Bator, Mongolia.
75. Adalberto **Martínez Flores** (73 años), arzobispo de Asunción, Paraguay.
76. Antonio **dos Santos Marto** (77 años), obispo emérito de Leire-Fátima, Portugal.
77. Reinhard **Marx** (71 años), arzobispo de Múnich, Alemania.
78. Dominique **Mathieu** (61 años), arzobispo de Teherán-Isfahán, Irán.
79. Robert Walter **McElroy** (70 años), obispo de San Diego, Estados Unidos.
80. José Tolentino de **Mendonça** (59 años), prefecto del Dicasterio para la Cultura y la Educación.
81. Francesco **Montenegro** (78 años), arzobispo emérito de Agrigento, Italia.
82. Stephen Ameyu **Mulla** (61 años), arzobispo de Yuba, Sudán del Sur.
83. Gerhard **Müller** (77 años), prefecto emérito de la Congregación para la Doctrina de la Fe.

84. Ladislav **Nemet** (68 años), arzobispo de Belgrado, Serbia.
85. Vincent Gerard **Nichols** (79 años), arzobispo de Westminster, Gran Bretaña.
86. John **Njue** (79 años), arzobispo emérito de Nairobi, Kenia.
87. Kazimierz **Nycz** (75 años), arzobispo de Varsovia, Polonia.
88. Dieudonné **Nzapalainga** (57 años), arzobispo de Bangui, República Centroafricana.
89. Peter Ebere **Okpaleke** (61 años), obispo de Ekwulobia, Nigeria.
90. Juan José **Omella** (78 años), arzobispo de Barcelona, España.
91. Carlos **Osoro Sierra** (79 años), arzobispo emérito de Madrid, España.
92. Philippe **Ouédraogo** (79 años), arzobispo de Uagadugú, Burkina Faso.
93. Pietro **Parolin** (70 años), secretario de Estado.
94. Albert Malcolm **Patabendige Don** (77 años), arzobispo de Colombo, Sri Lanka.
95. Giuseppe **Petrocchi** (76 años), arzobispo de L'Aquila, Italia.
96. Christophe Louis **Pierre** (79 años), nuncio apostólico en Estados Unidos.
97. Perbattista **Pizzaballa** (59 años), patriarca de Jerusalén.
98. Mario Aurelio **Poli** (77 años), arzobispo emérito de Buenos Aires, Argentina.
99. Anthony **Poola** (63 años), arzobispo de Hyderabad, India.
100. Robert Francis **Prevost** (69 años), prefecto del Dicasterio para los Obispos.
101. Vinko **Puljic** (79 años), arzobispo emérito de Vrhbosna (Sarajevo), Bosnia-Herzegovina.
102. Timothy **Radcliffe** (79 años), cardenal diácono del Santissimi Nomi di Gesù e Maria in Via Lata.
103. Álvaro **Ramazzini Imeri** (77 años), obispo de Huehuetenango, Guatemala.

104. Baldassare **Reina** (54 años), vicario general de Roma, Italia.
105. Roberto **Repole** (58 años), arzobispo de Turín, Italia.
106. John **Ribat** (67 años), arzobispo de Port Moresby, Papúa Nueva Guinea.
107. José **Robles Ortega** (75 años), arzobispo de Guadalajara, Jalisco, México.
108. Sergio **da Rocha** (65 años), arzobispo de São Salvador de Bahía, Brasil.
109. Arthur **Roche** (74 años), prefecto del Dicasterio para el Culto Divino y Disciplina de los Sacramentos.
110. Ángel Sixto **Rossi** (66 años), arzobispo de Córdoba, Argentina.
111. Luis José **Rueda Aparicio** (62 años), arzobispo de Bogotá, Colombia.
112. Protase **Rugambwa** (64 años), arzobispo de Tabora, Tanzania.
113. Stanislaw **Rylko** (79 años), arcipreste de la basílica de Santa Maria Maggiore.
114. Grzegorz **Rys** (60 años), arzobispo de Lodz, Polonia.
115. Louis Raphäel **Sako** (75 años), patriarca de Bagdad, Irak.
116. Robert **Sarah** (79 años), prefecto emérito de la Congregación del Culto Divino y Disciplina de los Sacramentos.
117. Odilo **Scherer** (75 años), arzobispo de São Paulo, Brasil.
118. Marcello **Semeraro** (77 años), prefecto del Dicasterio para la Causa de los Santos.
119. Berhaneyesus **Souraphiel** (76 años), arzobispo de Adis Abeba, Etiopía.
120. Jaime **Spengler** (64 años), arzobispo de Porto Alegre, Rio Grande do Sul, Brasil.
121. Leonardo Ulrich **Steiner** (74 años), arzobispo de Manaos, Brasil.
122. Daniel Fernando **Sturla Berhouet** (65 años), arzobispo de Montevideo, Uruguay.
123. Ignatius **Suharyo Hardjoatmodjo** (74 años), arzobispo de Yakarta, Indonesia.

124. Luis Antonio **Tagle** (67 años), proprefecto del Dicasterio para la Evangelización.
125. Orani Joâo **Tempesta** (74 años), arzobispo de São Sebastião do Rio de Janeiro, Brasil.
126. Baselios **Thottunkal** (65 años), arzobispo mayor de Trivandrum, India.
127. Joseph **Tobin** (72 años), arzobispo de Newark, Estados Unidos.
128. Désiré **Tsarahazana** (70 años), arzobispo de Toamasina, Madagascar.
129. Emil Paul **Tscherring** (77 años), nuncio apostólico en Italia.
130. Peter **Turkson** (76 años), canciller de la curia romana.
131. Jean-Paul **Vesco** (62 años), arzobispo de Argel, Argelia.
132. Rainer **Woelki** (68 años), arzobispo emérito de Colonia, Alemania.
133. Lazzaro **You Heung-sik**, (73 años), prefecto del dicasterio para el Clero.
124. Mario **Zenari** (79 años), nuncio apostólico en Siria.
135. Matteo Maria **Zuppi** (69 años), arzobispo de Bolonia, Italia.

Elevados por Juan Pablo II   (1978-2005)   4 cardenales
Elevados por Benedicto XVI   (2005-2013)   23 cardenales
Elevados por Francisco   (2013-2025)   108 cardenales

BIBLIOGRAFÍA

ALLEN, John L., *The Future Church*: *How Ten Trends Are Revolutionizing the Catholic Church*, Image Publishing, Bournemouth, Dorset, 2012.

BENEDICTO XVI y SARAH, Robert, *From the Depths of Our Hearts*: *Priesthood, Celibacy and the Crisis of the Catholic Church*, Ignatius Press, San Francisco, 2020.

BERGOGLIO, Jorge Mario y SKORKA, Abraham, *Sobre el cielo y la tierra. Las opiniones del papa Francisco sobre la familia, la fe y el papel de la Iglesia en el siglo* XXI, Sudamericana, Buenos Aires, 2013.

BERRY, Jason, *Render unto Rome*: *The Secret Life of Money in the Catholic Church*, Broadway Books, Nueva York, 2012.

BOSCA, Roberto, *La Iglesia nacional-peronista. Factor religioso y poder político*, Sudamericana, Buenos Aires, 1997.

CAIMARI, Lila, *Perón y la Iglesia católica*, Ariel, Buenos Aires, 1995.

CÁMARA, Javier y PFAFFEN, Sebastián, *Aquel Francisco*, Raíz de Dos, Buenos Aires, 2014.

CANTELMI, Marco, *Il Pontificato di Celestino V*, Independently Published, 2020.

CASTRO, Nelson, *La salud de los papas. Medicina, complots y fe, desde León XIII hasta Francisco*, Sudamericana, Buenos Aires, 2020.

COLONNA, Marcantonio, *The Dictator Pope: The Inside Story of the Francis papacy*, Regnery Publishing, Washington D. C., 2018.

CONADEP, *Informe de la Comisión Nacional sobre la Desaparición de Personas, Nunca Más*, Eudeba, Buenos Aires, 2006.

CONTE, Ronald, *In Defense of Pope Francis*, CreateSpace Independent Publishing Platform, 2015.

CORNWELL, John, *Church, Interrupted: Havoc & Hope: The Tender Revolt of Pope Francis*, Chronicle Prism, Nueva York, 2021.

DODARO, Robert, *Remaining in the Truth of Christ: Marriage and Communion in the Catholic Church*, Ignatius Press, San Francisco, 2014.

DOLAN, Timothy, *Praying in Rome: Reflections on the Conclave and Electing Pope Francis*, Image Books, Nueva York, 2013.

DREHER, Rod, *The Benedict Option, A Strategy for Christians in a Post-Christian Nation*, Sentinel, Nueva York, 2018.

DUZDEVICH, Aldo, *Salvados por Francisco, Cómo un joven sacerdote se arriesgó para ayudar a perseguidos por la dictadura*, Ediciones B, Barcelona, 2019.

EBERSTADT, Mary, *How the West Really Lost God*, Templeton Press, West Conshohocken, 2013.

FITTIPALKDI, Emiliano, *Avarizia. Le carte che svelano ricchezze scandali es segreti della Chiesa di Francesco*, Feltrinelli, Roma, 2015.

FRANCISCO (papa), *Amoris Laetitia*, Librería Editrice Vaticana, Roma, 2016.

— *Traditionis Custodes. Sobre el uso de la liturgia romana antes de la reforma de 1970*, Librería Editrice Vaticana, Roma, 2021.

FRATTINI, Eric, *Secretos vaticanos*, EDAF, Madrid, 2003.

— *La Santa Alianza. Historia del espionaje vaticano. De Pío V a Benedicto XVI*, Espasa, Madrid, 2004.

— *Los papas y el sexo*, Espasa, Madrid, 2010.

— *Los cuervos del Vaticano. Benedicto XVI en la encrucijada*, Espasa, Madrid, 2012.

— *Los cuervos del Vaticano. Francisco en la encrucijada*, Espasa, Madrid, 2013.

— *Italia. Sorvegliata Speciale*, Ponte alle Grazie, Milán, 2013.

— *El libro negro del Vaticano. Las oscuras relaciones entre la CIA y la Santa Sede*, Espasa, Madrid, 2016.

GAETA, Saverio, *The Life and Challenges of Pope Francis*, St. Paul's, Londres, 2013.

GLOWICKI, Lorne D., *The Mystery of the Making of the Popes: A Historical Memoir*, Trinity College Publishing, Dublín, 2021.

GOLINELLI, Paolo, *Celestino V: Il papa contadino*, Mursia Editori, Milán, 2007.

GÓMEZ BORRERO, Paloma, *De Benedicto a Francisco. El cónclave del cambio*, Planeta, Barcelona, 2013.

GRANA, Francesco Antonio, *Cosa resta del papato: Il futuro della Chiesa dopo Bergoglio*, Edizioni Terra Santa, Milán, 2021.

GREELEY, Andrew M., *White Smoke: A Novel of papal Election*, Forge Books, Nueva York, 1997.

HIMITIAN, Evangelina, *Francesco, Il papa della gente*, Rizzoli, Milán, 2013.

IVEREIGH, Austen, *The Great Reformer: Francis and the Making of a Radical Pope*, Atlantic Books, Nueva York, 2015.

— *Wounded Shepherd: Pope Francis and His Struggle to Convert the Catholic Church*, Henry Holt and Co., Nueva York, 2019.

KASPER, Walter, *Mercy: The Essence of the Gospel and the Key to Christian Life*, Paulist Press, Nueva Jersey, 2014.

KEATING, Karl, *The Francis Feud: Why and How Conservative Catholics Squabble about Pope Francis*, Rasselas House, San Diego, 2018.

LAMB, Christopher, *The Outsider: Pope Francis and His Battle to Reform the Church*, Orbis, Nueva York, 2020.

LEE, Bryan y KNOEBEL, Thomas L., *Discovering Pope Francis: The Roots of Jorge Mario Bergoglio's Thinking*, Liturgical Press, Montgomery, 2019.

LOMBARDI, Federico, *Vatileaks 2: Il Vaticano alla prova della giustizia degli uomini*, Rizzoli, Milán, 2017.

LÓPEZ CAMBRONERO, Marcelo y MERINO, Feliciana, *Francisco. El papa manso*, Planeta, Barcelona, 2013.

MARTINI, Carlo Maria y SPORSCHILL, Georg, *Night Conversations with Cardinal Martini: The Relevance of the Church for Tomorrow*, Paulist Press, New Jersey, 2013.

MCCARTEN, Anthony, *The Two Popes*, Flatiron Books, Nueva York, 2019.

MELLONI, Alberto, *Quel che resta di Dio*, Giulio Einaudi Editore, Turín, 2013.

MELONI, Julia, *The St. Gallen Mafia: Exposing the Secret Reformist Group within the Church*, TAN Books, Gaston, 2021.

MIGNONE, Emilio, *Iglesia y Dictadura. El papel de la Iglesia a la luz de sus relaciones con el régimen militar*, Ediciones Colihue, Buenos Aires, 2006.

MILTON, John, *El Paraíso perdido*, Cátedra, Madrid, 2006.

MÜLLER, Gerhard, *La speranza della famiglia*, Ares Editori, Milán, 2014.

MURPHY, Walther F., *The Vicar of Christ*, Quid Pro Books, Nueva York, 2015.

NUZZI, Gianluigi, *Ratzinger was afraid: The secret documents, the money and the scandals that overwhelmed the pope*, Casaleggio Associati, Roma, 2013.

— *Merchants in the Temple: Inside Pope Francis's Secret Battle Against Corruption in the Vatican*, Henry Holt and Co., Londres, 2015.

O'CONNELL, Gerard, *The election of Pope Francis*, Orbis Books, Nueva York, 2020.

OLMI, Ermanno, *Lettera a una Chiesa che ha dimenticato Gesù*, Piemme, Casale Monferrato, 2013.

ORTEGA, Rafael, *cónclave*, Temas de Hoy, Madrid, 2005.

PAREDES, Javier; BARRIO, Maximiliano; RAMOS-LISSÓN, Domingo, y SUÁREZ, Luis, *Diccionario de los papas y Concilios*, Ariel, Barcelona, 1998.

PARRY, Wilbur Clyde, *(The) principle of the separation of the church and state in the United States and its implication for the field of religious education*, Kindle, 2022.

PATIÑO, José Uriel, *Historia de la Iglesia. La barca de Pedro frente a las tempestades ideológicas*, Editorial San Pablo, Bogotá, 2004.

PETTIGREW, Ian, *The Cinema of Ermanno Olmi*, MacFarland, Nueva York, 2020.

PIQUÉ, Elisabetta, *Francisco. Vida y revolución*, La Esfera de los Libros, Madrid, 2014.

POLITI, Marco, *Joseph Ratzinger: Crisi di un papato*, Editori Laterza, Bari, 2013.

— *Pope Francis Among the Wolves: The Inside Story of a Revolution*, Columbia University Press, Nueva York, 2015.

RANKE, Leopold, *History of the Popes; their church and state*, Wellesley College Library, Wellesley, 2009.

RENDINA, Claudio, *The Popes: Histories and Secrets*, Seven Locks Press, Santa Ana, 1983.

RODINO, Héctor L. A., *Iglesia y Estado peronista: bases ideológicas y acciones del conflicto*, IDICSO-USAL, Buenos Aires, 2007.

RUBIN, Sergio y AMBROGETTI, Francesca, *Pope Francis: Conversations with Jorge Bergoglio: His Life in His Own Words*, G. P. Putnam's Sons, Nueva York, 2013.

SCARAMUZZI, Iacopo, *Tango Vaticano. La Chiesa al Tempo di Francesco*, Edizioni dell'Asino, Roma, 2015.

SCAVO, Nello, *Bergoglio's List: How a Young Francis Defied a Dictatorship and Saved Dozens of Lives*, Saint Benedict Press, North Carolina, 2014.

— *I nemici di Francesco*: *Chi vuole screditare il papa. Chi vuole farlo tacere. Chi lo vuole morto*, Edizioni Piemme, Segrate, 2015.

SCAVO, Nello y BERETTA, Roberta, *Fake Pope*: *Le false notizie su papa Francesco*, San Paolo Edizioni, Milán, 2018.

SCOLA, Angelo, *Betting on Freedom*: *My Life in the Church*, The Catholic University of America Press, Washington D. C., 2021.

SEEWALD, Peter, *Benedict XVI*: *A Life Volume Two*: *Professor and Prefect to Pope and Pope Emeritus 1966-The Present*, Bloomsbury Continuum, Nueva York, 2021.

SOCCI, Antonio, *Il dio Mercato, la Chiesa e l'Anticristo*, Rizzoli, Milán, 2022.

VERBITSKY, Horacio, *El silencio. De Paulo VI a Bergoglio. Las relaciones secretas de la Iglesia con la ESMA*, Sudamericana, Buenos Aires, 2005.

VV. AA. *From Benedict's Peace to Francis's War*, Angelico Press, Nueva York, 2021.

WILLIAMS, Paul, *Among the Ruins*: *The Decline and Fall of the Roman Catholic Church*, Prometheus Books, Nueva York, 2015.

WILLS, Garry, *The Future of the Catholic Church with Pope Francis*, Penguin Books, Nueva York, 2015.

WILTGEN, Ralph, *The Inside Story of Vatican II*: *A Firsthand Account of the Council's Inner Workings*, Tan Books, Charlotte, 1991.

ZANATTA, Loris, *Perón y el mito de la nación católica*, Sudamericana, Buenos Aires, 1999.